本书获中国社会科学院优势学科汉唐考古"登峰战略"资助计划（DF2023YS14）资助

为国家社会科学基金重大项目

"秦汉三辅地区建筑研究与复原"（18ZDA18D）、

国家社会科学基金项目"秦与西汉都城研究"（22VRC077）的

阶段性成果

中国田野考古报告集

考古学专刊

丁种第116号

秦汉栎阳城
2012~2018年考古报告
第三卷
（栎阳城遗址范围）

中国社会科学院考古研究所
西安市文物保护考古研究院　编著

科学出版社
北　京

内 容 简 介

秦汉栎阳城遗址是战国时期秦献公、孝公时期都城、秦末汉初塞王司马欣、汉王刘邦都城，同时还是都长安之前汉王朝的第一座都城，2001年被国务院公布为全国重点文物保护单位。本报告是中国社会科学院考古研究所与西安市文物保护考古研究院2012年以来持续开展栎阳城考古工作所获成果的系列报告之一。在全面整理考古资料基础上，刊布为确定栎阳城遗址四至范围开展发掘的T12、T16~T19、T21~T23共8个探方的全部考古资料。经科学编排，提供给考古学、历史系等相关学科学者使用。

本书可供考古学、文献学、秦汉史方面专家学者参考阅读。

图书在版编目（CIP）数据

秦汉栎阳城. 2012~2018年考古报告. 第三卷, 栎阳城遗址范围 / 中国社会科学考古研究所, 西安市文物保护考古研究院编著.-- 北京：科学出版社, 2024. 11. (中国田野考古报告集). -- ISBN 978-7-03-080481-5

Ⅰ. K872.414

中国国家版本馆CIP数据核字第20248H51T7号

责任编辑：王琳玮 / 责任校对：邹慧卿

责任印制：肖　兴 / 封面设计：张　放

科学出版社 出版

北京东黄城根北街16号
邮政编码：100717
http://www.sciencep.com

北京汇瑞嘉合文化发展有限公司印刷
科学出版社发行　各地新华书店经销

*

2024年11月第 一 版　　开本：889×1194　1/16
2024年11月第一次印刷　　印张：21 3/4　插页：58
字数：818 000

定价：498.00元

（如有印装质量问题，我社负责调换）

前言

一、栎　阳

　　栎阳城遗址位于今陕西省西安市阎良区新兴、武屯街道一带。这里地处关中盆地的渭北灌区，石川河从遗址北侧和东侧流过，城址所在的地区地面平坦，农田灌溉渠道纵横。已知的各类遗存均位于地表以下，地面已无迹可寻（图0.1）。

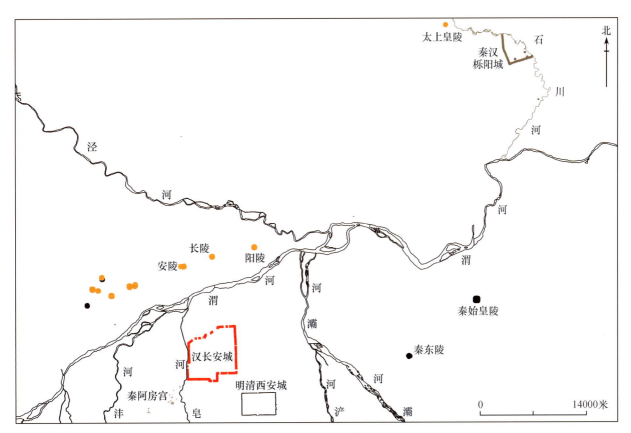

图 0.1　秦汉栎阳城遗址位置示意图

　　文献中栎阳始见于秦献公二年（前383年），即秦献公当政第二年"城栎阳"（《史记·秦本纪》），将秦的都城从位于今陕西宝鸡凤翔的雍迁都于栎阳。据献公之子秦孝公的自述，献公迁都栎阳的原因是为了"镇抚边境，徙治栎阳，且欲东伐，复缪公之故地，修缪公之政令"。之后秦献公在栎阳开始了一系列重要的改革，当然最重要的当属秦孝公时任用商鞅而开始的商鞅变法，秦人从此走上了统一六国之路。到汉代，政治家贾谊在《过秦论》中，已敏锐地将栎阳与后来的秦始皇统一联系起来，其所称的始皇"奋六世之余烈，振长策而御宇内，吞二周而亡诸侯，履至尊而制六合，执敲扑而鞭笞天下，威振四海"的"六世"起点即是栎阳。因此，栎阳当然是秦人的改革之都、复兴之都。

文献中秦人从秦襄公开始进行時的祭祀，雍城因此有了数量众多的時祭遗存，近年已被陆续发现。而在秦以栎阳为都后，因"雨金，秦献公自以为得金瑞，故作畦時栎阳而祀白帝"（《史记·封禅书》）。栎阳是雍城之外唯一有時的秦都。

秦孝公十二年（前350年）"作为咸阳，筑冀阙，秦徙都之"，栎阳前后作为秦都的时间约34年。

秦末楚汉相争之际，因"项梁尝有栎阳逮，乃请蕲狱掾曹咎书抵栎阳狱掾司马欣，以故事得已"，故"长史欣者，故为栎阳狱掾，尝有德于项梁"（《史记·项羽本纪》），在项羽三分关中时，即以栎阳为都封于司马欣为塞王，"王咸阳以东至河，都栎阳"（《史记·项羽本纪》），后世所言的"三秦"，此为其一。

刘邦被项羽封为汉王都汉中后不久，明修栈道暗度陈仓，率军进占关中，"还定三秦"，于公元前206年8月司马欣投降，"汉王还归，都栎阳"（《汉书·高帝纪》）。之后刘邦以栎阳为汉王都城，整顿队伍，向东挺进。其间曾"西入关，至栎阳，存问父老，置酒，枭故塞王欣头栎阳市。留四日，复如军，军广武。关中兵益出"，"令太子守栎阳，诸侯子在关中者皆集栎阳为卫"（《史记·高祖本纪》），逐渐完成统一全国大业。

从时间看，栎阳为塞王司马欣之都前后6月（前206年2月至8月），之后至汉五年（前202年）刘邦定陶称帝之前，栎阳为汉王刘邦的都城有5年。

据文献记载，汉王二年"九月，属汉为渭南、河上郡"（《史记·秦楚之际月表》），"雍地定，八十余县，置河上、渭南、中地、陇西、上郡"（《汉书·高帝纪》）。栎阳不仅是汉王的首都，同时也是汉王首郡的所在。

从"汉二年，汉王与诸侯击楚，何守关中，侍太子，治栎阳。为法令约束，立宗庙社稷宫室县邑，辄奏上，可，许以从事；即不及奏上，辄以便宜施行，上来以闻"（《史记·萧相国世家》）的记载看，栎阳在为汉王之都的期间，建设过一系列的"宗庙社稷宫室"。

汉五年"正月，杀项籍，天下平"，"二月，王更号，即皇帝位于定陶"（《史记·秦楚之际月表》）。刘邦本欲都于洛阳，经娄敬、张良献策，"入关"定都关中。其回归关中后，初都栎阳，并开始了长安城的建设。汉王七年（前200年）"二月，长乐宫成，丞相已下徙治长安（《史记·高祖本纪》），"长乐宫成，自栎阳徙长安"（《汉书·高帝纪》《史记·汉兴以来将相名臣年表》），栎阳是汉帝国的第一个都城，为汉帝国的都城有2年。

刘邦将都城徙至长安后，汉太上皇留居栎阳，"太上皇终不得制事，居于栎阳"（《史记·韩长孺列传》），而刘邦"五日一朝太公"（《汉书·高帝纪》）。高帝十年"七月，太上皇崩栎阳宫"（《史记·高祖本纪》），"葬万年"（《汉书·高帝纪》）。太上皇葬栎阳后，设万年邑以奉陵寝。《三辅黄图》言，"高祖初都栎阳，太上皇崩，葬栎阳北原陵，号万年，仍分置万年县，在今栎阳东北"。栎阳不仅是汉朝第一个都城，也是汉朝第一个帝陵、陵邑的所在。

司马迁对栎阳的地位有明确阐述，谓"献（孝）公徙栎邑，栎邑北却戎翟，东通三晋，亦多大贾"（《史记·货殖列传》）。

据《汉书·地理志》，西汉栎阳属三辅之一的左冯翊管辖。东汉初有栎阳侯，"景丹字孙卿，冯翊栎阳人也"，"建武二年，定封丹栎阳侯。帝谓丹曰：今关东故王国，虽数县，不过栎阳万户邑。夫'富贵不归故乡，如衣绣夜行'，故以封卿耳。丹顿首谢"（《后汉书·朱景王杜马刘傅坚马列传》）。从文献看，直至东汉初时的栎阳规模已然较大，是"万户邑"，远较关东地区"故王国"为甚。但后来设置被省而并入万年，属左冯翊（《续汉书·郡国志》）。这大体表明，在东汉王朝将首都从长安东迁洛阳后，与长安一样，栎阳逐渐衰败。

据《长安志》，"后汉，省栎阳入万年。后魏，孝文太和二十二年析万年置鄣县。宣武景明元年，又析置广阳县，属冯翊郡。周明帝二年，省万年入广阳、高陵二县，更于长安城中别置万年县，广阳仍隶冯翊郡。隋开皇三年，罢郡，以广阳隶雍州。唐武德元年，改为栎阳。二年，析置粟邑县。贞观八年，废粟邑入焉。天授二年，隶鸿州。大足元年，还雍州"。即"武德元年，改为雍州。改大兴为万年，万年为栎阳，分栎阳置平陵"（《旧唐书·地理志》）。这大体就是西汉之后到唐代时栎阳的兴替沿革。

二、栎 阳 考 古

1. 20世纪30年代的栎阳调查

对文献记载栎阳城开展考古调查，始于20世纪30年代。

1932年1月28日，日军侵略上海。3月，国民党中常会决定以洛阳为行都，而"陪都之设定，在历史地理及国家将来需要上，终以长安为宜，请定名为'西京'，并由中央特派专员担任筹备"[①]。随着西京筹备组织结构的陆续搭建，陪都建设的各项筹备工作日益展开。

在西京筹备委员会开展工作前，既有刘姓委员提出"保存陕西古物"[②]，而在《西京筹备委员会工作大纲》所列的二十一项工作内容中，第二十项为"调查名胜古迹"[③]。与此相应，在西京筹备委员会的组织机构中，秘书处下设有文物组，"主管保护发扬文物古迹文物等文化事业"，科员"分别担任撰拟、调查该管工作之推进"[④]。西京筹备委员会开展的古迹调查，有着明确的调查目的，"名胜古迹之保存于表扬，民族谒陵之规定，大之所以振发民族精神，小之所以号召后之来

---

① 《国民党中常会提议以洛阳为行都、以长安为陪都案》（民国21年3月），西安市档案局、西安市档案馆，《筹建西京陪都档案史料选辑》，西北大学出版社，1994年，第3页。

② 《西京筹备委员会第一次谈话会记录》（民国21年3月），西安市档案局、西安市档案馆，《筹建西京陪都档案史料选辑》，西北大学出版社，1994年，第151~153页。

③ 《西京筹备委员会第一次谈话会记录》（民国21年3月），西安市档案局、西安市档案馆，《筹建西京陪都档案史料选辑》，西北大学出版社，1994年，第151~153页。

④ 《修正西京筹备委员会秘书处办事规则》（民国32年8月），西安市档案局、西安市档案馆，《筹建西京陪都档案史料选辑》，西北大学出版社，1994年，第19~24页。

者，而亦所以增益西京历史文化的价值"①，"文化为民族精神之表现，其兴衰动关国家之兴亡，故特别重于此项工作"②，"文化关系国本"③。而正因于此，在西京筹备委员会的相关工作事项中，明确提出"凡遇与文物有关之事，不论何物，皆宜注意"④。其目的，一与前述国民政府选定西安为陪都的依据直接相关——"至于陪都之设定，在历史地理及国家将来需要上，终以长安为宜"，因此通过调查发扬西京的历史地理地位就名正言顺；一与日军侵华，国难日重，急需从各方面阐扬文化增加民族凝聚力有关⑤。

在这个过程中，西京筹备委员会负责古迹调查的陈子怡先生，整理出版《西京访古丛稿》。该书的第三篇文章为《汉栎阳考》。在该文中陈子怡先生鉴于"栎阳为秦汉名都，其形势伟大，固非一般城池所得而比。降及后世，虽夷为县，而其地势之雄壮，犹如故也。以如许大之胜迹，至于今日，在志乘上竟云不知其处，斯则未免可异"的情况，对栎阳城进行了文献的梳理和调查，判断"秦汉栎阳，在今栎阳东北二十五里，今武家屯（即广阳镇）。……今武家屯北约四五里，又有古城屯，即所云又有古城在县北也。今城已无迹，人已不知为古城屯，而呼曰古尔屯，惟公文上尚曰古城屯也。秦汉旧都，当即此城。古城屯是其北边，广阳镇是其南边耳。"⑥

不过，虽然西京筹备委员会的古迹调查在时间上虽与西京筹备委员会的存在相始终，但其开展的最主要的古迹调查集中于全面抗战发生之前，后因"七·七事变爆发，我对倭寇全面抗战，因此中央减缩经费。本会经费自是年九月起一度紧缩为七成，自二十七年三月起，再度紧缩为五成，而犹大部分未能领到"，因此西京筹备委员会的"工作多为维持已往之建设，使不至于因时局影响而有废坠；一方面在人员疏散及物价高涨之情况下，仍努力于有关国防之建设"⑦，故而在从1937年7月至1939年12月的两年半时间里，就再未开展古迹调查。直到1940年在"经请拨昔所结余经费，或由其他机关补助，以从事新的工作"的情况下，古迹调查才重新开始，不过规模已大不如前⑧。

从迄今为止的栎阳城考古工作看，栎阳城的调查工作虽在20世纪30年代即已开始，但目前所见资料中，西京筹备委员会陈子怡先生关于栎阳城位置的判断，主要是基于文献记载和有限的实地

---

① 《西京筹备委员会成立周年报告》（节录），西安市档案局、西安市档案馆，《筹建西京陪都档案史料选辑》，西北大学出版社，1994年，第154～163页。

② 《西京筹备委员会工作概况（民国29年6月）》，西安市档案局、西安市档案馆，《筹建西京陪都档案史料选辑》，西北大学出版社，1994年，第196～209页。

③ 《西京筹备委员会工作报告（民国24年11月至27年3月）》，西安市档案局、西安市档案馆，《筹建西京陪都档案史料选辑》，西北大学出版社，1994年，第183～188页。

④ 《西京筹备委员会各工作事项（民国30年）》，西安市档案局、西安市档案馆，《筹建西京陪都档案史料选辑》，西北大学出版社，1994年，第223～226页。

⑤ 刘瑞：《西京筹备委会的古迹调查——附谈〈西京附近各县名胜古迹略图〉》，《长安学研究》（第一辑），中华书局，2016年，第338～351页。

⑥ 陈子怡：《汉栎阳考》，《西京访古丛稿》，西京筹备委员会，1935年。

⑦ 《西京筹备委员会工作概况（民国29年6月）》，西安市档案局、西安市档案馆，《筹建西京陪都档案史料选辑》，西北大学出版社，1994年，第196～209页。

⑧ 刘瑞：《西京筹备委会的古迹调查——附谈〈西京附近各县名胜古迹略图〉》，《长安学研究》（第一辑），中华书局，2016年，第338～351页。

踏查，其未能如史语所在安阳殷墟、北平研究院在宝鸡斗鸡台等地开展的相关工作一样，对栎阳城遗址进行系统的考古调查、勘探和发掘，因此其所得的认识，虽后来被考古工作基本证实，但影响有限且长期不为人知。

2. 1963～1964年栎阳考古

真正意义上的栎阳城考古，始于20世纪60年代。

1963年1月15日，陕西省临潼县武屯公社关庄生产队村民李海峰、韩忠敏在管庄东村东南100米左右的地方掘土时，在地下1米处发现铜釜1口，口部用瓦片封堵，内置金饼8枚，并在附近发现秦代云纹瓦当。之后陕西省文物管理委员会派人进行了现场调查，根据周围瓦片的堆积及附近地区的其他现象，判断此地可能即是秦国都城之一的栎阳遗址。据其介绍，在当地农民家中尚可见到陶坛、水道、铁铲等战国晚期秦国器物（《文物》1964年7期）。

1964年7月，陕西省文物管理委员会根据前述金饼发现后调查所获线索，专门派田醒农、雒忠如等先生，对1963年铜釜、金饼发现地点进行了为期15天的考古调查，确认栎阳城"在今咸铜阎良车站东南约10千米处，西南距今栎阳镇约12.5千米，南距渭水约7.5千米，东北距今富平县约10千米，东南距今相城镇约5千米，北与康桥镇仅隔一石川河，相距约2.5千米之遥。遗址西边距今武屯镇350米，地处石川河东流折向南的转弯处，今之泾惠四支渠，横贯其中，地势平坦，古今渠道纵横，其范围包括今关庄、新义、东西党家、南丁、华刘、汤家等七个自然村落，东西宽1801米，南北长2232米。在此地区内，到处分布着秦至汉初的瓦片，有的地方堆积层厚达2米"，指出"这次调查，因时间短促，对发现的各类现象，仅作了一般性的初步介绍，许多问题，需要作进一步的了解后，方可得出确切的结论。因此我们计划重新组织调查组，对此遗址进行一次全面的调查，以期获得更多的标本进行研究"（《文物》1966年1期）。

1964年，陕西省文物管理委员会开展的栎阳城考古，是1963年出土金饼后所调查工作的自然延续。这次工作中，首先系统开展了相关区域的大面积调查，并对栎阳城遗址进行了第一次真正意义上的考古勘探，绘制出第一张栎阳城遗址平面复原图。调查者完成工作后，迅速整理编写了栎阳城遗址的第一份考古简报，报道了栎阳城遗址的夯土、道路、遗址、渠道、墓葬等各类遗存。但遗憾的是，由于当时的工作时间仅有短短的15天，如调查者所言，当时所获认识仅是一些初步判断。而调查者计划此后"重新组织调查组，对此遗址进行一次全面的调查"的想法，也因各种原因未能实施。

从1980～1981年考古工作收获看，虽1964年调查发现的城墙判断并不确切，但当时发现的部分道路和遗址点被新的考古工作所证实。从今天看来，当时之所以在城墙判断上致误的原因，乃是栎阳夯土的特殊性所致，"这里的夯土，地势平坦，各处断面很少，又因原来夯打的工具——石夯头底部不磨光，致使其不同于自秦统一后我们常见的各时代夯土那样坚实明显，而是松软无层次。而且多是不挖基槽而直接从地面筑起的，因此，保存下来的夯土很少，偶有保存，也很难辨识，仅能从它的颜色和密度与自然土、扰土等相比较而确定"。一方面考古工作时间短，另一方面对在"很难辨识"情况下遗存未开展发掘验证，应是出现城墙认识有误的主要原因。

3. 1980～1981年栎阳考古

1980年4月至1981年12月，由刘庆柱、李毓芳先生组成的中国社会科学院考古研究所栎阳发掘队，对栎阳城遗址开展了四个季度的考古勘探与试掘。

通过勘探和试掘，确定了栎阳城城址的分布范围，发现南墙、西墙和三处门址，发现秦汉道路13条，秦汉建筑遗址、一般居址和手工作坊遗址等15处，并发掘了南门遗址，还对城墙、道路和部分遗址进行重点试掘，基本弄清了栎阳城遗址的西北、东南和东北墓区的分布范围和时代。同时勘探了栎阳城西北的汉太上皇陵和昭灵皇后墓，在栎阳城东南发掘了战国晚期至东汉的部分秦汉墓葬。

不过因"地表之上已无遗迹可寻，遗物也不多，文化遗迹、遗物一般在地表以下1.5～2米。近年来，城址所在地区地下水位上升，一般地表以下1～1.5米即为泥状，因此给勘探和发掘工作造成很大困难"，未能发现北墙、东墙。经考古工作确认，"栎阳故城应是一东西长约2500、南北宽约1600米的长方形城址，这与《长安志》卷十七栎阳县条记载栎阳故城'东西五里，南北三里'的约数基本相符"（《考古学报》1985年3期）。

由于1980～1981年开展考古工作时遗址所在范围内的地下水水位较高，而各类遗存均埋藏在当时的水位之下，加上栎阳的"夯土较松软，分不出层次。夯墙未挖基槽，直接筑于扰土之上"，给遗址区开展的考古"勘探和发掘工作造成很大困难"。因此，虽当时"选择其中地下水位较低的地方进行了部分试掘"，但终在地下水位较高的现实条件阻碍下，在城址北墙、东墙未能发现的情况下，栎阳城遗址考古被迫暂停。

然而幸运的是，在本次发掘20年后的2001年，以此次考古资料为基础，栎阳城遗址从原临潼县县级文物保护单位，一跃而被国务院直接公布为第五批全国重点文物保护单位。其所显示的，一是栎阳城遗址本身的历史地位非常重要，一则是对本次考古工作成绩的充分认可。

4. 2012～2018年栎阳考古

2012年春，为进一步确定栎阳城遗址保护范围，为阎良区的区域规划提供可靠资料、为栎阳城保护规划的制订提供科学根据，西安市文物局与阎良区政府协商重启栎阳城遗址考古，安排由中国社会科学院考古研究所（刘瑞、李毓芳2012～2013年、王玥2022～2024年、张效儒2023～2024年），与西安市文物保护考古研究院（王自力2013～2014年、柴怡2013年、宁琰2014年、张翔宇、高博2015～2022年、陈怡江2021年至今）等联合组成的阿房宫与上林苑考古队，尽快开展栎阳城遗址的考古工作。

2013年4月2日，在经过一系列准备和前期调查后，在国家文物局、陕西省文物局、西安市文物局的大力支持下，在西安市阎良区文体局的大力协助下，考古队重启栎阳考古。根据国家文物局批复，栎阳城遗址考古"应以搞清栎阳城城址布局为目标，开展全面、系统的考古调查、勘探，并对关键节点进行小面积试掘，注意理清城址功能分区，寻找道路、河流系统等相关遗迹"，同时"注意了解与城址相关墓葬区的分布情况"。

5. 2013年栎阳勘探与发掘

根据国家文物局批复意见，2013年的栎阳城考古以尽快确定栎阳城遗址范围为中心。根据前期调查和结合1980～1981年发表资料，在建设中的GIS考古地理信息系统中初步确定了之前发现的一号古城南墙与西墙的大体位置和所在地的地表现状。

受遗址区内地表密布蔬菜瓜果大棚及小麦玉米等农作物限制，考古勘探以在田埂、蔬菜种植大棚间的空隙开展为主。在勘探同时，还对勘探范围及周边区域的田埂、崖面等展开考古调查。

从勘探情况看，一号古城所在范围内遍布蔬菜大棚等各类农作物，由于长时间蔬菜种植所需要的抽水灌溉，使得该区域在整体地下水位下降的情况下，小范围内仍保持较高水位，地下土壤甚为松软，给地下遗存的勘探与辨识带来巨大困难。

根据原有线索，考古队复探了一号古城的南墙、西墙，并按西墙走向向北勘探发现疑似北墙，暂未发现东墙。一号古城西南角所在位置在勘探时因遍布蔬菜大棚无法勘探，准确位置未能勘定。从西墙、南墙延伸线相交确定的西南角测量，南墙勘探长约1800米，西墙长约2220米，北墙勘探长约1900米，城墙宽约5~7米，目前勘探发现的南墙东端、北墙东端相距约2480米。从勘探情况看，城墙保存甚差，勘探发现的城墙走向有弯曲，需今后更多勘探、发掘加以确定。

为寻找一号古城东墙，考古队在一号古城东侧展开勘探中，在御宝屯一带，勘探发现一条东西向墙基，其向东延伸至石川河边北折后被石川河冲断，并向西一直延伸。后经跟踪勘探，确定该墙基东西长约3100米。之后墙西端勘探后发现北折的南北向墙基，向北一直延伸到石川河南岸后被冲毁不存，西墙基南北长约3860米左右。新勘探发现墙基向东、向北形成围合，与1980~1981年勘探发现的古城有部分叠压。为记录便，将之前发现的古城编号为"一号古城"，新发现古城编号为"二号古城"。二号古城北侧、东北侧被石川河冲毁，残存面积约9.5平方千米。

在二号古城西侧勘探时，于地下发现有一定密度的零星遗存，由于发现点距二号城西墙明显较远，应属另外一处遗址，将其暂编为"三号古城"。

为尽快确定一系列勘探遗存的时代与性质，从2013年秋季开始，考古队对勘探发现遗存展开小面积试掘。对二号古城城墙发掘中，在西侧城墙的墙基中出土五铢钱，借此确定二号古城上限不早于武帝元狩五年（前118年）。在南侧城墙的发掘中，发现城南环城道路被新莽时期墓葬破坏，显示城址废弃可能大体始于汉末新莽时期。相关发掘资料，见《秦汉栎阳城：2012~2018年考古报告》（第一卷）①。

6. 2014~2015年考古勘探与发掘

根据2013年度考古勘探与发掘收获，考古队意识到随着地下水位的下降，很多之前在水位较高情况下无法开展考古勘探的地点，事实上应分布有很多重要的古代遗存，特别是二号古城的发现将古代遗存的分布范围一直向北延伸到石川河边——遗存的分布范围远超出之前。

在这种情况下，为准确确定栎阳城遗址的遗存分布，避免跟踪既有线索可能会造成的遗迹漏探，从2014年春开始，考古队调整工作思路，不再对既有城墙等进行"追踪"勘寻，而是在更大范围内展开以确定秦汉遗存分布范围为目的的考古勘探，寻找地下遗存分布的最远位置，并在地下遗存不再连续出现后，继续向外勘探300~500米的"空白区"，借此划定地下遗存最大的分布范围。

勘探工作以已发现的一号城南墙、西墙、新发现的二号城西墙为起点，顺着生产路、田埂、水渠，向南、向西进行长距离的直线勘探，向南最长一列探孔从一号古城南墙开始向南长约2600

① 中国社会科学院考古研究所、西安市文物保护考古研究院：《秦汉栎阳城：2012~2018年考古报告》（第一卷），科学出版社，2022年。

米、向西最长一排探孔从二号古城西墙向西最长约4600米。后在石川河北侧、东侧进行向北、向东的长距离勘探，从石川河北岸开始的向北勘探，最长一列探孔长约1650米、从石川河东岸向东开始的向东勘探，最长一排探孔长约2650米。

在进行长距离勘探的过程中，2014年4月在二号古城西墙北段向西约1500米处发现连续的夯土遗存，与2013年底零星发现的地下遗存连片分布，正式将该处编号为"三号古城"。

经2014～2015年连续两年的大范围勘探，基本确定栎阳城遗址东侧跨过石川河，距二号古城东南角约1700米；遗址南侧边缘大体位于武屯街道的任家村、王北村、任赵村、三合村、耿东村、耿西村一带，南距一号古城南墙约1500米。西侧边缘大体位于武屯街道耿西村、新兴街道槐树村、仁和村、屈家村、张大夫村、官路村一带，向北至石川河，西距一号古城西墙约2600米。北侧边缘大体位于康桥镇的槐园、菩萨坡一带，北距二号古城北墙约1000米。受石川河分割，栎阳城遗址可分为石川河西、石川河东、石川河北三区，面积合计约36.51平方千米，一号、二号、三号古城均位于该范围之内（图0.2）。

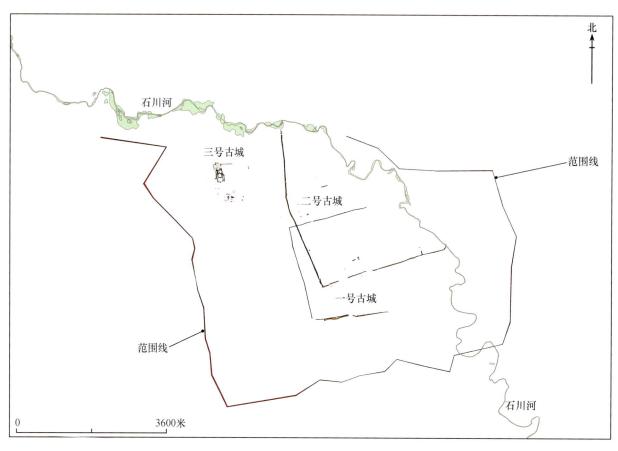

图0.2　秦汉栎阳城遗址一、二、三号古城分布图（2013～2018）

在三号古城发现夯土遗存后，考古队随即对相关遗存开展考古发掘。从发掘情况看，在地层和遗迹中出土花纹砖、葵纹瓦当、动物纹瓦当、云纹瓦当、素面瓦当等建筑材料，并出土槽型板瓦残块。后经确定，发掘的夯土之下仍叠压有早期夯土遗存，在该遗存下尚有东西向沟渠，其内出土动物纹半瓦当等遗物。根据地层堆积及出土遗物判断，该处建筑遗存的时代上限不早于战国中期，至迟到西汉早期建筑已破坏成废墟。

以此为线索，考古队在发现夯土遗存的周围展开了进一步勘探，在东北发现一座东西105、南北约100米的近方形院落。该院落东、北、西侧为宽10米左右廊房遗迹，北侧廊房中间有宽约5.6米门道，南侧中间门道宽约7.3米，两侧为边长14米左右的近方形夯土台基，向外通过宽约2米围墙分别与东西廊房连接。院内尚未发现建筑遗存。在院落北门向北260米内发现四座夯土建筑基址。

通过2013～2014年度的考古勘探与试掘，基本确定了栎阳城遗址的四至范围。三号古城内遗存的发掘显示，建筑的上限不早于战国中期，西汉早期已破坏无存，其时间范围与文献所载的秦建都栎阳时间基本相合，三号古城大体应为战国秦栎阳城的所在，也应是汉初栎阳城的所在。

在前述大范围的考古勘探中，发现了丰富的古代河道、淤土等水相沉积，推测在栎阳城遗址范围内之所以分布多座古城的原因，应与不同时期石川河的泛滥改道不断冲毁而重建新城有关。

2014年，为寻找与栎阳城遗址同时期的大型墓葬，考古队根据20世纪80年代的文物调查资料，在栎阳城遗址东北关山镇东南相传有两座大墓的位置开展考古勘探。据介绍，该处早期曾有高大封土，后逐渐破坏无存。后经勘探确定，在今地面下封土大体为南北长方形，南北残长约80米，东西残宽约44米，之下分布南北两座墓葬。北侧墓葬编号M1，南侧墓葬编号M2，均墓西有一条墓道。其中M1墓道长约23米，宽6.3～7.2米，墓室东西约16.7、南北约14.8米。M2墓道长约33.7米，宽4.4～5.7米，墓室北缘位于M1墓室南缘向南约27米，墓室东西约9.7、南北约7.6米。由于周围农作物影响，尚未确定墓葬附近是否有陪葬坑、陪葬墓、墓园等相关设施。该墓被盗后盗洞中发现牛骨，2014年北京大学碳十四实验室对牛骨进行测年，为西汉晚期。

在勘探寻找关山镇东南大墓周围遗存的过程中，于其北侧勘探发现东西向大型沟渠。勘探确定，该沟渠大体呈西南—东北向，勘探长约9.93千米，口宽15～20米，深4～6米，向东钻探至渭南市临渭区境后继续向东延伸，向西在关山镇叶家村西南一带被石川河故道冲毁。为确定沟渠的时代与性质，择点对其进行了考古发掘，探沟内沟渠口部残宽17.06～17.9米，底部宽9.1～9.5米，深4.26～4.36米。其内堆积显示，沟渠的使用至少经历四个时期，底部出土汉代绳纹筒瓦瓦片、砖块等，沟渠上部淤积中出土外素面内布纹筒瓦瓦片、瓷片。结合文献记载，初步判断该沟渠西汉中期开凿，到唐代继续使用，推测其应为文献中记载的汉唐白渠遗存。

白渠作为古代中国最强盛汉唐时代于首都地区兴建的最重要国家水利工程之一，对后代关中引泾水利工程有着直接影响。栎阳城北白渠的勘探与试掘，是中国古代大型水利工程考古的重要发现，具有重要的学术价值。后在陕西省文物局的大力支持下，启动了对郑国渠、白渠的考古勘探，获得了有关郑国渠、白渠渠线、位置关系的新认识。相信随着今后该项工作的持续开展，相关认识将不断加深。

在大范围开展考古勘探的同时，2014年考古队继续对之前勘探二号古城城墙和相关遗存开展考古发掘，相关发掘资料见《秦汉栎阳城：2012～2018年考古报告》（第二卷）①。

此外，考古队根据勘探线索，在勘探所基本确定的栎阳城遗址的外围布设探方，以进一步确

---

① 中国社会科学院考古研究所、西安市文物保护考古研究院：《秦汉栎阳城：2012～2018年考古报告》（第二卷），科学出版社，2024年。

定地下遗存的分布情况。本卷即是针对栎阳城遗址范围开展考古发掘资料的整理和完整公布。

7. 2016～2018年考古勘探与发掘

在确定三号古城时代后，考古队的工作遂集中于三号古城，在2017年勘探发现前后两期的三号古城的北墙和西墙，其中前期北墙已探出东西长440、西墙南北长180米，后期北墙已探出东西长105、西墙南北长200米。但受三号古城区域蔬菜大棚等的严重影响，目前南墙和东墙尚未发现。

在三号古城北墙以南、西墙以东勘探的区域内，已发现由南向北编号为一号至四号建筑的四个大型夯土建筑台基。其中一号建筑位于南侧，规模最大，勘探东西长约67.5米；一号建筑向北约18米为二号建筑，其勘探东西长41米，东部有通过廊道等建筑与一号建筑连接；经发掘确定，一号建筑南北宽22.3、二号建筑南北宽11、残高0.5～0.8米，台基外立面局部保留白灰墙皮。二号建筑向北约18米为三号建筑，其勘探东西长约56.6米，向南通过廊道与二号建筑连接；三号建筑向北30.5米为四号建筑，其勘探东西长约34.5、南北宽约10米。在四号建筑西侧4.7米发现五号建筑，勘探东西长约23.5、南北宽约13.5米。

在一号建筑台基向南约67米，即为之前勘探发现的东西105、南北约100米的近方形院落。

在勘探寻找三号古城南部范围的过程中，在前述大型院落向南170米左右，在东西约520、南北约410米范围内勘探发现较连续的红烧土和瓦砾分布区。进一步勘探显示，在该区中部存在四条南北向的东西宽约3～4、南北最长约406米的大型沟渠，将该区域做出一定的区域划分。经2016、2017年试掘，初步确定该区域为手工业生产区。

为确定勘探遗存的时代、形制、性质和保存情况，考古队陆续对相关遗存进行了小规模发掘（图0.3）。发掘中，在三号建筑夯土台基内清理出半地下建筑，在四号建筑中发现浴室、壁炉遗迹，在五号建筑发现浴室及与浴室地漏相连的管道、渗井等排水设施。从发掘情况看，之前勘探发现遗存同时建设，废弃时间也基本同时。

在三号古城发掘中，出土了大量内面饰麻点外面饰细绳纹、中粗绳纹的筒瓦、弧形板瓦、槽型板瓦和素面瓦当、动物纹瓦当、云纹瓦当等建筑材料。并出土了长73、径63厘米的巨型筒瓦，是迄今为止中国考古发现的最大筒瓦，同时发现多个与辽宁碣石宫遗址B型大半圆瓦当纹饰相近的瓦当残片。从出土建筑材料看，三号古城应上承雍城，延续到西汉前期。从三号古城试掘清理的半地下室建筑、空心砖踏步、巨型筒瓦、瓦当、浴室、壁炉等遗迹遗物看，相关建筑遗存当为秦高等级宫殿建筑。

三号古城的考古勘探与发掘，不仅发现了集中分布的高等级夯土建筑，而且还出土之前未见的动物纹瓦当、槽型板瓦等向来认为是雍城遗址特色的建筑材料，将雍城遗址与栎阳城遗址的时代进行了有效衔接，显示出三号古城时代的上可自战国中期。进一步的发掘和整理显示，三号古城遗址废弃在西汉早期。据文献记载，这段时间，正与文献记载的秦献公、秦孝公为都的栎阳、塞王司马欣栎阳、汉王刘邦栎阳、汉初高祖刘邦栎阳的时代吻合，因此结合各种线索判断，三号古城目前看来应该是战国中期至西汉前期的栎阳城所在。

即，三号古城上限不早于战国中期，与文献所载秦献公、孝公建都栎阳时间吻合，为战国秦都栎阳。从城址延续到西汉前期判断，其亦当为塞王司马欣之都，为汉初刘邦所都栎阳。

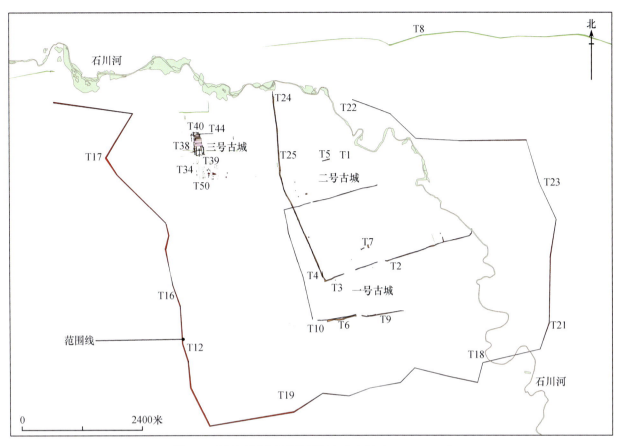

图0.3 秦汉栎阳城遗址发掘探方分布图（2013～2018）

从栎阳考古发现看，不仅三号古城发现的半地下建筑、浴室、壁炉等设施，空心砖踏步、巨型筒瓦、瓦当等遗物是目前为止在秦考古发掘中的最早发现，而且相当多的秦汉建筑制度也均应始于栎阳城。

2018年4月，栎阳城遗址入选2017年"全国十大考古新发现"。

三、资料整理与报告编写

2018年7月，阎良区政府将三号古城核心区95亩土地从农户手中征收回来，以备该区域考古工作的进一步开展。此后，栎阳城遗址三号古城核心区的考古工作正式启动，从之前根据遗迹分布和土地情况的探沟式发掘，转入全面布方整体揭露较大体量古代遗存的新阶段。

在这种情况下，为更好更快地推进下一步田野考古工作，考古队商定以2018年为期，对之前1980～1981、2012～2018年所获的全部考古资料开展集中整理，出版阶段性的考古工作报告。

在基本完成考古资料整理的文字和实物资料准备后，考古队商定体例和整理要求，展开绘图、照相、拓片等整理工作。先完成1980～1981年考古资料整理和报告整理，随后展开2012～2018年考古资料的整理和报告编写。

考虑到报告体量、整理时间和经费等原因，商定2012～2018年栎阳城遗址考古报告采取分卷出版形式，顺序公布相关资料。大体拟定：

第一卷，为确定二号古城开展发掘的5个探方考古资料。

第二卷，为确定一号、二号古城开展发掘的8个探方考古资料。

第三卷，为确定栎阳城遗址四至范围开展发掘的8个探方考古资料。

第四卷，为确定三号古城遗存时代性质开展发掘的8个探方考古资料。

第五卷，为确定三号古城遗存范围而开展发掘的10个探方考古资料。

第六卷，为确定三号古城南侧遗存（手工业区）开展发掘的4个探方考古资料。

第七卷，在栎阳城遗址北侧开展郑国渠、白渠勘探及考古发掘的4个探方考古资料。

第八卷，在栎阳城遗址西南配合西安移动能源产业园项目发掘资料。

第九卷，多学科合作研究资料。

第十卷，综合研究卷。

与多数遗址发掘资料整理和出版报告多采用挑选典型标本刊布的情况不同，从2018年《秦汉上林苑：2004～2012年考古报告》开始[①]，为让学界全面了解相关遗址情况，考古队一直致力于将工作所获所有资料完整公布。栎阳城遗址资料整理之初，全面、多角度、完整整理与公布考古资料，就成为整理和报告编写的"第一"原则。在统一整理基础上，针对2012～2018年开展的发掘均是以确定遗址范围为目的（而非对地下遗存），所出现各布设探方均相距甚远的实际情况，确定以探方为单位，逐一刊布全部发掘所得。

2013～2018年的资料整理，由刘瑞负责，李毓芳、张翔宇、高博共同商定和开展资料整理与报告编写。考古队韩海鸥、路向东、梁美超、张聪聪、祝军辉、龚波、耿东、闫松林、张朋祥等技师参加了考古资料的整理和拓片、照相、绘图等有关工作，中国社会科学院考古研究所科技中心张亚斌、张鹿野进行了部分的器物照相，西安天穹勘测信息有限公司在完成器物三维建模后，在中国社会科学院考古研究所李淼、刘芳、刘瑞、李毓芳指导下完成器物图绘制。

报告介绍地层、遗迹、遗物等的文字描述，据考古惯例，对出土遗物进行统一的类型学分析，其中砖瓦瓦当等建筑材料延续《秦汉上林苑：2004～2012年考古报告》的分型标准，与遗迹、遗物有关的测量数据，在最后一项注明单位。

为叙述方便，除少数情况外，省略遗迹遗物前的出土年份和遗址编号中的地名简称，发掘时按探沟"TG"编号，整理时改为探方编号"T"。

若本报告公布资料与之前发表资料有不同之处，以本报告为准。

---

① 中国社会科学院考古研究所、西安市文物保护考古研究院：《秦汉上林苑：2004～2012年考古报告》，文物出版社，2018年。

目录

第二部分 南 部

第三部分 东 部

第四部分　北　部

插 图 目 录

插表
目录

彩版
目录

图 版
目 录

第一部分 西部

第一章 T12

　　T12位于西安市阎良区武屯镇广阳村槐中组北部，西距T16约1050米，东距T10约2500米。据勘探资料，此处位于栎阳城遗址范围的西部边缘，为验证勘探信息布设本探方。探方东西向，东西长3、南北宽1.5米（为安全计，发掘中南侧在清理到一定深度后留二层台放坡，未向下清理）。发掘工作从2014年5月22日开始，至2014年5月31日发掘结束（图1.1、图1.2）。

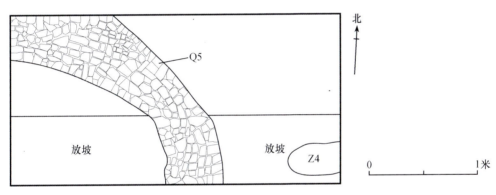

图1.1　T12总平面图

图1.2　T12全景照（东—西）

　　通过发掘，探方内先后确定遗迹2种2个（灶1、墙1）（表1.1），出土各类标本8件，分建筑材料、陶器两类（表1.2）。此外还出土各类遗物残片178块，均为陶器残片（表1.3）。

表1.1　T12遗迹登记表

编号	形制	开口	打破关系	备注
Z4	近椭圆形	第6层下	打破第7层	袋状、圜底
Q5	不规则形	第7层下	打破第8层	陶片堆砌、夯筑而成

表1.2　T12出土标本登记表

编号	名称	材质	保存情况	重量/千克	分型	规格/厘米		
						长	宽/径	厚
T12⑦：1	陶罐	陶	残	0.1	/	复原口径11、沿宽0.8、残长9.9、残宽6.7、残高6.1、厚0.7		
T12⑦：2	陶片	陶	残	0.09	/	10	7.5	0.7
T12⑦：3	陶罐	陶	残	0.11	/	残长14.4、残宽9.8、残高5.4、厚0.9		
T12⑦：4	陶罐	陶	残	0.07	/	残长10.1、残宽6.8、残高5.2、厚0.8		
T12⑧：1	陶罐	陶	残	0.07	/	残长8.1、残宽6.9、残高5.5、厚0.6、戳印长2.2、戳印宽2		
T12⑧：2	陶罐	陶	残	0.12	/	残长11.2、残宽9.8、残高7.5、厚0.9、戳印长3.1、戳印宽2.7		
T12⑧：3	板瓦	陶	残	0.16	Ba2	13.9	7.1	1.6
T12⑧：4	陶管道	陶	残	0.7	/	复原径22、残长20.6、厚1.3、戳印长2.8、戳印宽2		

表1.3　T12出土遗物数量统计表

名称	分型	⑦/件	百分比/%
		灰陶	
陶器残片	绳纹	125	70.22
	素面	53	29.78
合计	/	178	100.00

第一节　地　层

根据土质、土色及包含物的不同，T12内地层堆积分为9层，地层堆积按四壁介绍，出土遗物以北壁统计介绍。

一、地　层　堆　积

（一）北壁

第1层：浅灰色土。厚0.12～0.2米。分布全方，堆积近平。土质软，结构疏松。内含大量的植物根系、塑料、白灰粒、红色、灰色砖残渣。

第2层：浅黄色土。深0.12～0.2、厚0.14～0.26米。分布全方，堆积近平。土质较硬，结构较致密。内含少量的灰色砖渣、白灰颗粒、炭渣。

第3层：深黄色土。深0.34～0.4、厚0.46～0.66米。分布全方，堆积呈波状。土质软，结构疏松。内含少量的红烧土颗粒、炭粒、植物根系以及少量瓦片、白瓷片。

第4层：黄色土。深0.84～1.02、厚0.22～0.42米。分布北部，堆积呈波状。土质软，结构疏松。内含少量炭粒，无遗物出土。

第6层：深黄色土。深1.04～1.28、厚0.18～0.36米。分布全方，堆积近平。土质较硬，结构致密。内含少量的灰色砖渣、炭粒。Z4开口于此层下。

第7层：浅褐色土。深1.38～1.48、厚0.5～0.58米。分布全方，堆积近平。为自然淤积层。土质较硬，结构致密。内含少量红烧土粒、炭粒、陶片。根据本层统计，出土残片均为陶片，其中绳纹占70.22%，素面占29.78%（表1.3）。Q5开口于此层下。

第8层：灰褐色土。深1.94～2、厚0.06～0.44米。分布全方，堆积呈波状。土质硬，结构致密。夹杂少量红烧土粒、炭粒。

第9层：深灰褐色土。深2.4～2.44、厚0.34～0.82米。分布全方，堆积呈波状。土质软，结构较疏松。无包含物（图1.3）。

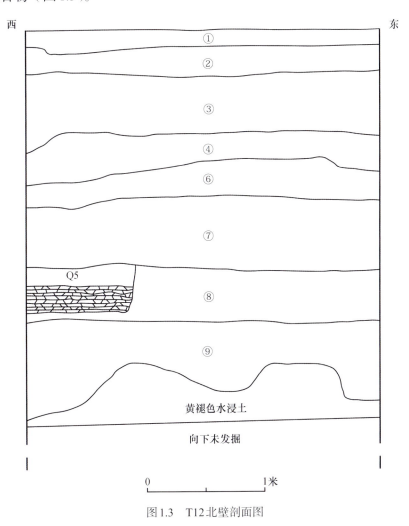

图1.3 T12北壁剖面图

（二）东壁

第1层：浅灰色土。厚0.12～0.14米。分布全方，堆积近平。土质软，结构疏松。内含大量的植物根系、塑料、白灰颗粒、红色、灰色砖残渣。

第2层：浅黄色土。深0.12～0.14、厚0.2～0.22米。分布全方，堆积近平。土质较硬，结构较致密。内含少量的灰色砖渣、白灰颗粒、炭渣。

第3层：深黄色土。深0.34～0.36、厚0.44～0.46米。分布全方，堆积呈波状。土质软，结构疏松。内含少量的红烧土颗粒、炭粒、植物根系以及少量瓦片、白瓷片。

第4层：黄色土。深0.8～0.88、厚0～0.34米。分布北部，堆积呈波状。土质软，结构疏松。内含少量炭粒，无遗物出土。

第5层：浅灰色土。深0.84～1.88、厚0.22～0.28米。分布探方南部，堆积近平。土质松软，结构疏松。内含少量炭粒，无遗物出土。

第6层：黄色土。深1.06～1.08、厚0.24～0.32米。分布全方，堆积呈波状。土质较硬，结构致密。内含少量的灰色砖渣、炭粒。Z4开口于此层下。

第7层：浅褐色土。深1.38～1.42、厚0.56～0.64米。分布全方，堆积近平。土质较硬，结构致密。内含少量红烧土粒、炭粒、陶片。Q5开口于此层下。

第8层：灰褐色土。深1.98～2、厚0.22～0.48米。分布全方，堆积呈波状。土质较硬，结构致密。夹杂少量红烧土粒、炭粒。

第9层：深灰褐色土。深2.42～2.48、厚0.46～0.66米。分布全方，堆积呈波状。土质软，结构较疏松。无包含物（图1.4、图1.5）。

（三）南壁

第1层：浅灰色土。厚0.14～0.18米。分布全方，堆积近平。土质软，结构疏松。内含大量的植物根系、塑料、白灰颗粒、红色、灰色砖残渣。

第2层：浅黄色土。深0.14～0.18、厚0.18～0.22米。分布全方，堆积近平。土质较硬，结构较致密。内含少量的灰色砖渣、白灰颗粒、炭渣。

第3层：深黄色土。深0.34～0.38、厚0.8～0.84米。分布全方，堆积呈波状。土质软，结构较疏松。内含少量的红烧土颗粒、炭粒、植物根系以及少量瓦片、白瓷片。

第5层：浅灰色土。深0.63～0.7、厚0.18～0.3米。分布南部，堆积近平。自然淤积层。土质软，结构疏松。内含少量炭粒，无遗物出土。

第6层：黄色土。深1.06～1.12、厚0.22～0.34米。分布全方，堆积呈波状。土质较硬，结构致密，内含少量的灰色砖渣、炭粒。Z4开口于此层下。

第7层：浅褐色土。深1.34～1.54、厚0.56～0.66米。分布全方，堆积近平。土质较硬，结构致密，内含少量红烧土粒、炭粒、陶片。Q5开口于此层下。

第8层：灰褐色土。深1.94～2.02、厚0.4～0.46米。分布全方，堆积呈波状。土质稍硬，结构致密。夹杂少量红烧土粒、炭粒。

第9层：深灰褐色土。深2.4～2.46、厚0.34～0.58米。分布全方，堆积呈波状。土质软，结构较疏松。无包含物（图1.6）。

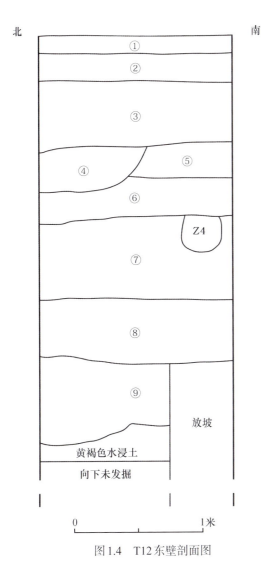

图 1.4 T12 东壁剖面图

图 1.5 T12 东壁剖面照（西—东）

（四）西壁

第1层：浅灰色土。厚 0.16～0.44 米。分布全方，堆积近平。土质软，结构疏松。内含大量的植物根系、塑料、白灰颗粒、红色和灰色砖残渣。

第2层：浅黄色土。深 0.16～0.44、厚 0.22～0.24 米。分布全方，堆积近平。土质较硬，结构较致密。内含少量的灰色砖渣、白灰颗粒、炭渣。

第3层：深黄色土。深 0.36～0.38、厚 0.5～0.66 米。分布全方，堆积呈波状。土质软，结构较疏松。内含少量的红烧土颗粒、炭粒、植物根系以及少量瓦片、白瓷片。

第4层：黄色土。深 0.86～1.02、厚 0～0.26 米。分布北部，堆积呈波状。土质软，结构较疏松。内含少量炭粒，无遗物出土。

第5层：浅灰色土。深 1.02～1.28、厚 0～0.22 米。分布南部，堆积近平。土质软，结构较疏松。无遗物出土。

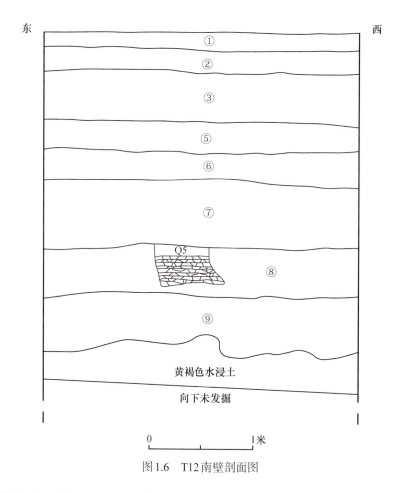

图1.6　T12南壁剖面图

第6层：黄色土。深1.08～1.1、厚0.14～0.36米。分布全方，堆积呈波状。土质较硬，结构较致密。内含少量的灰色砖渣、炭粒。Z4开口于此层下。

第7层：浅褐色土。深1.42～1.46、厚0.5～0.56米。分布全方，堆积近平。土质较硬，结构较致密。内含少量红烧土颗粒、炭粒、陶片。Q5开口于此层下。

第8层：灰褐色土。深1.96～2、厚0.42～0.46米。分布全方，堆积呈波状。土质较硬，结构较致密，夹杂少量红烧土粒、炭粒。

第9层：灰褐色土。深2.42～2.46、厚0.4～0.8米。分布全方，堆积呈波状。土质软，结构较疏松。无包含物。

从第9层向下钻探2米均为黄褐色水浸土（图1.7、图1.8）。

二、出　土　遗　物

出土标本8件，分建筑材料、陶器两类（表1.2）。分别介绍如下。

（一）建筑材料

根据用途，有板瓦、陶管道两种。分别介绍如下。

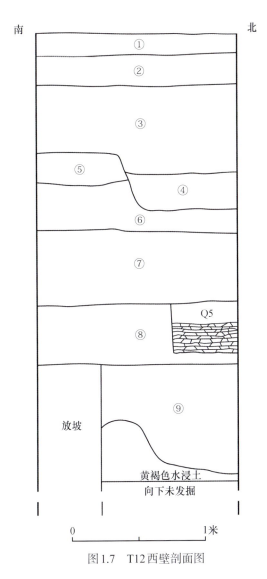

图1.7 T12西壁剖面图

图1.8 T12西壁剖面照（东—西）

1. 板瓦

1件。属Ba2型。T12⑧：3，残。灰陶。表面饰中粗交错绳纹，内面饰麻点。残长13.9、残宽7.1、厚1.6厘米（图1.9、图1.10；彩版1；图版1）。

2. 陶管道

1件。T12⑧：4，残。灰陶。表面饰细交错绳纹，内面饰篦纹。复原径22、残长20.6、厚1.3厘米。绳纹抹平部分有一长方形戳印，戳印长2.8、戳印宽2厘米，戳印四字为"畇寿□尚"（图1.11、图1.12；彩版2；图版2）。

（二）陶 器

根据用途，可辨器型者均为陶罐，另有1件残，难辨器型。分别介绍如下。

图1.9　Ba2型板瓦（T12⑧∶3）表、内面照片

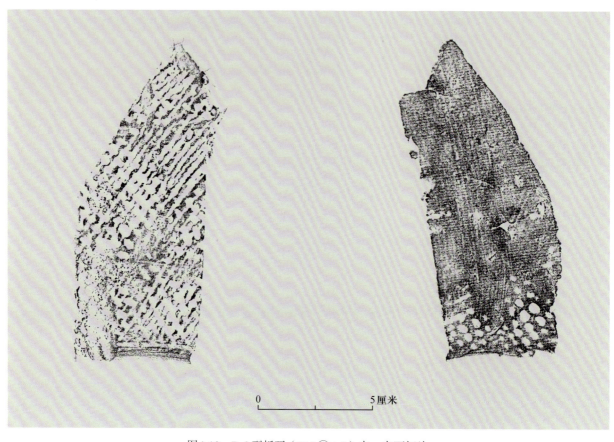

图1.10　Ba2型板瓦（T12⑧∶3）表、内面拓片

图1.11　陶管道（T12⑧：4）表、内面及戳印陶文照片

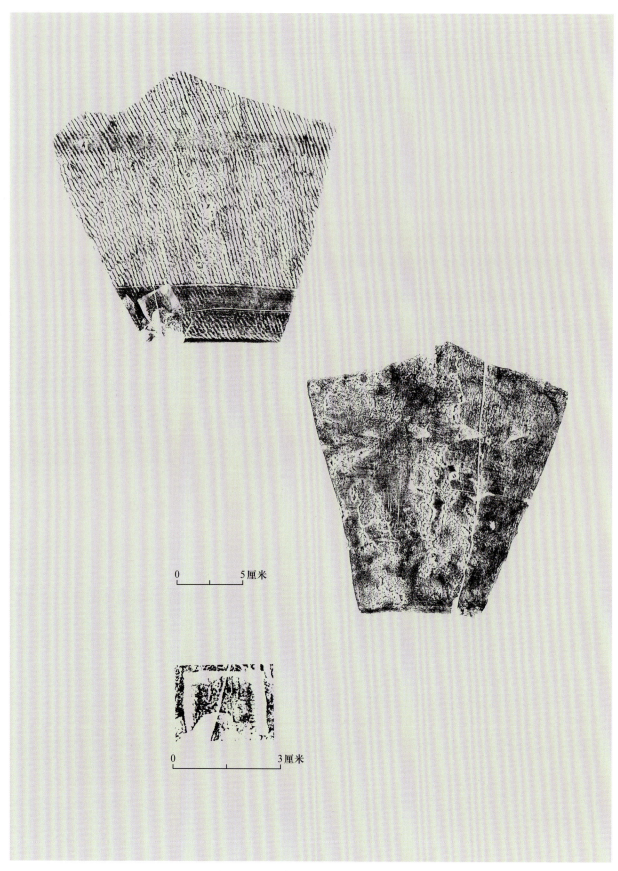

0 ———— 5厘米

0 ———— 3厘米

图1.12　陶管道（T12⑧：4）表、内面及戳印陶文拓片

1. 罐

5件。

T12⑦：1，残。泥质灰陶。侈口，外折沿，短束颈，斜弧肩，肩部饰两周凹弦纹，凹弦纹下饰细斜绳纹，内面素面，轮制痕迹明显。复原口径11、沿宽0.8、残长9.9、残宽6.7、残高6.1、厚0.7厘米（图1.13、图1.14；彩版3；图版3）。

图1.13 陶罐（T12⑦：1）外、内、侧面照片

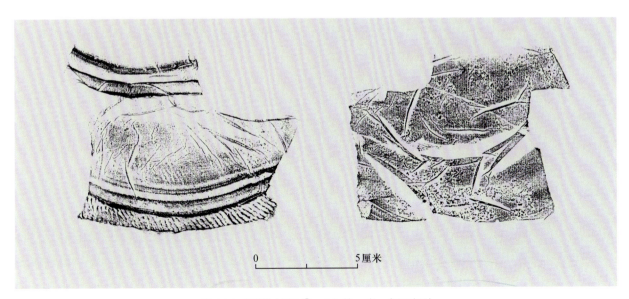

0　　　　　5厘米

图1.14 陶罐（T12⑦：1）外、内、侧面拓片

　　T12⑦：3，残。泥质灰陶。肩部饰两周凹弦纹，凹弦纹下饰细斜绳纹，内面素面，轮制痕迹明显。残长14.4、残宽9.8、残高5.4、厚0.9厘米（图1.15、图1.16；彩版4；图版4）。

图1.15　陶罐（T12⑦：3）外、内面照片

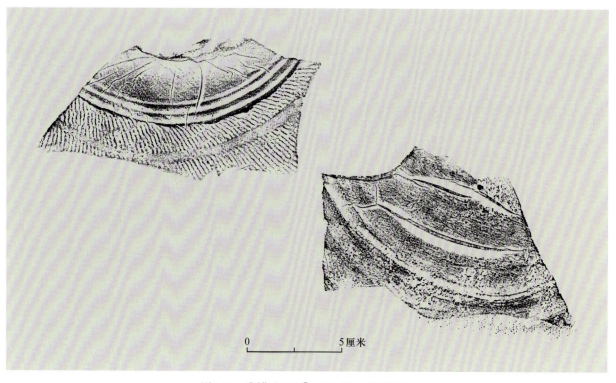

图1.16　陶罐（T12⑦：3）外、内面拓片

　　T12⑦：4，残。泥质灰陶，肩部饰一周凹弦纹，饰细斜绳纹，内面素面，轮制痕迹明显。残长10.1、残宽6.8、残高5.2、厚0.8厘米（图1.17、图1.18；彩版5；图版5）。

图1.17　陶罐（T12⑦：4）外、内面照片

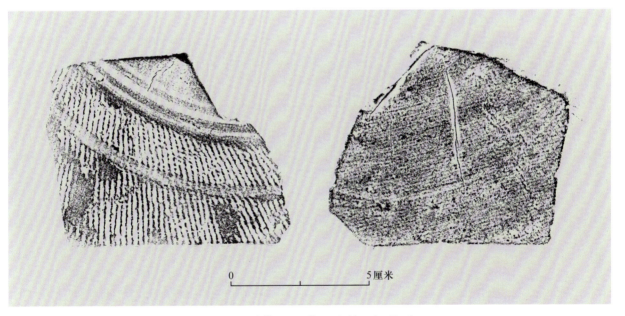

图1.18　陶罐（T12⑦：4）外、内面拓片

　　T12⑧：1，残。泥质灰陶。斜弧肩，肩部饰两周凹弦纹，凹弦纹下饰细斜绳纹，内面素面，轮制痕迹明显。残长8.1、残宽6.9、残高5.5、厚0.6厘米。有一方形戳印，字不可辨，戳印长2.2、戳印宽2厘米（图1.19、图1.20；彩版6；图版6）。

　　T12⑧：2，残。泥质灰陶。短束颈，斜弧肩，肩部饰两周凹弦纹，凹弦纹下饰细斜绳纹，内面素面，轮制痕迹明显。残长11.2、残宽9.8、残高7.5、厚0.9厘米。有一方形戳印，字不可辨，戳印长3.1、戳印宽2.7厘米（图1.21、图1.22；彩版7；图版7）。

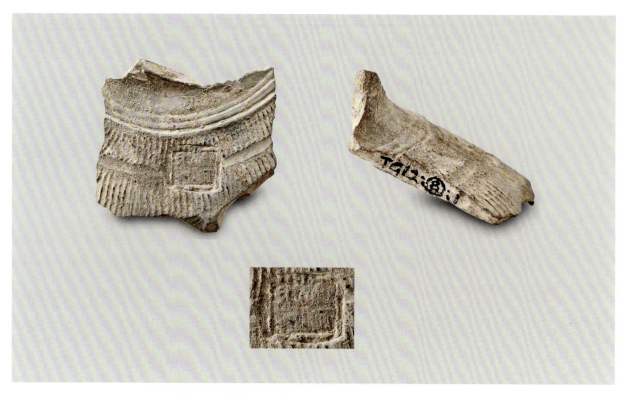

图1.19　陶罐（T12⑧：1）外、侧面及戳印陶文照片

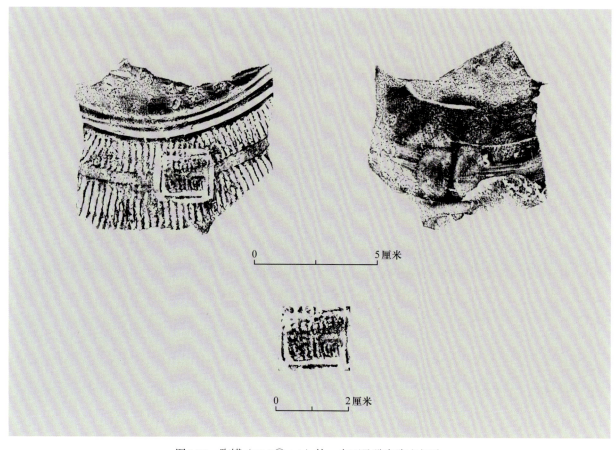

图1.20　陶罐（T12⑧：1）外、内面及戳印陶文拓片

图1.21　陶罐（T12⑧：2）外、侧面及戳印陶文照片

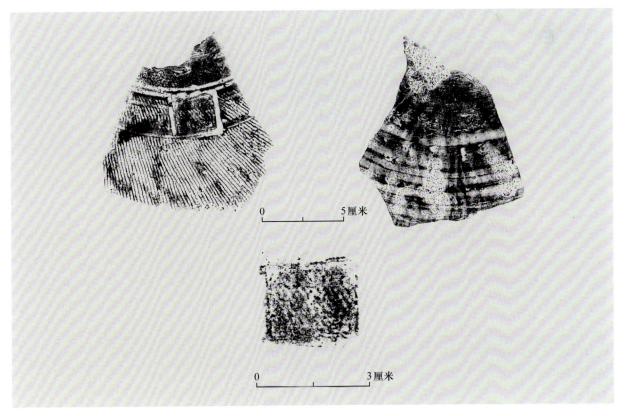

图1.22　陶罐（T12⑧：2）外、内面及戳印陶文拓片

2. 陶片

1件。T12⑦：2，残。泥质灰陶。器型不详，外面饰间断绳纹。残长10、残宽7.5、厚0.7厘米（图1.23、图1.24）。

图1.23　陶片（T12⑦：2）外、内面照片

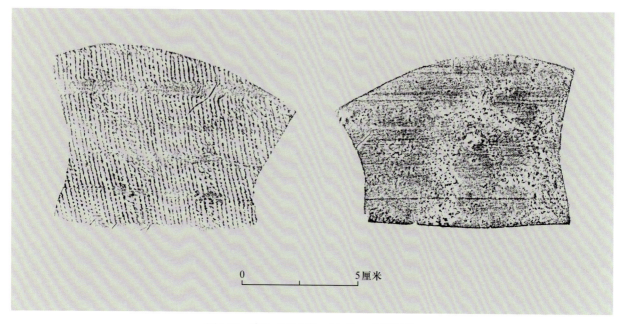

0　　　　　　5厘米

图1.24　陶片（T12⑦：2）外、内面拓片

第二节　遗　迹

清理遗迹单位2种2个（表1.1），其中灶1座、墙1条。分别介绍如下（图1.25、图1.26）。

图1.25 T12第6层下遗迹平面图

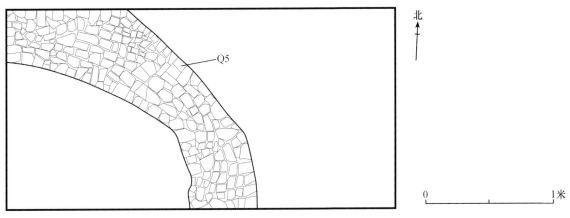

图1.26 T12第7层下遗迹平面图

一、灶

1座，开口于第6层下，介绍如下。

Z4

位于T12东南部，东部延伸出探方。第6层下开口，打破第7层。开口距地表深1.36~1.38米。平面近椭圆形。袋状，圜底。东西发掘长0.48、南北宽0.2、深0.27米。填土呈浅灰色，土质疏松，内含少量木炭粒、红烧土粒（图1.27）。

二、墙

1条，开口于第7层下，介绍如下。

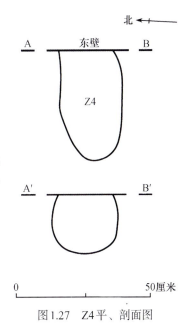

图1.27 Z4平、剖面图

Q5

位于T12中西部，其北、西、南部延伸出探方。第7层下开口，打破第8层。开口距地表深1.94～1.98米。平面呈不规则形，呈东南—西北走向，北端宽，南端窄，东西发掘宽0.5～0.54、南北长1.5米。

根据发掘情况判断，墙分墙基和墙体两部分。墙基用碎陶片层层堆砌，高0.4米，于其上夯筑墙体。

墙基全部用细绳纹和素面陶片堆砌而成。东西宽0.5～0.54、南北发掘长0.6、厚0.22～0.26米。

墙体残高0.08～0.18、宽约0.5米，为黄灰褐色花土，土质较硬，夯层不明显，内含少量炭粒（图1.28）。

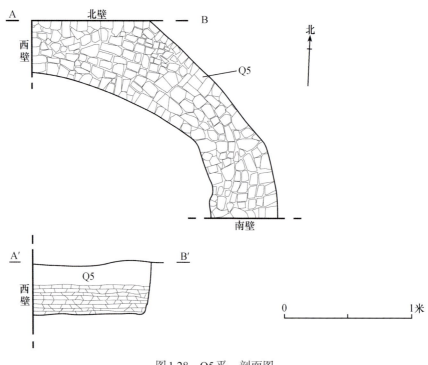

图1.28　Q5平、剖面图

第三节　结　　语

从发掘情况看，在本探方所在地点分布有一定规模的汉代遗存，验证了之前考古勘探中对于地下遗存分布的相关认识。据勘探资料，从本探方向东分布着连续的地层和遗迹，向西则逐渐减少至不再分布。探方所在的地点，已接近于栎阳城遗址的西部边缘。

第二章　T16

T16位于西安市阎良区新兴街道井家村南400米处，西距槐东公路40米，北距泾惠支渠（114渠）10米。根据勘探资料，此处位于栎阳城遗址范围的西部边缘，为验证勘探信息布设此探方。探方东西向，东西长3、南北宽1.5米。发掘工作自2014年6月12日开始，至2014年6月17日发掘结束（图1.29）。

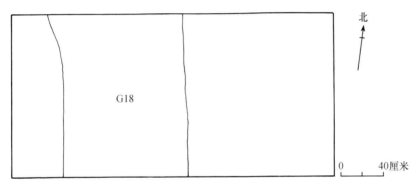

图1.29　T16总平面图

通过发掘，探方内清理遗迹1个（沟1）（表1.4）。出土各类标本9件，分建筑材料、陶器、瓷器三类（表1.5）。此外出土各类遗物残片17块（建筑材料占41.18%、陶占35.3%、瓷片占23.53%）（表1.6）。

表1.4　T16遗迹登记表

编号	形制	开口	打破关系	备注
G18	长条形	第3层下	打破第4层	斜壁、凹底

表1.5　T16出土标本登记表

编号	名称	材质	保存情况	重量/千克	分型	规格/厘米		
						长	宽/径	厚
T16②：1	瓷片	瓷	残	0.01	/	5.8	3.7	0.4
T16②：2	瓷片	瓷	残	0.01	/	5.4	3	0.4~0.9
T16④：1	板瓦	陶	残	0.09	Cb1	5.7	12.2	1.2
T16④：2	板瓦	陶	残	0.05	Ba1	5	5.5	1.2
T16⑤：1	板瓦	陶	残	0.14	Ba1	10.5	11	1.2
T16⑤：2	板瓦	陶	残	0.1	Ca1	9.5	5.5	1.3

续表

编号	名称	材质	保存情况	重量/千克	分型	规格/厘米		
						长	宽/径	厚
T16⑤：3	陶盆	陶	残	0.06	/	复原口径23、沿宽1.4、残长11.1、残宽4.5、残高8.2、厚0.7		
T16⑥：1	陶片	陶	残	0.03	/	6	4.5	0.7
T16⑥：2	陶片	陶	残	0.05	/	8	6.2	0.8

表1.6　T16出土遗物数量统计表

名称	分型	②/件	④/件	⑤/件	⑥/件	合计	百分比/%	总百分比/%
		灰陶	灰陶	灰陶	灰陶			
板瓦	Ba1	/	3	1	/	4	23.53	41.18
	Cb1	/	2	1	/	3	17.65	
陶片	素面	/	/	4	2	6	35.30	35.30
瓷片	白瓷	4	/	/	/	4	23.53	23.53
合计		/	4	5	6	2	17	100.00
百分比/%		/	23.53	29.41	35.30	11.76	100.00	

第一节　地　层

根据土质、土色及包含物的不同，T16内地层堆积分为6层，地层堆积按四壁介绍，出土遗物以北壁统计介绍。

一、地　层　堆　积

（一）北壁

第1层：浅灰褐色土。厚0.16～0.22米。分布全方，堆积近平。土质较软，结构疏松。内含现代杂物及大量植物根系。

第2层：浅黄褐色土。深0.16～0.22、厚0.32～0.36米。分布全方，堆积近平。土质较硬，结构较疏松。内含有少量的瓷片、螺壳。出土遗物残片占探方出土遗物总数的23.53%。本层出土遗物残片均为白瓷片（表1.7）。

表1.7　T16第2层出土遗物数量统计表

名称	数量/件	百分比/%
白瓷片	4	100.00
合计	4	

　　第3层：浅黄色土。深0.5～0.52、厚0.44～0.48米。分布全方，堆积近平。土质较软，结构较疏松。内含少量的炭粒、红烧土粒。G18开口于此层下。

　　第4层：黄色土。深0.94～1.04、厚0.96～1米。分布全方，堆积近平。土质较软，结构较疏松。内含少量的炭粒、红烧土粒、瓦片。出土遗物残片占探方出土遗物总数的29.41%。据该层出土遗物残片统计，均为板瓦，其中Ba1型占60%，Cb1型占40%（表1.8）。

表1.8　T16第4层出土遗物数量统计表

名称	分型	灰陶/件	百分比/%
板瓦	Ba1	3	60.00
	Cb1	2	40.00
合计	/	5	100.00

　　第5层：浅褐色土。深1.96～2.02、厚0.5～0.62米。分布全方，堆积近平。土质较硬，结构较致密。内含少量的炭粒、红烧土粒、瓦片、陶片。出土遗物残片占探方出土遗物总数的35.30%。据该层出土遗物残片统计，板瓦占33.34%，其中Ba1型占16.67%，Cb1型占16.67%。素面陶片占66.66%（表1.9）。

表1.9　T16第5层出土遗物数量统计表

名称	分型	灰陶/件	百分比/%	总百分比/%
板瓦	Ba1	1	16.67	33.34
	Cb1	1	16.67	
陶片	素面	4	66.66	66.66
合计	/	6	100.00	

　　第6层：浅灰褐色土。深2.5～2.56、发掘厚0.5米。分布全方，堆积近平。土质较硬，结构较致密。内含少量的炭粒、红烧土粒、陶片（图1.30）。出土遗物残片占探方出土遗物总数的11.76%。本层出土遗物残片均为素面陶片（表1.10）。

表1.10　T16第6层出土遗物数量统计表

名称	分型	灰陶/件	百分比/%
陶片	素面	2	100.00
合计	/	2	100.00

（二）东壁

　　第1层：浅灰褐色土。厚0.14～0.16米。分布全方，堆积近平。土质较软，结构疏松。内含现代杂物及大量植物根系。

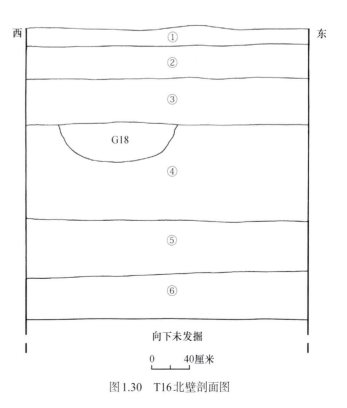

图1.30　T16北壁剖面图

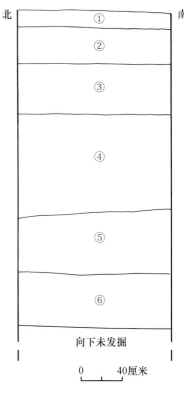

图1.31 T16东壁剖面图

第2层：浅黄褐色土。深0.14～0.16、厚0.32～0.4米。分布全方，堆积近平。土质较硬，结构较疏松。内含有少量的瓷片、螺壳。

第3层：浅黄色土。深0.46～0.5、厚0.44～0.5米。分布全方，堆积近平。土质较软，结构较疏松。内含少量的炭粒、红烧土粒。G18开口于此层下。

第4层：黄色土。深0.94～0.96、厚1～1.04米。分布全方，堆积近平。土质较软，结构较疏松。内含少量的炭粒、红烧土粒、瓦片。

第5层：浅褐色土。深1.84～2、厚0.46～0.62米。分布全方，堆积近平。土质较硬，结构较致密。内含少量的炭粒、红烧土粒、瓦片、陶片。

第6层：浅灰褐色。深2.48～2.5、发掘厚0.5米。分布全方，堆积近平。土质较硬，结构较致密。内含少量的炭粒、红烧土粒、陶片（图1.31）。

（三）南壁

第1层：浅灰褐色土。厚0.14～0.2米。分布全方，堆积近平。土质较软，结构疏松。内含现代杂物及大量植物根系。

第2层：浅黄褐色土。深0.14～0.2、厚0.32～0.36米。分布全方，堆积近平。土质较硬，结构较疏松。内含有少量的瓷片、螺壳。

第3层：浅黄色土。深0.48～0.52、厚0.48米。分布全方，堆积近平。土质较软，结构较疏松。内含少量的炭粒、红烧土粒。G18开口于此层下。

第4层：黄色土。深0.96～1、厚0.9～1米。分布全方，堆积近平。土质较软，结构较疏松。内含少量的炭粒、红烧土粒、瓦片。

第5层：浅褐色土。深1.92～2、厚0.4～0.62米。分布全方，堆积近平。土质较硬，结构较致密。内含少量的炭粒、红烧土粒、瓦片、陶片。

第6层：浅灰褐色。深2.44～2.5、发掘厚0.5米。分布全方，堆积近平。土质较硬，结构较致密。内含少量的炭粒、红烧土粒、陶片（图1.32）。

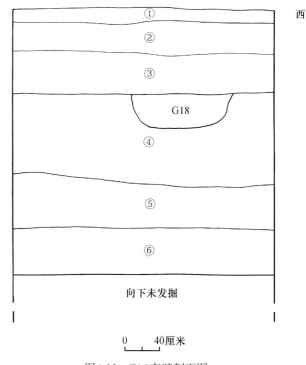

图1.32 T16南壁剖面图

（四）西壁

第1层：浅灰褐色。厚0.14~0.18米。分布全方，堆积近平。土质较软，结构疏松。内含现代杂物及大量植物根系。

第2层：浅黄褐色土。深0.14~0.18、厚0.34~0.36米。分布全方，堆积近平。土质较硬，结构较疏松。内含有少量的瓷片、螺壳。

第3层：浅黄色土。深0.5~0.52、厚0.44~0.48米。分布全方，堆积近平。土质较软，结构较疏松。内含少量的炭粒、红烧土粒。G18开口于此层下。

第4层：黄色土。深0.94~1、厚0.96~1.02米。分布全方，堆积近平。土质较软，结构较疏松。内含少量的炭粒、红烧土粒、瓦片。

第5层：浅褐色土。深1.96、厚0.54~0.58米。分布全方，堆积近平。土质较硬，结构较致密。内含少量的炭粒、红烧土粒、瓦片、陶片。

第6层：浅灰褐色。深2.5~2.54、发掘厚0.5米。分布全方，堆积近平。土质较硬，结构较致密。内含少量的炭粒、红烧土粒、陶片（图1.33、图1.34）。

在第6层清理后从平面向下钻探1米深，均为纯净的自然淤积土。

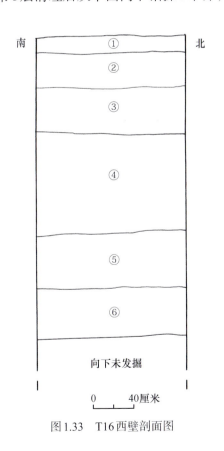

图1.33 T16西壁剖面图

图1.34 T16西壁剖面照（东—西）

二、出 土 遗 物

出土标本9件，分建筑材料、陶器、瓷器三类（表1.5）。分别介绍如下。

（一）建筑材料

根据用途，均为板瓦。介绍如下。

板瓦

4件。均为弧形板瓦。据表面绳纹粗细，分属B、C两型。分别介绍如下。

B型　2件。属Ba1型。表面饰中粗交错绳纹，内面素面。

T16④：2，残。灰陶。残长5、残宽5.5、厚1.2厘米（图1.35、图1.36）。

图1.35　Ba1型板瓦（T16④：2）表、内面照片

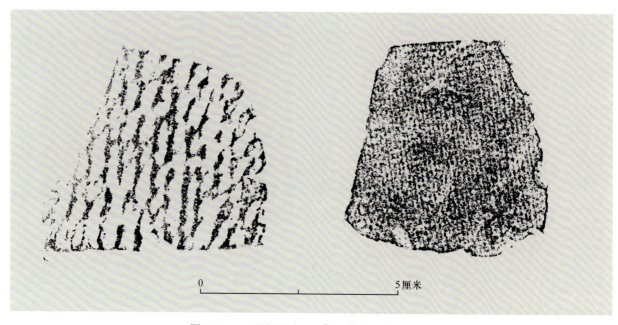

图1.36　Ba1型板瓦（T16④：2）表、内面拓片

T16⑤：1，残。灰陶。残长10.5、残宽11、厚1.2厘米（图1.37、图1.38）。

图1.37　Ba1型板瓦（T16⑤：1）表、内面照片

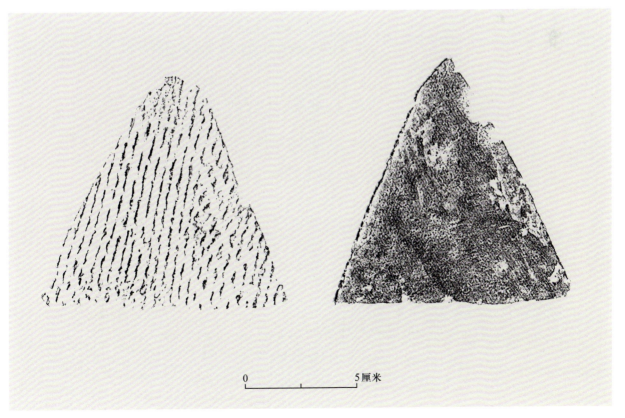

0　　　　　　　　　　5厘米

图1.38　Ba1型板瓦（T16⑤：1）表、内面拓片

　　C型　2件。分两亚型。

　　Ca1型　1件。表面饰粗交错绳纹，内面素面。T16⑤：2，残。灰陶。残长9.5、残宽5.5、厚1.3厘米（图1.39、图1.40）。

图1.39　Ca1型板瓦（T16⑤：2）表、内面照片

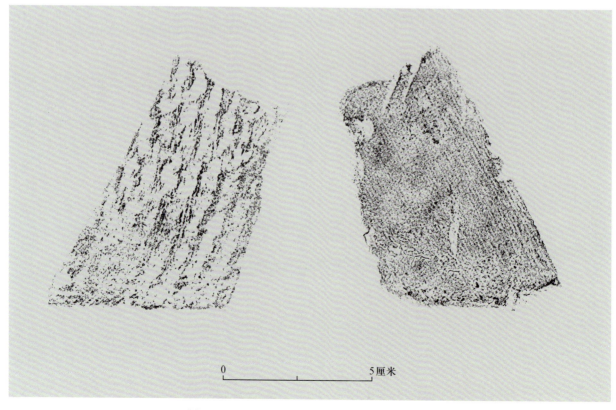

0 ————————— 5厘米

图1.40　Ca1型板瓦（T16⑤：2）表、内面拓片

Cb1型 1件。表面饰粗斜绳纹，内面素面。T16④：1，残。灰陶。残长5.7、残宽12.2、厚1.2厘米（图1.41、图1.42）。

图1.41 Cb1型板瓦（T16④：1）表、内面照片

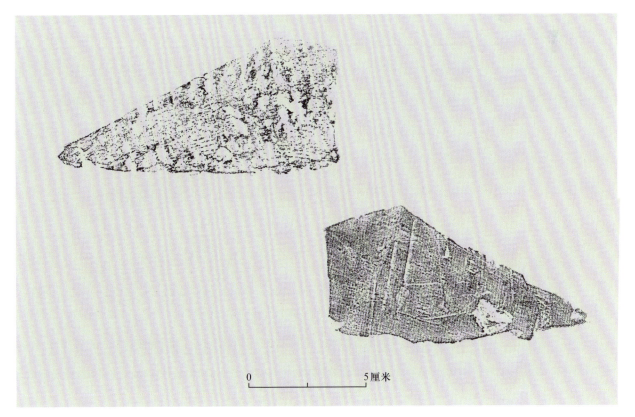

0   5厘米

图1.42 Cb1型板瓦（T16④：1）表、内面拓片

（二）陶器

根据用途，仅见盆一种，另有器型不可辨陶片2件。分别介绍如下。

1. 盆

1件。T16⑤：3，残。泥质灰陶。敛口，外折沿，斜弧腹，腹部微鼓，腹部有两周凸棱，内面素面，轮制痕迹明显。复原口径23、沿宽1.4、残长11.1、残宽4.5、残高8.2、厚0.7厘米（图1.43、图1.44；彩版8；图版8）。

图1.43　陶盆（T16⑤：3）外、内、侧面照片

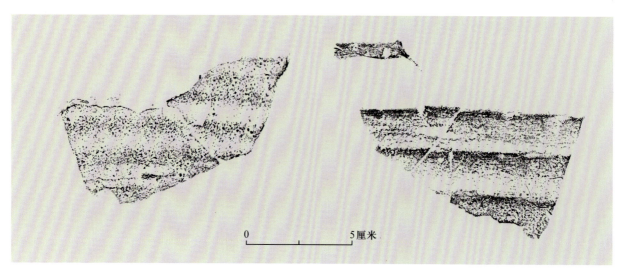

图1.44　陶盆（T16⑤：3）外、内面拓片

2. 陶片

2件。

T16⑥：1，残。夹砂灰陶。外面饰细绳纹，内面素面，轮制痕迹明显。残长6、残宽4.5、厚0.7厘米（图1.45、图1.46）。

图1.45　陶片（T16⑥：1）外、内面照片

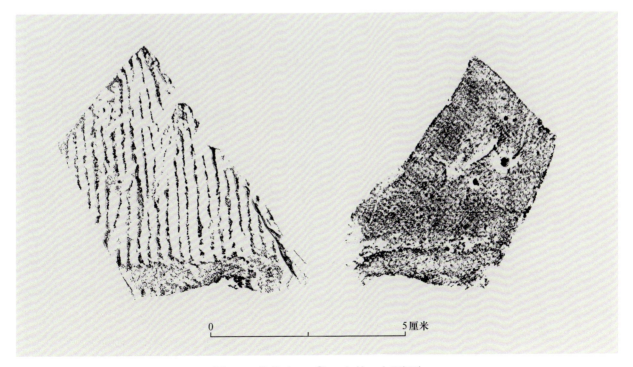

图1.46　陶片（T16⑥：1）外、内面拓片

T16⑥：2，残。夹砂灰陶。内外均素面。残长8、残宽6.2、厚0.8厘米（图1.47、图1.48）。

图1.47　陶片（T16⑥：2）外、内面照片

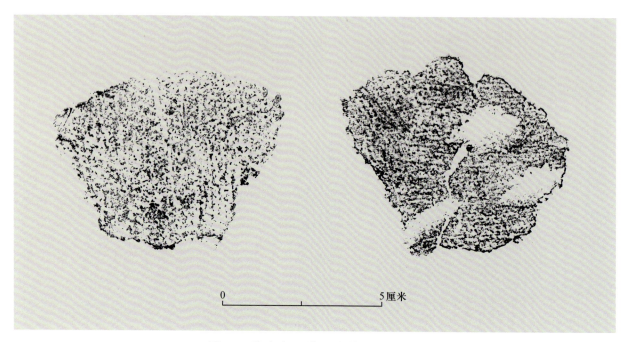

图1.48　陶片（T16⑥：2）外、内面拓片

（三）瓷器

2件。均残，无法辨认器型。

T16②：1，残。白釉。残长5.8、残宽3.7、厚0.4厘米（图1.49）。

T16②：2，残。白釉。残长5.4、残宽3、厚0.4~0.9厘米（图1.50）。

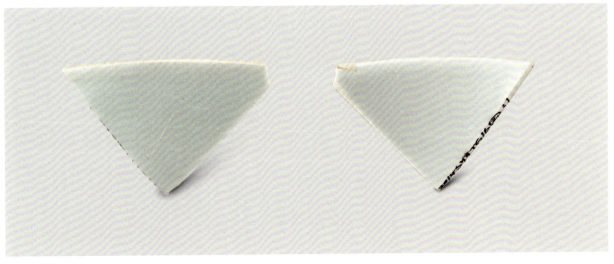

图1.49 瓷片（T16②：1）外、内面照片

图1.50 瓷片（T16②：2）外、内面照片

第二节 遗 迹

清理遗迹1个，编号G18（表1.4）。介绍如下。

G18

位于T16的西部，南、北部均延伸出探方南、北壁。开口于第3层下，打破第4层。口距地表0.96～1米。南北向，长条形。斜壁，凹底。开口南北发掘长1.5、东西宽1.16～1.29米，底部南北发掘长1.5、东西宽0.74～0.77、深0.41米。沟内填土呈灰褐色淤土，土质较硬，结构较致密，无遗物出土（图1.51）。

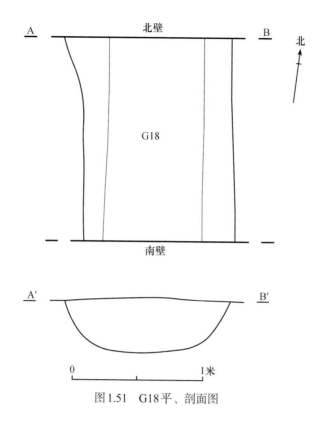

图1.51 G18平、剖面图

第三节 结 语

　　从发掘情况看，在本探方所在地点未发现秦汉时期遗存，验证了之前考古勘探中对于地下遗存分布的相关认识。据勘探资料，在本探方向东，文化层和遗迹逐渐出现，向西则渐薄而不再分布。探方所在的地点，已接近于栎阳城遗址的西部边缘。

第三章　T17

T17位于西安市阎良区新兴街道办张大夫村北部。据勘探资料，此处位于栎阳城遗址范围西北部边缘，为了验证勘探信息布设此探方。探方东西向，东西长3、南北宽1.5米。发掘工作自2014年6月12日开始，至6月18日发掘结束（图1.52、图1.53）。

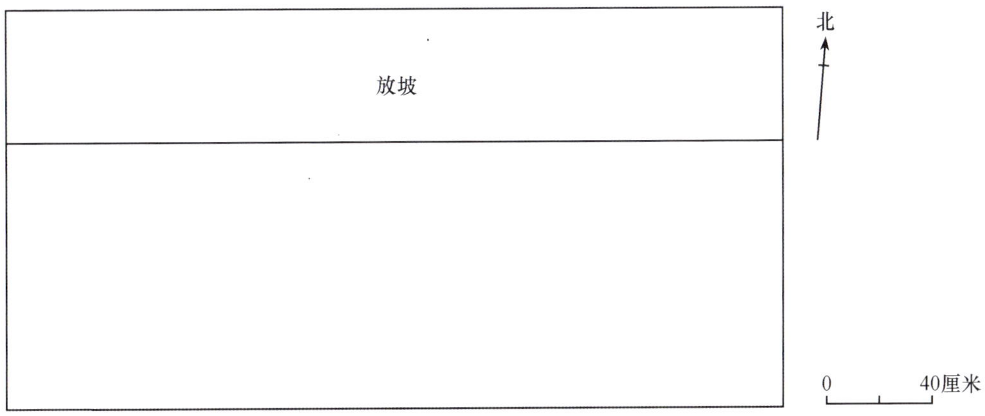

放坡

北

0 ___ 40厘米

图1.52　T17总平面图

图1.53　T17全景照（东—西）

通过发掘，探方内未发现遗迹。仅地层出土标本5件，分建筑材料、陶器两类（表1.11）。此外还出土各类遗物残片17块（建筑材料占76.47%、陶器占23.53%）（表1.12）。

表1.11　T17出土标本登记表

编号	名称	材质	保存状况	重量/千克	分型	规格/厘米		
						长	宽	厚
T17⑤:1	板瓦	陶	残	0.04	Ca1	5.7	6.4	1.2
T17⑤:2	陶盆	陶	残	0.03	/	复原口径24.8、沿宽1.7、残长7.7、残宽2.8、残高5、厚0.8		
T17⑥:1	板瓦	陶	残	0.08	Ca3	5.7	6.7	1.5
T17⑥:2	板瓦	陶	残	0.08	Cb3	7.5	8.5	1.2
T17⑥:3	筒瓦	陶	残	0.06	D4	残长8、残径5.8、厚1.2、唇长2.5、唇厚0.8		

表1.12　T17出土遗物数量统计表

名称	分型	⑤/件	⑥/件	合计	百分比/%
		灰陶	灰陶		
板瓦	Cb1	3	8	11	64.71
筒瓦	D4	/	2	2	11.76
陶片	素面	2	2	4	23.53
合计	/	5	12	17	100.00
百分比/%	/	29.41	70.59	100.00	

第一节　地　　层

根据土质、土色及包含物的不同，T17内地层堆积分为7层，地层堆积按四壁介绍，出土遗物以北壁统计介绍。

一、地 层 堆 积

（一）北壁

第1层：浅灰色土。厚0.2～0.24米。分布全方，堆积近平。土质软，结构疏松。内含植物根系、灰砖残渣、白灰颗粒、塑料。

第2层：浅黄色土。深0.2～0.24、厚0.08～0.12米。分布全方，堆积近平。土质软，结构疏松。内含少量白灰粒、红烧土粒、炭粒。

第3层：黄色土。深0.3～0.36、厚0.4～0.46米。分布全方，堆积近平。土质软，结构疏松。内含少量的灰色砖渣、炭粒，无遗物出土。

第4层：深黄色土。深0.76～0.8、厚0.6～0.62米。分布全方，堆积近平。土质软，结构疏松。内含少量炭粒、蜗牛壳，无遗物出土。

第5层：黄褐色土。深1.36～1.4、厚0.48～0.54米。分布全方，堆积近平。土质软，结构疏松。内含少量炭粒，出土少量陶片、瓦片，其中陶片可辨器型为盆。出土遗物残片占探方出土遗物总数的29.41%。据该层内出土遗物残片统计，板瓦占60%，均为Cb1型。陶片占40%，均为素面（表1.13）。

表1.13　T17第5层出土遗物数量统计表

名称	分型	灰陶/件	百分比/%
板瓦	Cb1	3	60.00
陶片	素面	2	40.00
合计	/	5	100.00

第6层：浅褐色土。深1.86～1.92、厚0.48～0.54米。分布全方，堆积近平。土质软，结构疏松。内含少量红烧土粒、炭粒。出土少量瓦片。出土遗物残片占探方出土遗物总数的70.59%。据该层内出土遗物残片统计，板瓦占67%，均为Cb1型。筒瓦占16.5%，均为D4型。陶片占16.5%，均为素面（表1.14）。

表1.14　T17第6层出土遗物数量统计表

名称	分型	灰陶/件	百分比/%
板瓦	Cb1	8	67.00
筒瓦	D4	2	16.50
陶片	素面	2	16.50
合计	/	12	100.00

第7层：灰褐色土。深2.38～2.42、厚0.48～0.52米。分布全方，堆积近平。土质硬，结构致密。内含极少量红烧土粒、炭粒、灰陶片残渣（图1.54）。

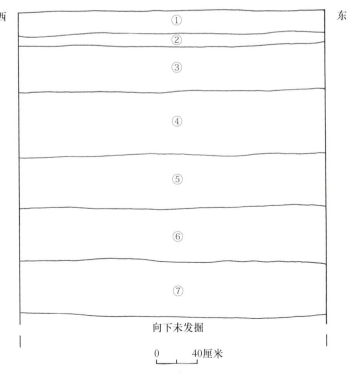

图1.54　T17北壁剖面图

（二）东壁

第1层：浅灰色土。厚0.22～0.24米。分布全方，堆积近平。土质软，结构疏松。内含植物根系、灰砖残渣、白灰颗粒、塑料。

第2层：浅黄色土。深0.22～0.24、厚0.08～0.12米。分布全方，堆积近平。土质软，结构疏松。内含少量白灰粒、红烧土粒、炭粒。

第3层：黄色土。深0.32～0.34、厚0.44～0.48米。分布全方，堆积近平。土质软，结构疏松。内含少量的灰色砖渣、炭粒，无遗物出土。

第4层：深黄色土。深0.76～0.8、厚0.58～0.6米。分布全方，堆积近平。土质软，结构疏松。内含少量炭粒、蜗牛壳，无遗物出土。

第5层：黄褐色土。深1.38～1.4、厚0.5～0.52米。分布全方，堆积近平。土质软，结构疏松。内含少量炭粒，出土少量陶片、瓦片。

第6层：浅褐色土。深1.9～1.92、厚0.54～0.6米。分布全方，堆积近平。土质软，结构疏松。内含少量红烧土粒、炭粒。出土少量瓦片。

第7层：灰褐色土。深2.42～2.5、厚0.5～0.52米。分布全方，堆积近平。土质硬，结构致密。内含极少量红烧土粒、炭粒、灰陶片残渣（图1.55、图1.56）。

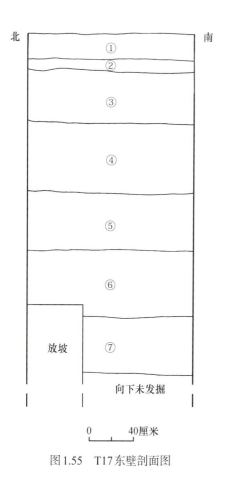

图1.55　T17东壁剖面图

图1.56　T17东壁剖面照（西—东）

（三）南壁

第1层：浅灰色土。厚0.22～0.26米。分布全方，堆积近平。土质软，结构疏松。内含大量的植物根系、灰色砖残渣、白灰颗粒、水泥残渣、塑料。

第2层：浅黄色土。深0.22～0.26、厚0.08～0.1米。分布全方，堆积近平。土质软，结构疏松。内含少量白灰粒、红烧土粒、炭粒。

第3层：黄色土。深0.32～0.34、厚0.4～0.46米。分布全方，堆积近平。土质软，结构疏松。内含少量的灰色砖渣、炭粒，无遗物出土。

第4层：深黄色土。深0.74～0.8、厚0.56～0.62米。分布全方，堆积近平。土质软，结构疏松。内含少量炭粒、蜗牛壳，无遗物出土。

第5层：黄褐色土。深1.34～1.4、厚0.44～0.54米。分布全方，堆积近平。土质软，结构疏松。内含少量炭粒。出土少量陶片、瓦片。

第6层：浅褐色土。深1.86～1.9、厚0.5～0.6米。分布全方，堆积近平。土质软，结构疏松。内含少量红烧土粒、炭粒。出土少量瓦片。

第7层：灰褐色土。深2.4～2.46、厚0.46～0.5米。分布全方，堆积近平。土质硬，结构致密。内含极少量红烧土粒、炭粒、灰陶片残渣（图1.57）。

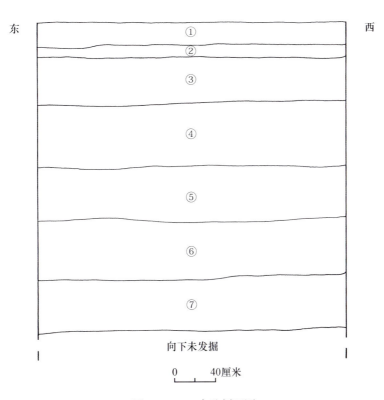

图1.57 T17南壁剖面图

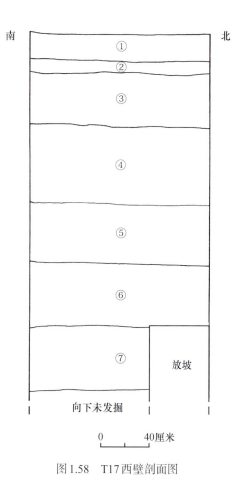

图1.58　T17西壁剖面图

南　北

① ② ③ ④ ⑤ ⑥ ⑦ 放坡

向下未发掘

0　40厘米

（四）西壁

第1层：浅灰色土。厚0.2～0.22米。分布全方，堆积近平。土质疏松，结构疏松。内含大量的植物根系、灰色砖残渣、白灰颗粒、水泥残渣、塑料。

第2层：浅黄色土。深0.2～0.22、厚0.08～0.12米。分布全方，堆积近平。土质软，结构疏松。内含少量白灰粒、红烧土粒、炭粒。

第3层：黄色土。深0.28～0.32、厚0.4～0.44米。分布全方，堆积近平。土质软，结构疏松。内含少量的灰色砖渣、炭粒，无遗物出土。

第4层：深黄色土。深0.72～0.76、厚0.62～0.64米。分布全方，堆积近平。土质软，结构疏松。内含少量炭粒、蜗牛壳，无遗物出土。

第5层：黄褐色土。深1.32～1.34、厚0.48～0.5米。分布全方，堆积近平。土质软，结构疏松。内含少量炭粒。出土少量陶片、瓦片。

第6层：浅褐色土。深1.84～1.88、厚0.5～0.54米。分布全方，堆积近平。土质软，结构疏松。内含少量红烧土粒、炭粒。出土少量瓦片。

第7层：灰褐色土。深2.36～2.4、厚0.48～0.54米。分布全方，堆积近平。土质硬，结构致密。内含极少量红烧土粒、炭粒、灰陶片残渣（图1.58）。

在第7层清理后平面向下钻探1米深，均为纯净的自然淤积土。

二、出土遗物

出土标本5件，分建筑材料、陶器两类（表1.11）。分别介绍如下。

（一）建筑材料

根据用途，有板瓦、筒瓦两种。分别介绍如下。

1. 板瓦

3件。均为弧形板瓦。据表面绳纹粗细，均属C型，可分三亚型。

Ca1型 1件。表面饰粗交错绳纹，内面素面。T17⑤：1，残。灰陶。残长5.7、残宽6.4、厚1.2厘米（图1.59、图1.60）。

图1.59 Ca1型板瓦（T17⑤：1）表、内面照片

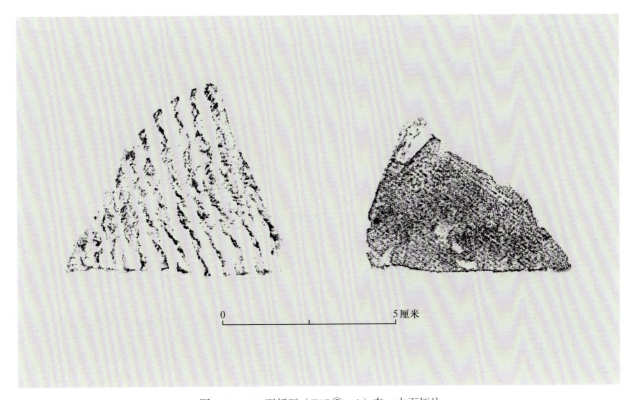

0 5厘米

图1.60 Ca1型板瓦（T17⑤：1）表、内面拓片

Ca3型　1件。表面饰粗交错绳纹，内面饰箆纹。T17⑥：1，残。灰陶。残长5.7、残宽6.7、厚1.5厘米（图1.61、图1.62）。

图1.61　Ca3型板瓦（T17⑥：1）表、内面照片

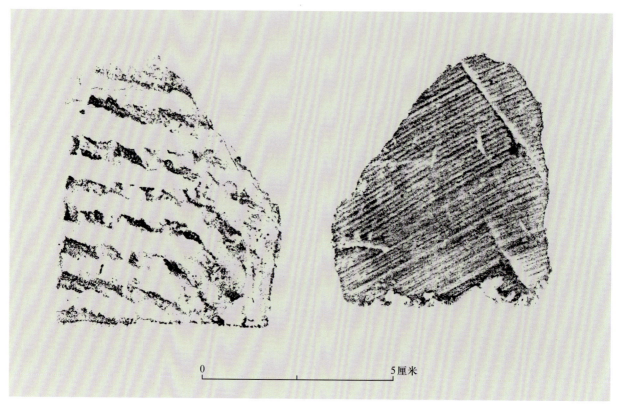

0　　　　　　　　　　　　　5厘米

图1.62　Ca3型板瓦（T17⑥：1）表、内面拓片

Cb3型 1件。表面饰粗斜绳纹，内面饰篦纹。T17⑥：2，残。灰陶。残长7.5、残宽8.5、厚1.2厘米（图1.63、图1.64）。

图1.63 Cb3型板瓦（T17⑥：2）表、内面照片

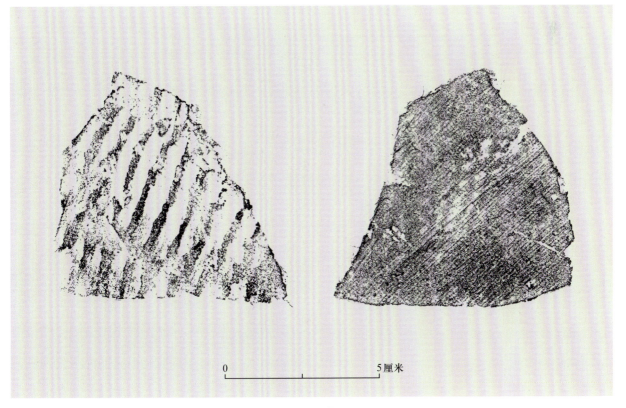

图1.64 Cb3型板瓦（T17⑥：2）表、内面拓片

2. 筒瓦

1件，属D4型。表面素面，内面饰布纹。T17⑥：3，残。灰陶。残长8、残径5.8、厚1.2厘米，瓦唇长2.5、厚0.8厘米（图1.65、图1.66）。

图1.65　D4型筒瓦（T17⑥：3）表、内面照片

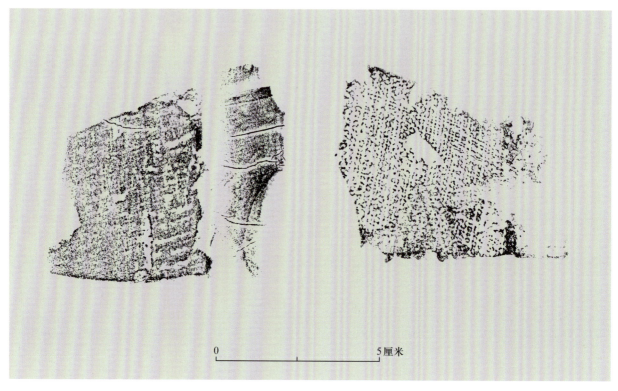

图1.66　D4型筒瓦（T17⑥：3）表、内面拓片

（二）陶器

盆

1件。T17⑤：2，残。泥质灰陶。敛口，外折沿，方唇，斜弧腹，腹部饰两周凹弦纹，内面素面，轮制痕迹明显。复原口径24.8、沿宽1.7、残长7.7、残宽2.8、残高5、厚0.8厘米（图1.67、图1.68；彩版9；图版9）。

图1.67　陶盆（T17⑤：2）外、内、侧面照片

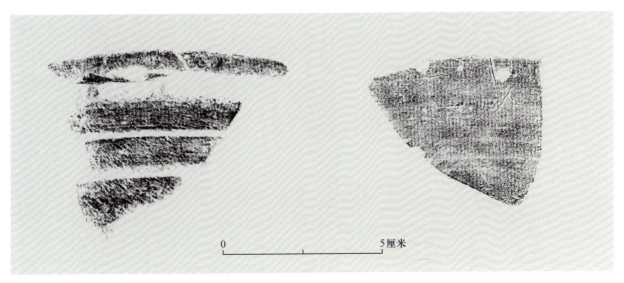

图1.68　陶盆（T17⑤：2）外、内面拓片

第二节　结　语

　　从发掘情况看，本探方所在地点未发现秦汉时期遗存，但地层中有少量秦汉建筑材料发现，验证了考古勘探中对于地下遗存分布的时代认识。据勘探资料，本探方向东，文化层和遗迹逐渐出现，而向西逐渐变薄而不再分布。探方所在的地点，已接近于栎阳城遗址的西部边缘。

第二部分

南

部

第四章　T18

　　T18位于西安市阎良区武屯镇沟王村辖任家庄村北部，西炮张村南部，东临石川河。据勘探资料，此处位于栎阳城遗址范围的南部边缘，为验证勘探信息，布设本探方。探方南北向，东西长4.5、南北宽5米。发掘中，根据遗存保护需要放坡，东侧清理至生土。发掘工作从2014年6月17日开始，至7月4日发掘结束（图2.1、图2.2）。

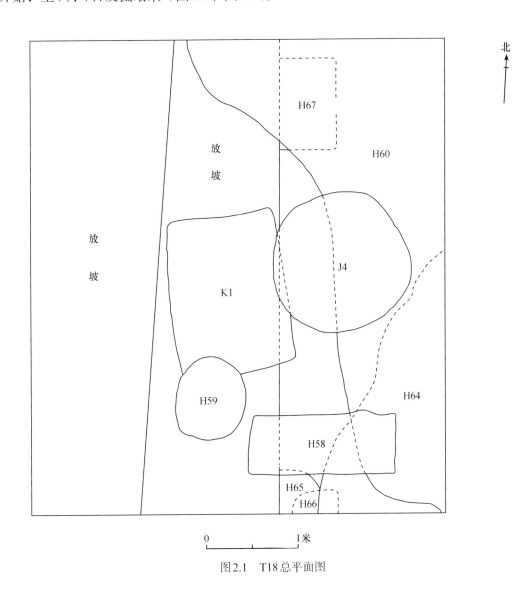

图2.1　T18总平面图

图2.2　T18全景照（南—北）

　　清理遗迹三种9个（灰坑7、坑1、井1）（表2.1）。出土各类标本172件，分建筑材料、陶器、瓷器、钱币、骨角器、石器、铁器、铜器、玉器九类（表2.2）。此外还出土遗物残片共677块（建筑材料占52.29%、陶器占46.08%、瓷器占1.18%、卵石占0.44%）（表2.3）。

表2.1　T18遗迹登记表

编号	形制	开口	打破关系	备注
J4	近圆形	第3层下	打破K1、H60、H64、第4~6层	斜壁、底近平
H58	近长方形	第4层下	打破第5层、H60	斜壁、底近平
H59	椭圆形	第4层下	打破K1、第5层	斜壁、底不平
H60	不规则形	第4层下	打破第5层、H64层，被J4、H58打破	斜壁、底不平
K1	长方形	第4层下	打破第5层，被J4、H59打破	斜壁、底不平
H64	不规则形	第5层下	打破H65、H66、第6层，被H60打破	斜壁、底不平
H65	不规则形	第5层下	打破H66、第6层	斜壁、底近平
H66	不规则形	第5层下	打破第6层，被H64、H65打破	斜壁、底近平
H67	长方形	第5层下	打破第6层	近直壁、底近平

表2.2　T18出土小件、标本登记表

编号	名称	材质	保存情况	重量/千克	分型	规格/厘米		
						长	宽/径	厚
T18②：1	酱釉瓷片	瓷	残	0.03	/	4.7	4	1.1
T18②：2	白釉瓷片	瓷	残	0.01	/	4.5	4	0.3~0.5
T18②：3	酱釉瓷片	瓷	残	0.006	/	3.6	2.8	0.4

编号	名称	材质	保存情况	重量/千克	分型	规格/厘米		
						长	宽/径	厚
T18②：4	板瓦	陶	残	0.03	D4	6	3.3	1.5
T18③：1	陶饼	陶	残	0.02	/	径4.1、厚0.9		
T18③：2	铁钉	铁	残	0.03	/	钉通长3.8、钉帽径3.8		
T18③：3	板瓦	陶	残	0.26	D4	9	14	1.5
T18③：4	板瓦	陶	残	0.49	D4	14.5	13	1.6
T18③：5	板瓦	陶	残	0.55	Ca3	16	15	2
T18③：6	板瓦	陶	残	0.09	Bb3	9	6.5	1.1
T18③：7	板瓦	陶	残	0.08	Cb3	5	10.5	1
T18③：8	板瓦	陶	残	0.07	Ba1	5.5	9	1.2
T18③：9	筒瓦	陶	残	0.11	D4	5.5	8.3	1.6
T18③：10	绳纹砖	陶	残	0.63	/	9.4	8	5.3
T18③：11	绳纹砖	陶	残	0.43	/	10	9	4.5
T18③：12	陶罐	陶	残	0.07	/	复原口径13.9、沿宽0.9、残长10.8、残宽6.4、残高6.2、厚0.6		
T18③：13	陶罐	陶	残	0.14	/	复原口径26.4、沿宽2、残长12.4、残宽3.8、残高5、厚0.8		
T18③：14	陶盆	陶	残	0.38	/	复原口径43.3、沿宽1.9、残长24.5、残宽9.7、残高11.3、厚0.8		
T18③：15	陶釜	陶	残	0.03	/	复原口径20.1、沿宽1.1、残长7、残宽4.5、残高3.2、厚0.7		
T18③：16	陶片	陶	残	0.06	/	8.5	6.6	0.7
T18③：17	陶片	陶	残	0.02	/	6.1	5.5	0.4
T18④：2	筒瓦	陶	残	0.17	Ab4	9	9.5	1.8
T18④：3	板瓦	陶	残	0.48	Ca3	14.7	15.2	1.7
T18④：4	板瓦	陶	残	0.35	Ca3	13.5	16	1.5
T18④：5	板瓦	陶	残	0.19	Bb1	7.2	11.6	1.3
T18④：6	板瓦	陶	残	0.13	Aa3	9	8	1.4
T18④：7	筒瓦	陶	残	0.03	Bb4	6.8	4.6	1
T18④：8	筒瓦	陶	残	0.26	Aa2	15	11	1.5
T18④：9	纺轮	陶	残	0.03	/	孔径0.9、径5.5、厚2.4		
T18④：10	纺轮	陶	残	0.13	/	孔径0.8、径10.9、厚1		
T18④：11	陶罐	陶	残	0.19	/	复原口径22.9、沿宽1.9、残长15.8、残宽8.4、残高4.2、厚1.1		
T18④：12	陶釜	陶	残	0.18	/	复原口径27、沿宽0.8、残长17.3、残宽6.6、残高6.9、厚1		
T18④：13	陶盆	陶	残	0.23	/	复原口径31.5、沿宽0.7、残长15.8、残宽5.2、残高10.3、厚1.2		
T18④：14	陶盆	陶	残	0.15	/	复原口径35.6、沿宽1.3、残长16.4、残宽3.6、残高6.8、厚0.7		
T18④：15	陶盆	陶	残	0.17	/	复原口径44.3、沿宽2、残长14.4、残宽3.9、残高6.8、厚1		
T18④：16	陶盆	陶	残	0.19	/	复原口径47.9、沿宽2.2、残长13.2、残宽5、残高11、厚1.1		
T18④：17	陶盆	陶	残	0.13	/	复原口径35.6、沿宽1.7、残长19.7、残宽4.3、残高6.9、厚0.9		
T18④：18	陶盆	陶	残	0.08	/	复原口径28.6、沿宽1.5、残长9.6、残宽4.1、残高7.8、厚0.8		

续表

编号	名称	材质	保存情况	重量/千克	分型	规格/厘米		
						长	宽/径	厚
T18④：19	陶釜	陶	残	0.05	/	复原口径27.7、沿宽1、残长7.8、残宽3.1、残高5.9、厚0.8		
T18④：20	陶鬲	陶	残	0.16	/	残高6.8、厚0.6～1.1		
T18④：21	绳纹砖	陶	残	0.65	/	11	10.5	5
T18⑤：1	板瓦	陶	残	0.43	D4	12.5	15.5	1.6
T18⑤：2	板瓦	陶	残	0.24	D4	8.7	11.8	1.6
T18⑤：3	板瓦	陶	残	0.18	Ca1	12	9.6	1.2
T18⑤：4	板瓦	陶	残	0.2	Ca1	8	15.5	1.3
T18⑤：5	陶饼	陶	残	0.11	/	8.5	8.3	1.3
T18⑤：6	板瓦	陶	残	0.07	Bb10	6.8	5.3	1.3
T18⑤：7	筒瓦	陶	残	0.11	Ab1	5.5	10.5	1.3
T18⑤：8	筒瓦	陶	残	0.6	Aa2	22.2	14.5	1.5
T18⑤：9	筒瓦	陶	残	0.51	D4	残长15.3、残径11.7、厚1.9、唇长3、唇厚1.7		
T18⑤：10	陶饼	陶	残	0.05	/	径5.8、厚1.2		
T18⑤：11	陶饼	陶	残	0.46	/	10.5	10	4
T18⑤：12	绳纹砖	陶	残	1.03	/	10	14.7	5.7
T18⑤：13	绳纹砖	陶	残	0.69	/	12	10	5
T18⑤：14	绳纹砖	陶	残	0.39	/	10	9.7	4.5
T18⑤：15	陶盆	陶	残	0.2	/	复原口径38.6、沿宽2.1、残长18、残宽4.2、残高8.5、厚1		
T18⑤：16	陶盆	陶	残	0.14	/	复原口径40.6、沿宽2.2、残长12.1、残宽3.5、残高10.6、厚0.9		
T18⑤：17	陶盆	陶	残	0.06	/	复原口径24.2、沿宽1.8、残长9.6、残宽3.5、残高5.4、厚0.7		
T18⑤：18	陶盆	陶	残	0.05	/	复原口径33.9、沿宽2.4、残长7.7、残宽3.4、残高4.3、厚0.8		
T18⑤：19	陶盆	陶	残	0.05	/	复原口径40.9、沿宽3、残长14、残宽7.9、残高12.3、厚1		
T18⑤：20	陶钵	陶	残	0.02	/	复原口径15.2、沿宽1、残长7.1、残宽2.8、残高4、厚0.7		
T18⑤：21	陶釜	陶	残	0.29	/	复原口径22.5、沿宽0.7、残长15.4、残宽7.7、残高13.3、厚1		
T18⑤：22	陶釜	陶	残	0.16	/	复原口径34.3、沿宽1.8、残长9.2、残宽7、残高4.6、厚1.7		
T18⑤：23	陶釜	陶	残	0.05	/	复原口径39、沿宽0.8、残长5.7、残宽3.7、残高5.6、厚0.8		
H58：1	板瓦	陶	残	0.12	Ba1	6.3	10	1.4
H58：2	板瓦	陶	残	0.13	Bb1	8	9	1.2
H58：3	板瓦	陶	残	0.25	Cb3	16.8	9.2	1
H58：4	陶罐	陶	残	0.1	/	残高4.3、厚0.7～0.9		
H58：5	陶盆	陶	残	0.46	/	沿宽3.4、残高10.5、厚0.8		
H58：6	陶盆	陶	残	0.77	/	沿宽2.9、残高24.5、厚0.6～1.1		
H58：7	陶盆	陶	残	0.37	/	复原口径30.3、沿宽1.7、底径14.8、高12.6、壁厚1.4		
H58：8	陶盆	陶	残	1.52	/	复原口径28.6、沿宽1.2、底径14.3、高13.4、壁厚1.3		
H58：9	陶盆	陶	残	1.23	/	口径26.5、沿宽1.9、底径13.4、高10.6、壁厚0.8		
H58：10	陶盆	陶	残	1.03	/	复原口径24.9、沿宽2、底径11.9、高10.7、壁厚0.7		

编号	名称	材质	保存情况	重量/千克	分型	规格/厘米		
						长	宽/径	厚
H58：11	陶釜	陶	残	0.24	/	复原口径15、沿宽1.3、残高14、厚0.6		
H58：12	陶釜	陶	残	0.33	/	复原口径25.2、沿宽1.1、残高14、厚0.9		
H60：1	璧形玉	玉	残	0.01	/	孔径0.3、径2.5、厚0.4		
H60：2	陶纺轮	陶	残	0.01	/	孔径0.8～0.9、径5.4、厚2		
H64：1	花纹砖	陶	残	0.3	/	10	6.2	3.8
H64：2	菱格纹砖	陶	残	0.44	/	11.3	8.2～8.8	3.2
H64：3	板瓦	陶	残	0.17	D3	7.8	12.5	1.6
H64：4	板瓦	陶	残	0.06	Bb3	4.8	8.8	1.2
H64：5	陶盆	陶	残	0.24	/	复原口径32、沿宽1.1、残高14、厚0.6～1		
H64：6	陶钵	陶	残	0.1	/	复原口径23.8、沿宽1.1、残高7、厚0.6～0.9		
H64：7	陶釜	陶	残	0.25	/	沿宽1.6、残高14、厚0.8		
H64：8	陶片	陶	残	0.11	/	11	8	0.7
H64：9	陶片	陶	残	0.06	/	8	8	0.6
H64：10	陶片	陶	残	0.05	/	8	7.3	0.6
H64：11	陶片	陶	残	0.12	/	13	7	1.1～1.5
K1：1	板瓦	陶	残	0.03	Bb1	4.5	4.5	1.5
K1：2	板瓦	陶	残	0.03	Cb3	3.5	5	1.2
K1：3	子母砖	陶	残	0.98	/	12.1	17.2	4
K1：4	条砖	陶	残	3.03	/	29.7	14	5
J3：1	板瓦	陶	残	0.05	Bb1	7.5	5.5	1
J3：2	板瓦	陶	残	0.07	D4	9	5	1.4
J3：3	素面砖	陶	残	0.54	/	10.5	9.5	6
J3：4	素面砖	陶	残	0.34	/	7.8	7.5	5.5
J3：5	板瓦	陶	残	0.19	D4	9.8	11	1
J3：6	板瓦	陶	残	0.23	D4	9	11	2
J3：7	板瓦	陶	残	0.19	D4	9	11	1.8
J3：8	板瓦	陶	残	0.21	D4	12	10	1.5
J3：9	板瓦	陶	残	0.24	D4	8	9.5	2
J3：10	板瓦	陶	残	0.27	D4	7.5	11	2
J3：11	陶釜	陶	残	0.16	/	复原口径24、沿宽1、残高7.5、厚0.95		
J3：12	陶罐	陶	残	0.11	/	复原口径22、沿宽1.1、残高8.82、厚0.4		
J3：13	陶罐	陶	残	0.09	/	复原口径20、沿宽1.1、残高10.53、厚0.5		
J3：14	卵石	石	残	0.2	/	7.17	5	3.93
J3：15	石块	石	残	1.14	/	12.81	10.9	5.04
J4③：1	板瓦	陶	残	1.24	Ca1	20.1	24.7	1.4～1.8
J4③：2	板瓦	陶	残	0.2	Ca1	6.8	14.3	1.5

续表

编号	名称	材质	保存情况	重量/千克	分型	规格/厘米		
						长	宽/径	厚
J4③：3	筒瓦	陶	残	0.1	Bb4	残长7、残宽7.5、厚1.1、唇长2、唇厚0.7		
J4③：4	筒瓦	陶	残	0.17	Ba4	14.6	8.5	1.1
J4③：5	陶盆	陶	残	0.06	/	复原口径30、沿宽2.2、残高4.9、厚0.7		
J4③：6	陶片	陶	残	0.3	/	复原底径38.5、残高4、厚1.1～1.4		
J4④：1	陶罐	陶	残	0.39	/	口径5.9、沿宽0.6、腹径9.6、底径4.2、高11.9、壁厚0.6		
J4④：2	板瓦	陶	残	0.09	Ba1	11.5	8	1.1
J4④：3	板瓦	陶	残	0.16	Ba1	9	14	1.2
J4④：4	板瓦	陶	残	0.21	Bb3	12	10.7	1.2
J4④：5	板瓦	陶	残	0.17	Ca2	12	9	1.3
J4④：6	板瓦	陶	残	0.09	Bb3	7	8.5	1.1
J4④：7	陶釜	陶	残	0.03	/	复原口径12、沿宽1.1、残高3、厚0.6		
J4④：8	兽牙	骨	残	0.8g	/	0.71	0.57	0.24
J4⑤：1	石球	石	残	0.03	/	径1.4		
J4⑤：2	铜钱	钱币	残	0.4g	/	2.4	0.8	0.1
J4⑤：3	铜块	铜	残	6g	/	2.33	2.07	0.85
J4⑤：4	铁条	铁	残	0.018	/	11.6	1.27	0.46
J4⑤：5	砺石	石	残	0.18	/	6.5	5.8	2.5～3.4
J4⑤：6	鹿角	角	残	0.18	/	残长17.3、残宽5、主权径4.3、支权径1.8		
J4⑤：7	石串珠	石	残	0.01	/	径0.8、厚0.2～0.22、孔径0.2～0.3		
J4⑤：8	兽牙	骨	残	0.21g	/	1.2	0.4	0.1～0.3
J4⑤：9	铜条	铜	残	14.8g	/	7.97	0.52	0.46
J4⑤：10	板瓦	陶	残	0.59	Ba1	24	15.5	1.2
J4⑤：11	板瓦	陶	残	0.69	Bb3	20.2	22.5	0.7～1.5
J4⑤：12	板瓦	陶	残	0.41	Ba2	15.5	21	1.1
J4⑤：13	板瓦	陶	残	0.53	Ca3	16	14	1.1～2
J4⑤：14	板瓦	陶	残	0.34	Ca3	9	22.2	1.2
J4⑤：15	板瓦	陶	残	0.55	Ca3	23.3	18.6	1.2
J4⑤：16	板瓦	陶	残	0.65	Ca3	14	23.5	1.8
J4⑤：17	板瓦	陶	残	0.46	Ca3	17.5	14	1.3
J4⑤：18	板瓦	陶	残	0.77	Ca3	22.7	15.5	1.4
J4⑤：19	板瓦	陶	残	0.46	Ca3	10.5	17.5	1.3
J4⑤：20	陶盆	陶	残	0.24	/	复原口径37、沿宽0.8、残高10、厚0.6～1.2		
J4⑤：21	陶釜	陶	残	0.11	/	复原口径26、沿宽0.9、残高7、厚0.5～1.1		
J4⑤：22	陶釜	陶	残	0.12	/	复原口径26、沿宽1、残高8.5、厚0.6～1.1		
J4⑤：23	陶盆	陶	残	0.18	/	沿宽2.6、残高10.5、厚0.9～1.2		
J4⑤：24	陶罐	陶	残	0.63	/	口径10.5、沿宽0.8、残高8.5、厚0.7～1.4		

续表

编号	名称	材质	保存情况	重量/千克	分型	规格/厘米 长	宽/径	厚
J4⑤：25	陶罐	陶	残	1.2	/	底径14.7、残高16.7、厚0.5~0.7		
J4⑤：26	陶罐	陶	残	2.05	/	口径10.4、沿宽0.6、腹径35.9、底径17.1、高33.2、壁厚1.6		
J4⑥：1	板瓦	陶	残	0.15	Aa1	10	9	1.4
J4⑥：2	板瓦	陶	残	0.13	Ba1	9	10.5	1.2
J4⑥：3	板瓦	陶	残	0.19	Cb3	13	8.8	1.3
J4⑥：4	陶釜	陶	残	0.1	/	复原口径31、沿宽0.9、残高5、厚0.5~1.1		
J4⑥：5	兽牙	骨	残	0.0022	/	3.89	0.98	0.22
J4⑦：1	空心砖	陶	残	0.48	/	残长25.3、残宽9.4、厚0.8~1.4、残高5		
J4⑦：2	空心砖	陶	残	0.23	/	残长15.8、残宽10.7、厚0.5~0.8、残高7.1		
J4⑦：3	板瓦	陶	残	0.5	Ac3	21.3	20.3	0.8
J4⑦：4	板瓦	陶	残	0.57	Aa1	22.6	20.7	1.2
J4⑦：5	板瓦	陶	残	0.41	Ba1	15	17	0.8~1.3
J4⑦：6	板瓦	陶	残	0.44	Cb3	13	8.8	1.3
J4⑦：7	板瓦	陶	残	0.38	Ca3	14.3	13.5	1.5
J4⑦：8	板瓦	陶	残	0.55	Ca3	19	16	1.3
J4⑦：9	板瓦	陶	残	0.4	Ba3	14.5	19	1.1
J4⑦：10	板瓦	陶	残	1.23	Ca3	22	30.5	1.2
J4⑦：11	陶盆	陶	残	0.21	/	沿宽2.2、残高8.2、厚0.9		
J4⑦：12	陶盆	陶	残	0.36	/	沿宽3.2、残高12.3、厚0.8		
J4⑦：13	陶缸	陶	残	0.44	/	沿宽5、残高3.3、厚2~3.3		
J4⑦：14	陶瓮	陶	残	11.06	/	口径57、沿宽2.7、底径23、高34.4、壁厚1.9、底部孔径17		
J4⑦：15	铜钱	钱币	残	0.0053	/	郭径3.1、穿径1、厚0.2		
J4⑦：16	石球	石	残	0.006	/	6.6	5.7	3.5
J4⑦：17	铁钩	铁	残	0.28	/	10.78	1.22	0.53
J4⑦：18	陶钵	陶	残	0.24	/	复原口径15.9、沿宽1.3、底径6.8、高5.6、厚0.6		
J4⑦：19	鹿角	角	残	0.63	/	主权长2.21、径3.74，左权长16.9、径2.33，右权长9.1、径1.56		

表2.3　T18出土遗物数量统计表

名称	分型	②/件 灰	③/件 灰	④/件 灰	⑤/件 灰	K1/件 灰	合计	百分比/%	总百分比/%
板瓦	Bc1	/	/	/	/	1	1	0.15	45.94
	Bb1	/	5	15	12	1	33	4.87	
	Ba1	/	5	9	4	/	18	2.66	
	Cb1	/	5	52	26	/	83	12.26	
	Ca1	/	2	5	2	/	9	1.33	
	D4	2	135	13	17	/	167	24.67	

续表

名称	分型	②/件	③/件	④/件	⑤/件	K1/件	合计	百分比/%	总百分比/%
		灰	灰	灰	灰	灰			
筒瓦	Bb2	/	/	2	3	/	5	0.74	1.77
	Ba2	/	/	/	2	/	2	0.29	
	Bb4	/	/	1	/	/	1	0.15	
	D4	/	3	/	1	/	4	0.59	
砖	素面	/	9	4	5	4	22	3.25	4.58
	绳纹	/	/	3	4	1	8	1.18	
	菱形纹	/	/	/	1	/	1	0.15	
陶片	凹弦纹	/	2	17	6	1	26	3.84	45.64
	素面	/	121	20	57	10	208	30.72	
	绳纹+凹弦纹	/	/	9	/	/	9	1.33	
	印纹	/	/	10	4	/	14	2.07	
	绳纹	/	1	29	9	/	39	5.76	
	方格纹	/	1	1	/	/	2	0.29	
	间断绳纹	/	/	/	9	1	10	1.48	
	印纹+凹弦纹	/	1	/	/	/	1	0.15	
陶饼		/	/	1	1	/	2	0.29	0.29
纺轮		/	/	1	/	/	1	0.15	0.15
瓷片	酱釉	6	/	/	/	/	6	0.89	1.18
	白瓷	2	/	/	/	/	2	0.29	
卵石		/	/	3	/	/	3	0.44	0.44
合计		/	10	293	192	163	19	677	100.00
百分比/%		/	1.48	43.28	28.36	24.08	2.51		

第一节　地　层

根据土质、土色及包含物的不同，T18内地层堆积分为6层，地层堆积按四壁介绍，出土遗物以北壁统计介绍。

一、地　层　堆　积

（一）北壁

第1层：黄色土。厚0.08～0.18米。分布全方，堆积东高西低。土质较软，结构疏松。内含大量的植物根系、少量红色砖渣、塑料、现代瓷片。

第2层：浅黄色土。深0.08～0.18、厚0.24～0.3米。分布全方，堆积近平。土质较软，结构疏松。内含少量植物根系、红灰色砖渣以及近代瓷片。本层出土遗物残片占探方出土遗物总数的1.48%。据该层内出土遗物残片统计，板瓦占20%，均为D4型。瓷片占80%，其中酱釉瓷片占60%，白釉瓷片占20%（表2.4）。

表2.4 T18第2层出土遗物数量统计表

名称	分型	灰陶/件	百分比/%	总百分比/%
板瓦	D4	2	20.00	20.00
瓷片	酱釉	6	60.00	80.00
	白瓷	2	20.00	
合计	/	10	100.00	

第3层：浅褐色土。深0.34～0.42、厚0.44～0.72米。分布全方，北高南低坡状堆积。土质较软，结构较疏松。内含红烧土颗粒、炭粒、陶器残片、瓦片。J4开口于此层下。本层出土遗物残片占探方出土遗物总数的43.28%。据该层内出土遗物残片统计，板瓦占51.89%，其中D4型占46.08%，Bb1型占1.71%，Ba1型占1.71%，Ca1型占0.68%，Cb1型占1.71%。筒瓦占1.02%，均为D4型。陶片占43%，其中印纹＋凹弦纹占0.34%，凹弦纹占0.68%，绳纹占0.34%，方格纹占0.34%，素面占41.3%。砖块占3.07%，均为素面砖。卵石占1.02%（表2.5）。

表2.5 T18第3层出土遗物数量统计表

名称	分型	灰陶/件	百分比/%	总百分比/%
板瓦	D4	135	46.08	51.89
	Bb1	5	1.71	
	Ba1	5	1.71	
	Ca1	2	0.68	
	Cb1	5	1.71	
筒瓦	D4	3	1.02	1.02
陶片	印纹＋凹弦纹	1	0.34	43.00
	凹弦纹	2	0.68	
	绳纹	1	0.34	
	方格纹	1	0.34	
	素面	121	41.30	
砖块	素面	9	3.07	3.07
卵石	/	3	1.02	1.02
合计	/	293	100.00	

第4层：红褐色土。深1.06～1.08、厚0.18～0.28米。分布全方，堆积近平。土质较硬，结构较致密。含少量瓦片、陶片、灰土粒。H58、H59、H60、K1开口于此层下。本层出土遗物残片占探方出土遗物总数的28.36%。据该层内出土遗物残片统计，板瓦占48.95%，其中Bb1型占7.81%，Ba1型占4.69%，Cb1型占27.08%，Ca1型占2.6%，D4型占6.77%。筒瓦占1.56%，其中Bb4型占0.52%，Bb2型占1.04%。陶片占44.79%，其中凹弦纹占8.85%，素面占10.42%，绳纹＋

凹弦纹占4.69%，印纹占5.21%，绳纹占15.1%，方格纹占0.52%。砖块占3.64%，其中绳纹砖占1.56%，素面砖占2.08%。陶饼占0.52%。纺轮占0.52%（表2.6）。

表2.6　T18第4层出土遗物数量统计表

名称	分型	灰陶/件	百分比/%	总百分比/%
板瓦	Bb1	15	7.81	48.95
	Ba1	9	4.69	
	Cb1	52	27.08	
	Ca1	5	2.60	
	D4	13	6.77	
筒瓦	Bb4	1	0.52	1.56
	Bb2	2	1.04	
陶片	凹弦纹	17	8.85	44.79
	素面	20	10.42	
	绳纹＋凹弦纹	9	4.69	
	印纹	10	5.21	
	绳纹	29	15.10	
	方格纹	1	0.52	
砖	绳纹	3	1.56	3.64
	素面	4	2.08	
陶饼	/	1	0.52	0.52
纺轮	/	1	0.52	0.52
合计	/	192	100.00	

第5层：深褐色土。深1.26～1.96、厚0.04～0.34米。分布全方，堆积近平。土质较硬，结构较致密。内含少量瓦片、陶片、砖块。H64、H65、H66、H67开口于此层下。本层出土遗物残片占探方出土遗物总数的24.08%。据该层内出土遗物残片统计，板瓦占37.42%，其中D型占10.43%，Bb1型占7.36%，Ba1型占2.45%，Cb1型占15.95%，Ca1型占1.23%。筒瓦占3.68%，其中D4型占0.61%，Bb2型占1.84%，Ba2型占1.23%。陶片占52.14%，其中凹弦纹占3.68%，印纹占2.45%，绳纹占5.52%，间断绳纹占5.52%，素面占34.97%。砖块占6.13%，其中菱形纹砖占0.61%，绳纹砖占2.45%，素面砖占3.07%。陶饼占0.61%（表2.7）。

表2.7　T18第5层出土遗物数量统计表

名称	分型	灰陶/件	百分比/%	总百分比/%
板瓦	D4	17	10.43	37.42
	Bb1	12	7.36	
	Ba1	4	2.45	
	Cb1	26	15.95	
	Ca1	2	1.23	

名称	分型	灰陶/件	百分比/%	总百分比/%
筒瓦	D4	1	0.61	3.68
	Bb2	3	1.84 .	
	Ba2	2	1.23	
陶片	凹弦纹	6	3.68	52.14
	印纹	4	2.45	
	绳纹	9	5.52	
	间断绳纹	9	5.52	
	素面	57	34.97	
砖	菱形纹	1	0.61	6.13
	绳纹	4	2.45	
	素面	5	3.07	
陶饼	/	1	0.61	0.61
合计	/	163	100.00	

第6层：黄褐色土。深1.96～2.28、厚0.26～0.48米。分布于探方北部，堆积不平。土质较硬，结构较致密。无包含物（图2.3）。

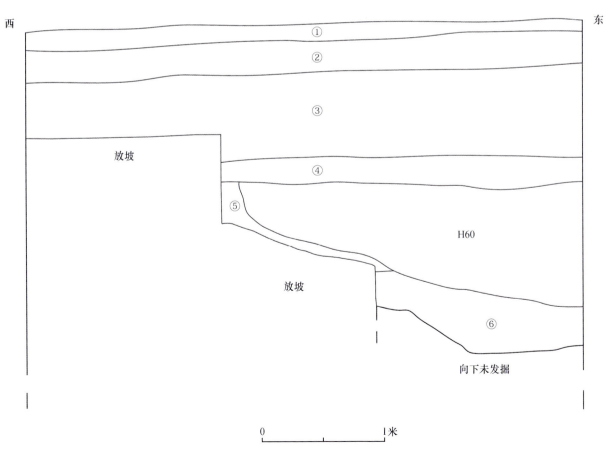

图2.3　T18北壁剖面图

（二）东壁

第1层：黄色土。厚0.08～0.1米。分布全方，堆积东高西低。土质较软，结构疏松。内含大量的植物根系、少量红色砖渣、塑料、现代瓷片。

第2层：浅黄色土。深0.08～0.18、厚0.2～0.26米。分布全方，堆积近平。土质较软，结构疏松。内含少量植物根系、红灰色砖渣，以及近代瓷片。

第3层：浅褐色土。深0.42～0.4、厚0.72～0.78米。分布全方，北高南低坡状堆积。土质较软，结构较疏松。内含红烧土颗粒、炭粒、陶器残片、瓦片。J4开口于此层下。

第4层：红褐色土。深1.06～1.1、厚0.1～0.2米。分布全方，堆积近平。土质较硬，结构较致密。含少量瓦片、陶片、灰土粒。H58、H59、H60、K1开口于此层下。

第5层：深褐色土。深1.18～1.86、厚0～0.66米。分布全方，堆积近平。土质较硬，结构较致密。内含少量瓦片、陶片、砖块。H64、H65、H66、H67开口于此层下。

第6层：黄褐色土。深1.94～2.7、厚0～0.64米。分布于探方北部，堆积不平。土质较硬，结构较致密。无包含物（图2.4）。

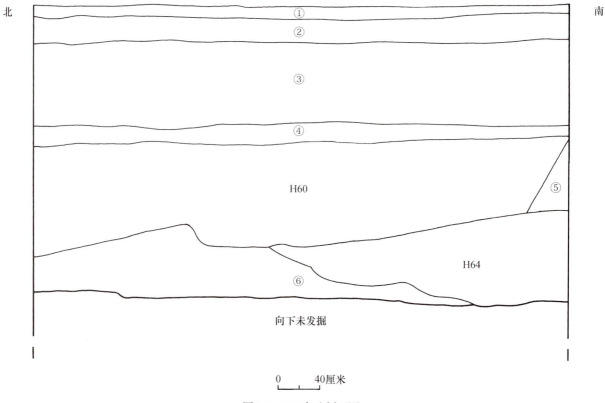

图2.4　T18东壁剖面图

（三）南壁

第1层：黄色土。厚0.08～0.36米。分布全方，堆积东高西低。土质较软，结构疏松。内含大量的植物根系、少量红色砖渣、塑料、现代瓷片。

第2层：浅黄色土。深0.08～0.36、厚0.2～0.26米。分布全方，堆积近平。土质较软，结构疏松。内含少量植物根系、红灰色砖渣以及近代瓷片。

第3层：浅褐色土。深0.34～0.58、厚0.5～0.74米。分布全方，北高南低坡状堆积。土质较软，结构较疏松。内含红烧土颗粒、炭粒、陶器残片、瓦片。J4开口于此层下。

第4层：红褐色土。深1.3～1.32、厚0.06～0.1米。分布全方，堆积近平。土质较硬，结构较致密。含少量瓦片、陶片、灰土粒。H58、H59、H60、K1开口于此层下。

第5层：深褐色土。深1.2～1.42、厚0.12～0.66米。分布全方，堆积近平。土质较硬，结构较致密。内含少量瓦片、陶片、砖块。H64、H65、H66、H67开口于此层下（图2.5）。

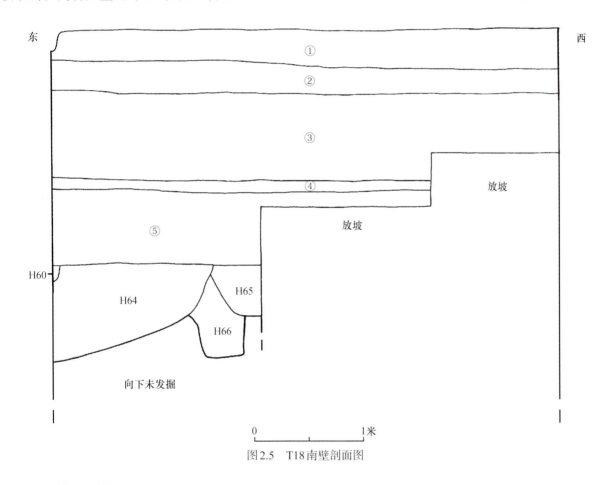

图2.5 T18南壁剖面图

（四）西壁

第1层：黄色土。厚0.08～0.36米。分布全方，堆积东高西低。土质较软，结构疏松。内含大量的植物根系、少量红色砖渣、塑料、现代瓷片。

第2层：浅黄色土。深0.06～0.36、厚0.22～0.26米。分布全方，堆积近平。土质较软，结构疏松。内含少量植物根系、红灰色砖渣，以及近代瓷片。

第3层：浅褐色土。深0.3～0.58、厚0.64～0.76米。分布全方，北高南低坡状堆积。土质较软，结构较疏松。内含红烧土颗粒、炭粒、陶器残片、瓦片。J4开口于此层下。

第4层：红褐色土。深1.02～1.32、厚0.08～0.18米。分布全方，堆积近平。土质较硬，结构较致密。含少量瓦片、陶片、灰土粒。H58、H59、H60、K1开口于此层下。

第5层：深褐色土。深1.12～1.4、厚0.56～0.64米。分布全方，堆积近平。土质较硬，结构较致密。内含少量瓦片、陶片、砖块。H64、H65、H66、H67开口于此层下。

第6层：黄褐色土。深1.76～1.92、厚0.2～0.38米。分布于探方北部，堆积不平。土质较硬，结构较致密。无包含物（图2.6）。

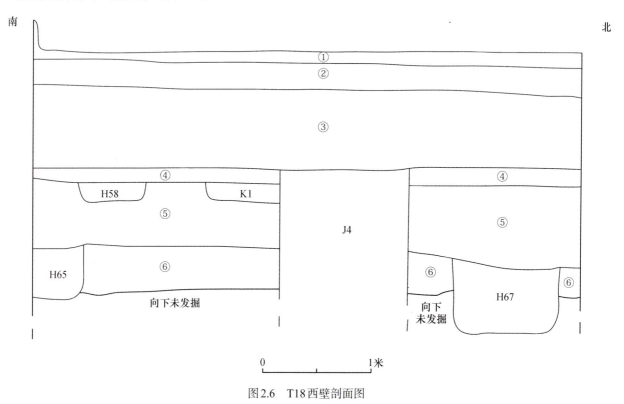

图2.6　T18西壁剖面图

二、出土遗物

出土小件、标本64件，分建筑材料、陶器、瓷器、铁器四类。分别介绍如下。

（一）建筑材料

根据用途，有砖、板瓦、筒瓦三种。分别介绍如下。

1.砖

6件，残，形制不可辨，均饰绳纹。

T18③：10，残。呈灰色。一面饰细斜绳纹，另一面素面。残长9.4、残宽8、厚5.3厘米（图2.7、图2.8）。

图2.7 绳纹砖（T18③：10）正、背、侧面照片

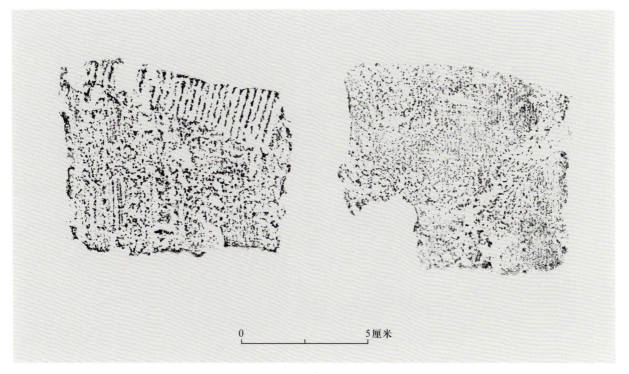

0   5厘米

图2.8 绳纹砖（T18③：10）正、背面拓片

T18③：11，残。呈灰色。一面饰中粗斜绳纹，另一面素面。残长10、残宽9、厚4.5厘米（图2.9、图2.10）。

图2.9　绳纹砖（T18③：11）正、背、侧面照片

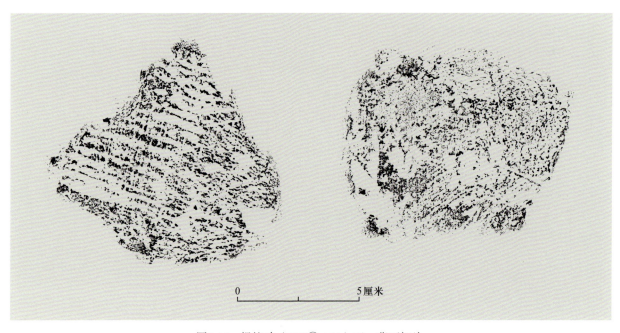

图2.10　绳纹砖（T18③：11）正、背面拓片

T18④：21，残。呈灰色。一面粗饰交错绳纹，另一面素面。残长11、残宽10.5、厚5厘米（图2.11、图2.12）。

图2.11　绳纹砖（T18④：21）正、背、侧面照片

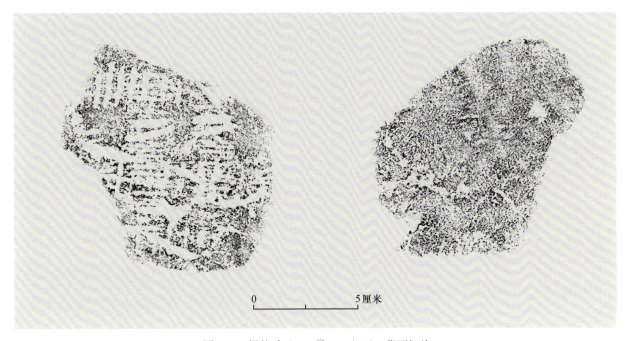

图2.12　绳纹砖（T18④：21）正、背面拓片

T18⑤：13，残。呈灰色。一面饰粗斜绳纹，另一面素面。残长12、残宽10、厚5厘米（图2.13、图2.14）。

图2.13　绳纹砖（T18⑤：13）正、背、侧面照片

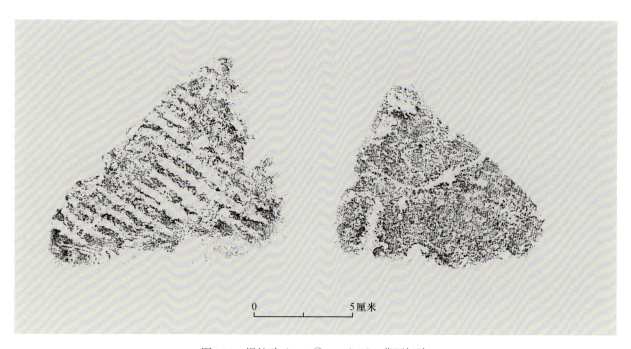

图2.14　绳纹砖（T18⑤：13）正、背面拓片

　　T18⑤：14，残。呈灰色。一面饰中粗斜绳纹，另一面素面。残长10、残宽9.7、厚4.5厘米（图2.15、图2.16）。

图2.15　绳纹砖（T18⑤：14）正、背、侧面照片

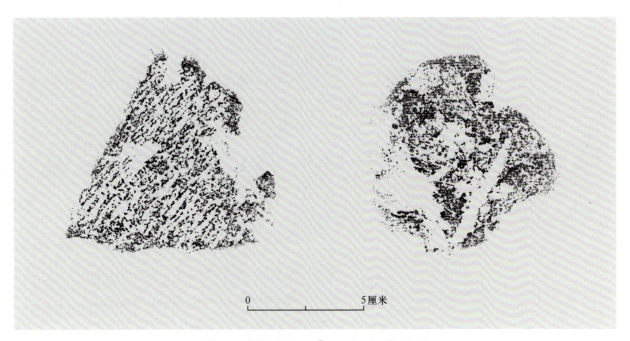

图2.16　绳纹砖（T18⑤：14）正、背面拓片

　　T18⑤：12，残。呈灰色。一面饰细斜绳纹，另一面素面。残长10、残宽14.7、厚5.7厘米（图2.17、图2.18）。

图2.17　绳纹砖（T18⑤：12）正、背、侧面照片

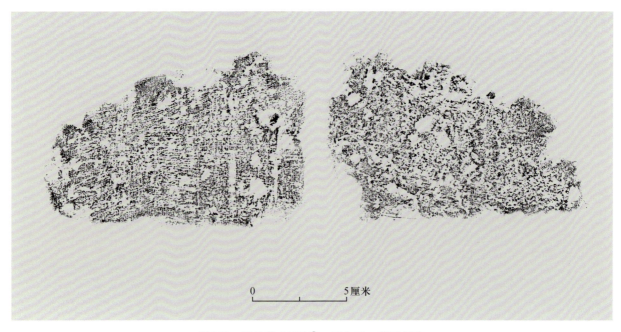

图2.18　绳纹砖（T18⑤：12）正、背面拓片

2. 板瓦

16件，均为弧形板瓦。据表面绳纹粗细，分属A、B、C、D四型。分别介绍如下。

A型　1件。属Aa3型。表面饰细交错绳纹，内面饰篦纹。T18④：6，残。灰陶。残长9、残宽8、厚1.4厘米（图2.19、图2.20）。

图2.19　Aa3型板瓦（T18④：6）表、内面照片

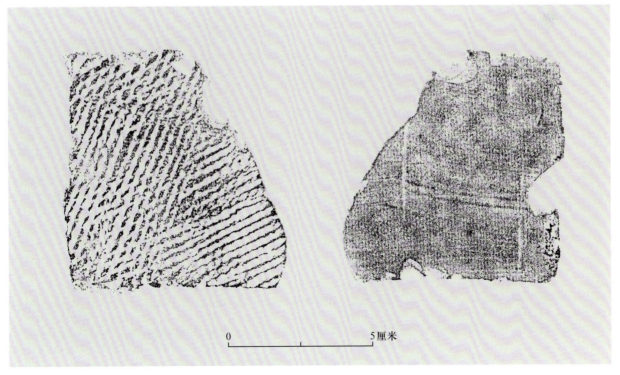

图2.20　Aa3型板瓦（T18④：6）表、内面拓片

B型　4件，分四亚型。

Ba1型　1件。表面饰中粗交错绳纹，内面素面。T18③：8，残。灰陶。残长5.5、残宽9、厚1.2厘米（图2.21、图2.22）。

图2.21　Ba1型板瓦（T18③：8）表、内面照片

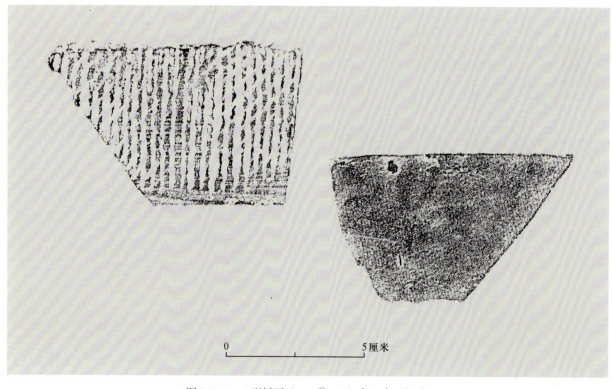

图2.22　Ba1型板瓦（T18③：8）表、内面拓片

Bb1型 1件。表面饰中粗斜绳纹，内面素面。T18④：5，残。灰陶。残长7.2、残宽11.6、厚1.3厘米（图2.23、图2.24）。

图2.23 Bb1型板瓦（T18④：5）表、内面照片

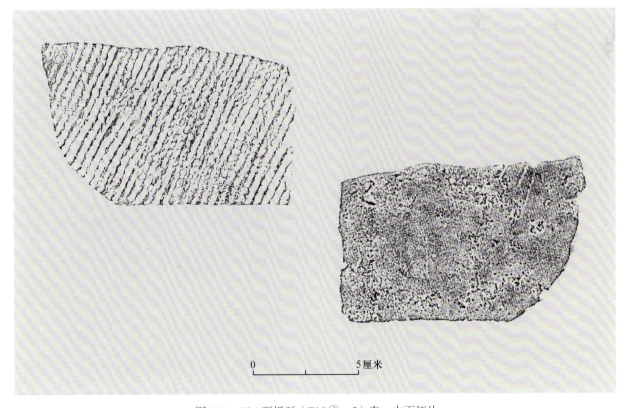

0   5厘米

图2.24 Bb1型板瓦（T18④：5）表、内面拓片

Bb3型　1件。表面饰中粗斜绳纹，内面饰箆纹。T18③：6，残。灰陶。残长9、残宽6.5、厚1.1厘米（图2.25、图2.26）。

图2.25　Bb3型板瓦（T18③：6）表、内面照片

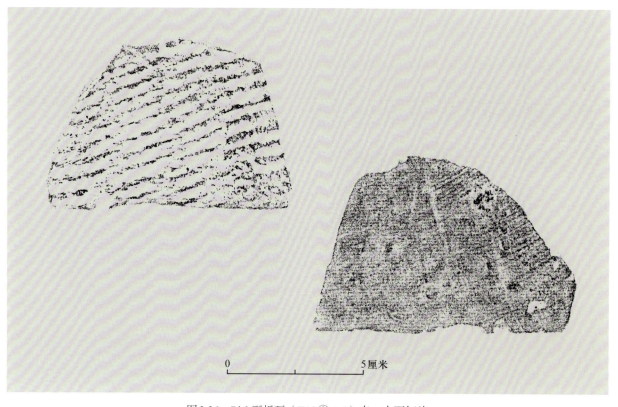

图2.26　Bb3型板瓦（T18③：6）表、内面拓片

Bb10型 1件。表面饰中粗斜绳纹，内面饰抹平绳纹。T18⑤：6，残。灰陶。残长6.8、残宽5.3、厚1.3厘米（图2.27、图2.28）。

图2.27 Bb10型板瓦（T18⑤：6）表、内面照片

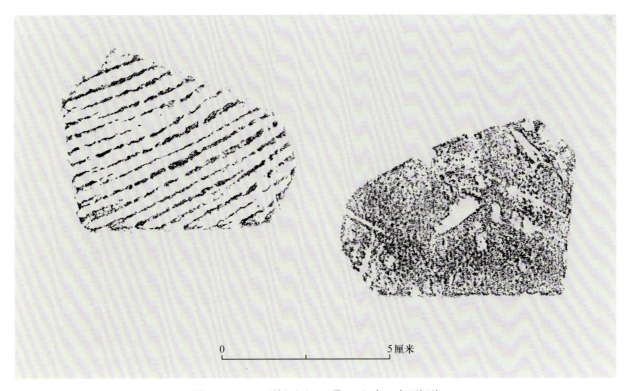

0   5厘米

图2.28 Bb10型板瓦（T18⑤：6）表、内面拓片

C型　6件，分三亚型。

Ca1型　2件。表面饰粗交错绳纹，内面素面。

T18⑤：3，残。灰陶。表面饰一横向凹弦纹，将绳纹分隔成两部分。残长12、残宽9.6、厚1.2厘米（图2.29、图2.30）。

图2.29　Ca1型板瓦（T18⑤：3）表、内面照片

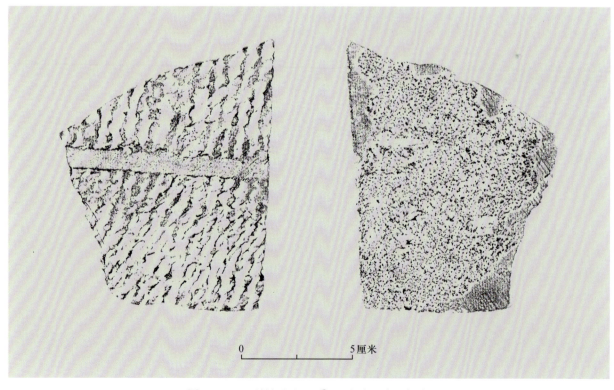

0　　　　　　5厘米

图2.30　Ca1型板瓦（T18⑤：3）表、内面拓片

T18⑤：4，残。灰陶。残长8、残宽15.5、厚1.3厘米（图2.31、图2.32）。

图2.31　Ca1型板瓦（T18⑤：4）表、内面照片

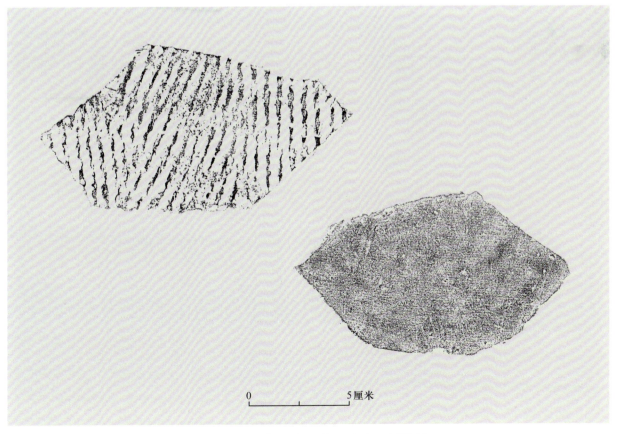

0　　　　　　　5厘米

图2.32　Ca1型板瓦（T18⑤：4）表、内面拓片

Ca3型　3件。表面饰粗交错绳纹，内面饰篦纹。

T18③：5，残。灰陶。残长16、残宽15、厚2厘米（图2.33、图2.34）。

图2.33　Ca3型板瓦（T18③：5）表、内面照片

0 ⊢——⊣ 5厘米

图2.34　Ca3型板瓦（T18③：5）表、内面拓片

T18④：3，残。灰陶。残长14.7、残宽15.2、厚1.7厘米（图2.35、图2.36）。

图2.35　Ca3型板瓦（T18④：3）表、内面照片

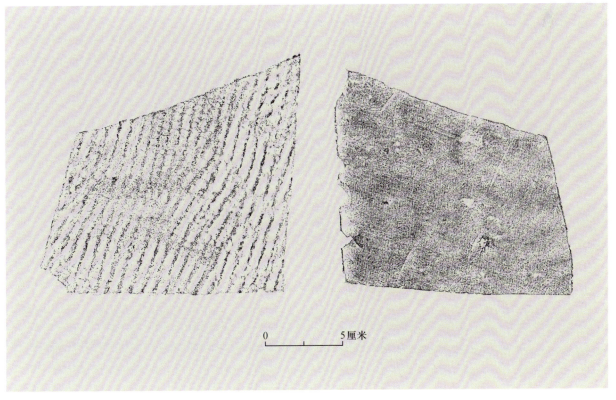

0　　　　　5厘米

图2.36　Ca3型板瓦（T18④：3）表、内面拓片

T18④：4，残。灰陶。残长13.5、残宽16、厚1.5厘米（图2.37、图2.38）。

图2.37　Ca3型板瓦（T18④：4）表、内面照片

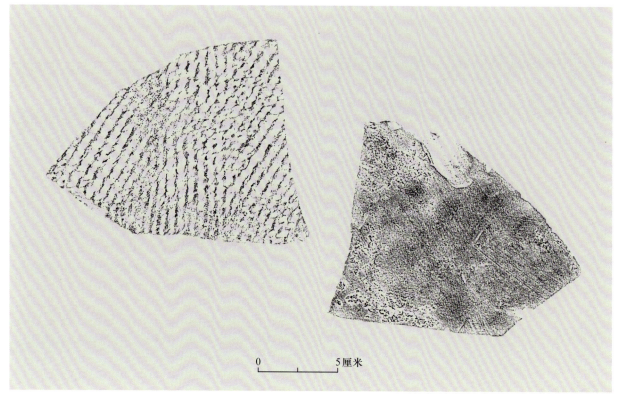

0　　　　　5厘米

图2.38　Ca3型板瓦（T18④：4）表、内面拓片

Cb3型　1件。表面饰粗斜绳纹，内面饰篦纹。T18③：7，残。灰陶。残长5、残宽10.5、厚1厘米（图2.39、图2.40）。

图2.39　Cb3型板瓦（T18③：7）表、内面照片

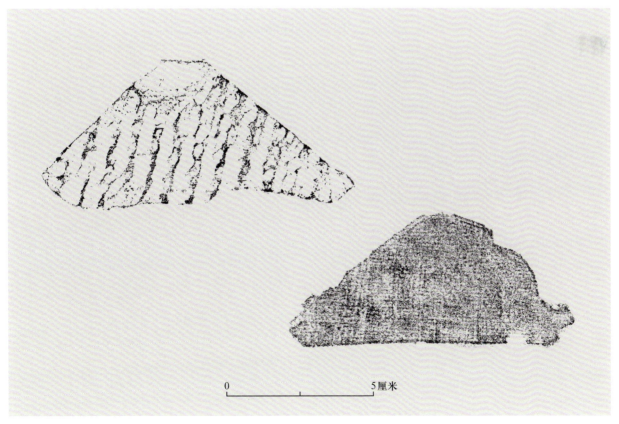

0　　　　　　　　5厘米

图2.40　Cb3型板瓦（T18③：7）表、内面拓片

D型　5件。属D4型。表面素面，内面饰布纹。

T18②：4，残。灰陶。残长6、残宽3.3、厚1.5厘米（图2.41、图2.42）。

图2.41　D4型板瓦（T18②：4）表、内面照片

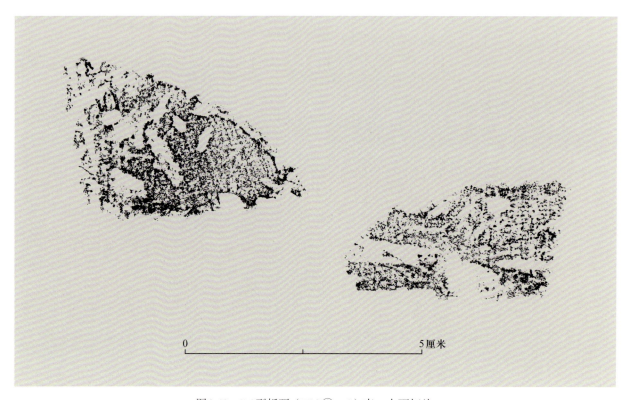

图2.42　D4型板瓦（T18②：4）表、内面拓片

T18③：3，残。灰陶。残长9、残宽14、厚1.5厘米（图2.43、图2.44）。

图2.43　D4型板瓦（T18③：3）表、内面照片

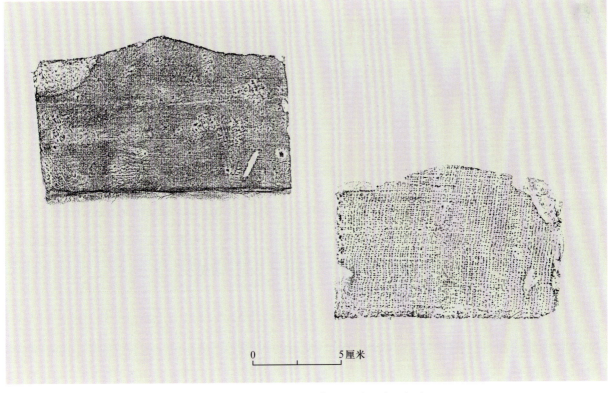

0　　　　　　　　5厘米

图2.44　D4型板瓦（T18③：3）表、内面拓片

　　T18③：4，残。灰陶。表面有三条竖向工具划痕。残长14.5、残宽13、厚1.6厘米（图2.45、图2.46）。

图2.45　D4型板瓦（T18③：4）表、内面照片

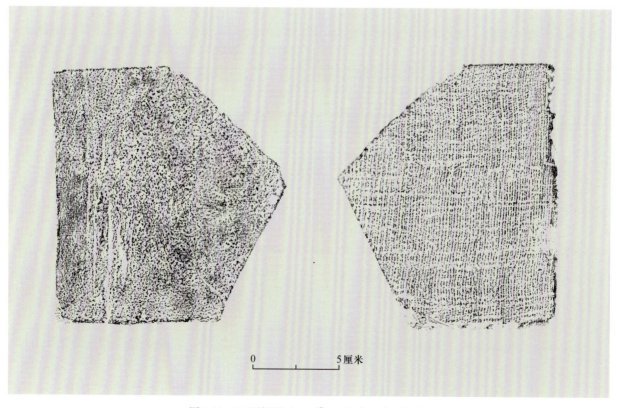

图2.46　D4型板瓦（T18③：4）表、内面拓片

T18⑤：1，残。灰陶。残长12.5、残宽15.5、厚1.6厘米（图2.47、图2.48）。

图2.47　D4型板瓦（T18⑤：1）表、内面照片

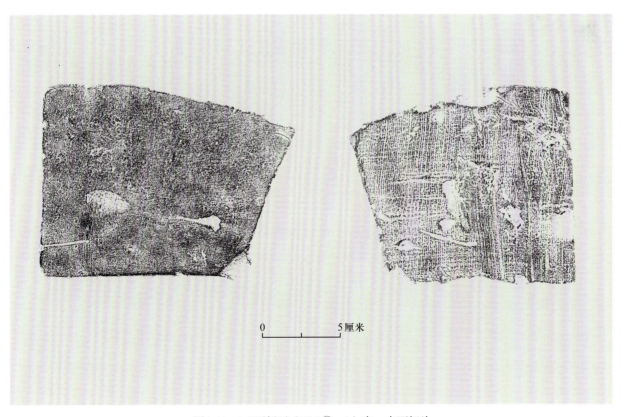

0　　　　　　5厘米

图2.48　D4型板瓦（T18⑤：1）表、内面拓片

T18⑤：2，残。灰陶。残长8.7、残宽11.8、厚1.6厘米（图2.49、图2.50）。

图2.49　D4型板瓦（T18⑤：2）表、内面照片

0　　　　　　　　5厘米

图2.50　D4型板瓦（T18⑤：2）表、内面拓片

3. 筒瓦

7件。据表面绳纹粗细，分属A、B、D三型。分别介绍如下。

A型 4件，分三亚型。

Aa2型 2件。表面饰细交错绳纹，内面饰麻点纹。

T18④∶8，残。灰陶。绳纹抹平部分宽6厘米。残长15、残径11、厚1.5厘米（图2.51、图2.52）。

图2.51 Aa2型筒瓦（T18④∶8）表、内面照片

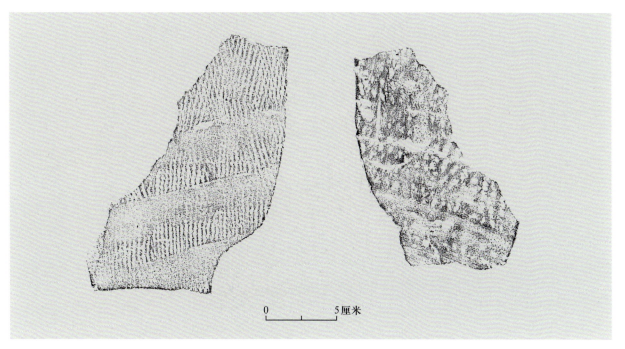

0 ____ 5厘米

图2.52 Aa2型筒瓦（T18④∶8）表、内面拓片

T18⑤：8，残。灰陶。瓦尾有绳纹抹平部分宽13厘米。残长22.2、残径14.5、厚1.5厘米（图2.53、图2.54）。

图2.53　Aa2型筒瓦（T18⑤：8）表、内面照片

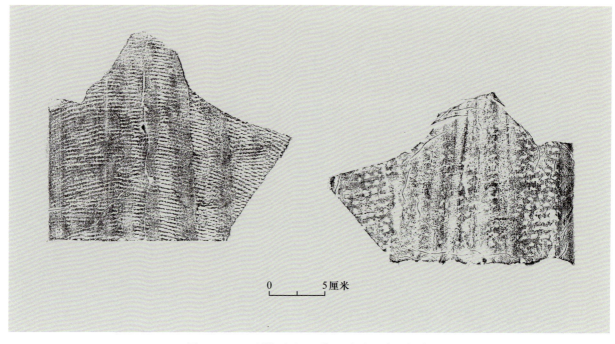

0　　　　5厘米

图2.54　Aa2型筒瓦（T18⑤：8）表、内面拓片

Ab1型　1件。表面饰细斜绳纹，内面素面。T18⑤：7，残。灰陶。残长5.5、残径10.5、厚1.3厘米（图2.55、图2.56）。

图2.55　Ab1型筒瓦（T18⑤：7）表、内面照片

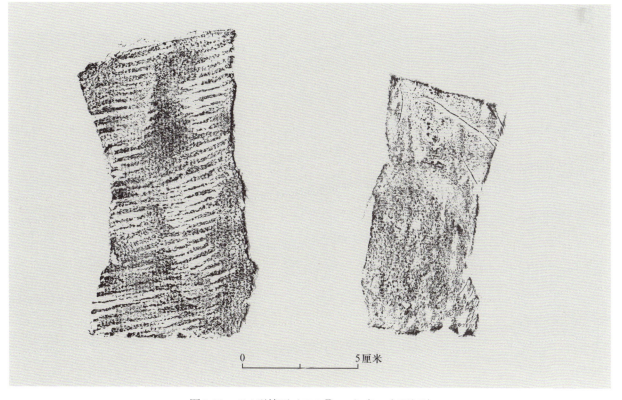

0　　　　　　　　5厘米

图2.56　Ab1型筒瓦（T18⑤：7）表、内面拓片

Ab4型　1件。表面饰细斜绳纹，内面饰布纹。T18④：2，残。灰陶。残长9、残径9.5、厚1.8厘米（图2.57、图2.58）。

图2.57　Ab4型筒瓦（T18④：2）表、内面照片

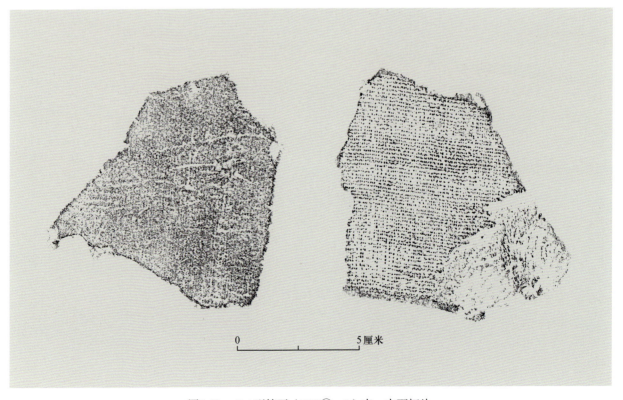

图2.58　Ab4型筒瓦（T18④：2）表、内面拓片

B型　1件。属Bb4型。表面饰中粗斜绳纹，内面饰布纹。T18④：7，残。灰陶。残长6.8、残径4.6、厚1厘米（图2.59、图2.60）。

图2.59　Bb4型筒瓦（T18④：7）表、内面照片

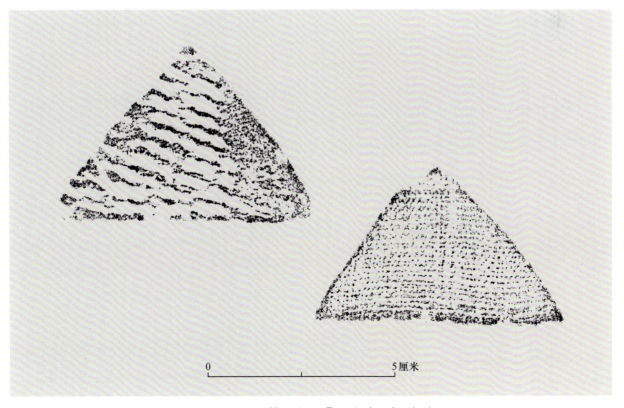

0　　　　　　　　　　　　5厘米

图2.60　Bb4型筒瓦（T18④：7）表、内面拓片

D型　2件。属D4型。表面素面，内面饰布纹。

T18③：9，残。灰陶。残长5.5、残径8.3、厚1.6厘米（图2.61、图2.62）。

图2.61　D4型筒瓦（T18③：9）表、内面照片

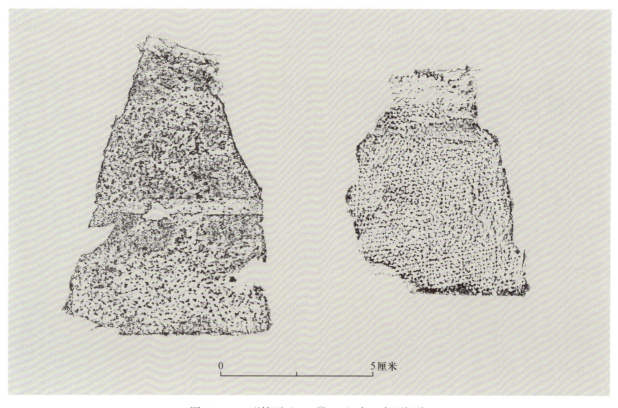

图2.62　D4型筒瓦（T18③：9）表、内面拓片

T18⑤：9，残。灰陶。残长15.3、残径11.7、厚1.9、瓦唇长3、厚1.7厘米（图2.63、图2.64）。

图2.63　D4型筒瓦（T18⑤：9）表、内面照片

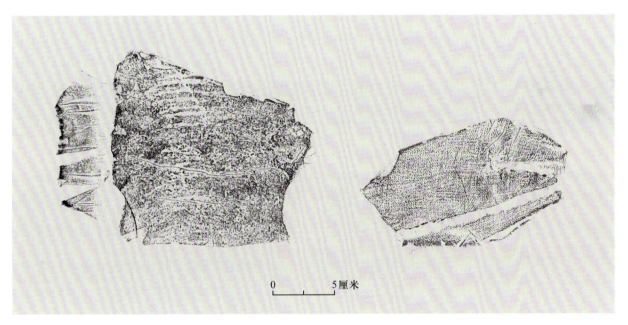

0　　　　　5厘米

图2.64　D4型筒瓦（T18⑤：9）表、内面拓片

（二）陶器

根据用途，有盆、罐、钵、釜、鬲、陶片、陶饼、纺轮八种，分别介绍如下。

1.盆

12件。

　　T18③：14，残。泥质灰陶。侈口，外折沿，斜方唇，斜腹，腹部饰数周凸弦纹，腹部有两个圆形孔，孔径0.4～0.6厘米，内面素面，轮制痕迹明显。复原口径43.3、沿宽1.9、残长24.5、残宽9.7、残高11.3、厚0.8厘米（图2.65、图2.66；彩版10；图版10）。

图2.65　陶盆（T18③：14）外、内、侧面照片

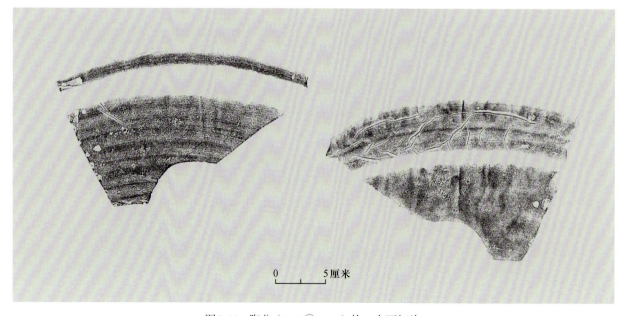

图2.66　陶盆（T18③：14）外、内面拓片

T18④：13，残。泥质灰陶。敛口，方唇，斜弧腹，腹部微鼓，腹部以下斜收，腹部饰细斜绳纹，绳纹中部饰一周凹弦纹，内面素面，轮制痕迹明显。复原口径31.5、沿宽0.7、残长15.8、残宽5.2、残高10.3、厚1.2厘米（图2.67、图2.68；彩版11；图版11）。

图2.67 陶盆（T18④：13）外、内、侧面照片

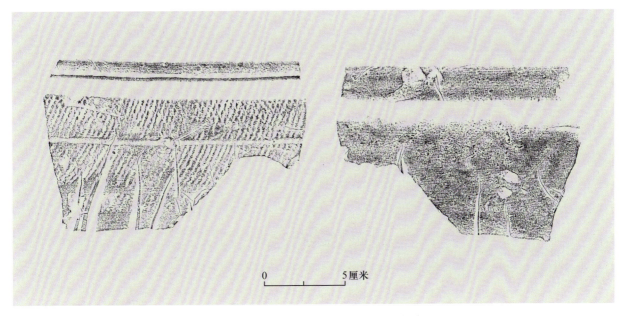

图2.68 陶盆（T18④：13）外、内面拓片

T18④：14，残。泥质灰陶。敛口，外折沿，斜方唇，斜弧腹，腹部微鼓，腹部饰抹平绳纹，内面素面，轮制痕迹明显。复原口径35.6、沿宽1.3、残长16.4、残宽3.6、残高6.8、厚0.7厘米（图2.69、图2.70；彩版12；图版12）。

图2.69　陶盆（T18④：14）外、内、侧面照片

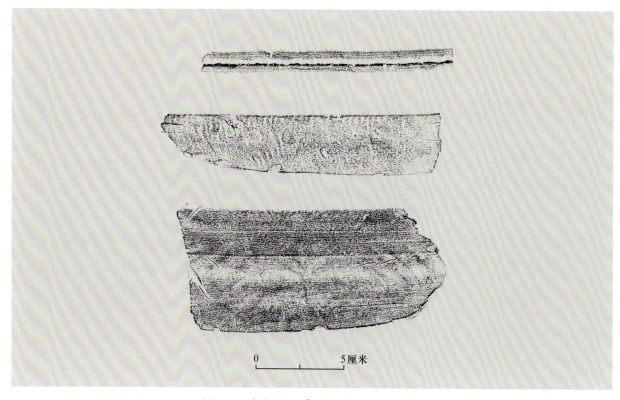

图2.70　陶盆（T18④：14）外、内面拓片

T18④：15，残。泥质灰陶。侈口，外折沿，斜方唇，斜弧腹，沿下饰抹平绳纹，腹部微鼓，内面素面，轮制痕迹明显。复原口径44.3、沿宽2、残长14.4、残宽3.9、残高6.8、厚1厘米（图2.71、图2.72；彩版13；图版13）。

图2.71 陶盆（T18④：15）外、内、侧面照片

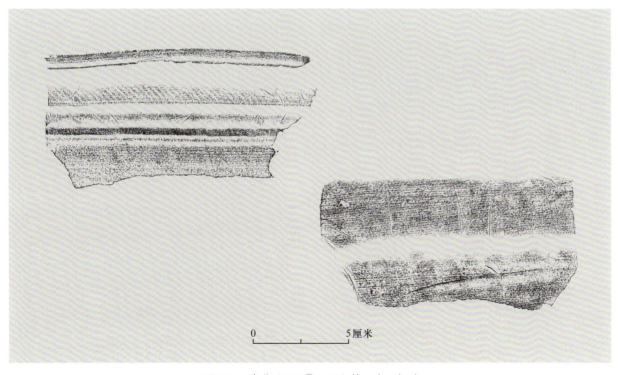

0   5厘米

图2.72 陶盆（T18④：15）外、内面拓片

　　T18④∶16，残。泥质灰陶。敛口，外折沿，方唇，斜腹，腹部饰两周凹弦纹，内面素面，轮制痕迹明显。复原口径47.9、沿宽2.2、残长13.2、残宽5、残高11、厚1.1厘米（图2.73、图2.74；彩版14；图版14）。

图2.73　陶盆（T18④∶16）外、内、侧面照片

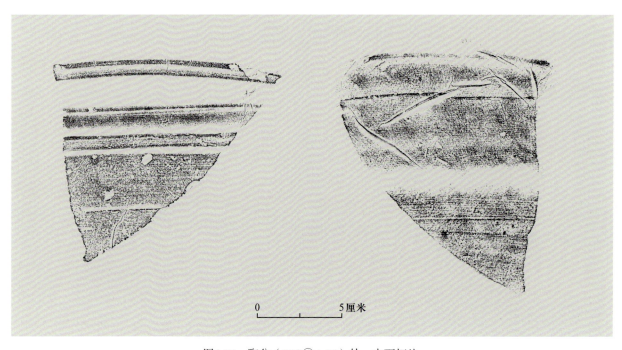

图2.74　陶盆（T18④∶16）外、内面拓片

T18④：17，残。泥质灰陶。侈口，外折沿，方唇，斜腹，内面素面，轮制痕迹明显。复原口径35.6、沿宽1.7、残长19.7、残宽4.3、残高6.9、厚0.9厘米（图2.75、图2.76；彩版15；图版15）。

图2.75 陶盆（T18④：17）外、内、侧面照片

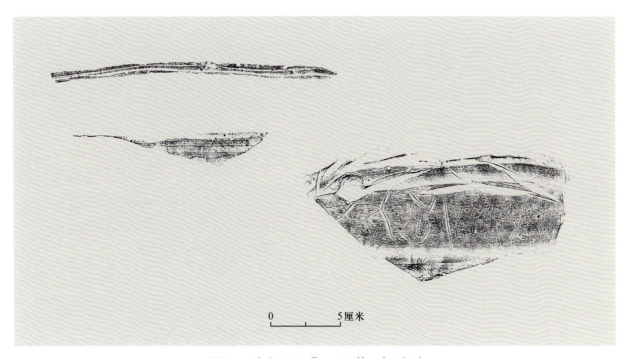

0   5厘米

图2.76 陶盆（T18④：17）外、内面拓片

　　T18④：18，残。泥质灰陶。侈口，外折沿，方唇，斜弧腹，沿下饰抹平绳纹，内面素面，轮制痕迹明显。复原口径28.6、沿宽1.5、残长9.6、残宽4.1、残高7.8、厚0.8厘米（图2.77、图2.78；彩版16；图版16）。

图2.77　陶盆（T18④：18）外、内、侧面照片

0　　　　　　　5厘米

图2.78　陶盆（T18④：18）外、内面拓片

T18⑤：15，残。泥质灰陶。侈口，外折沿，方唇，斜弧腹，腹部微鼓，腹部上部饰一周凹弦纹，凹弦纹下饰抹平绳纹，抹平绳纹下饰一周凹弦纹，内面素面，轮制痕迹明显。复原口径38.6、沿宽2.1、残长18、残宽4.2、残高8.5、厚1厘米（图2.79、图2.80；彩版17；图版17）。

图2.79　陶盆（T18⑤：15）外、内、侧面照片

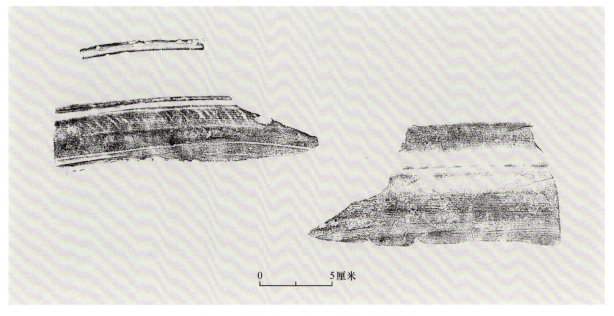

0　　　　　　5厘米

图2.80　陶盆（T18⑤：15）外、内面拓片

T18⑤：16，残。泥质灰陶。侈口，外折沿，方唇，斜弧腹，腹部饰一周柳叶状虫蛹形纹，其上饰一周凹弦纹，柳叶状虫蛹形纹下饰一周压印纹，内面素面，轮制痕迹明显。复原口径40.6、沿宽2.2、残长12.1、残宽3.5、残高10.6、厚0.9厘米（图2.81、图2.82；彩版18；图版18）。

图2.81　陶盆（T18⑤：16）外、内、侧面照片

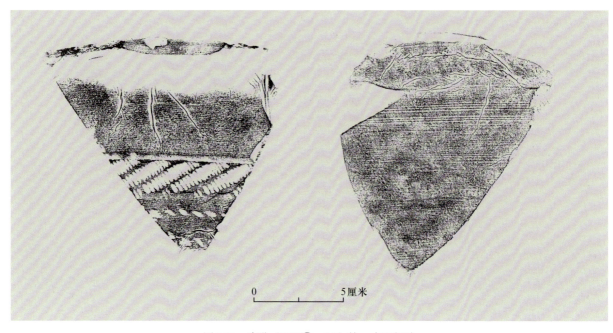

图2.82　陶盆（T18⑤：16）外、内面拓片

　　T18⑤：17，残。泥质灰陶。侈口，外折沿，斜方唇，斜弧腹，腹部微鼓，腹部饰一周凹弦纹，内面素面，轮制痕迹明显。复原口径24.2、沿宽1.8、残长9.6、残宽3.5、残高5.4、厚0.7厘米（图2.83、图2.84；彩版19；图版19）。

图2.83　陶盆（T18⑤：17）外、内、侧面照片

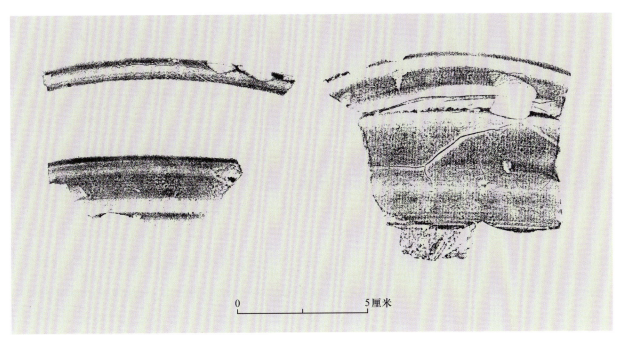

图2.84　陶盆（T18⑤：17）外、内面拓片

　　T18⑤：18，残。泥质灰陶。侈口，外折沿，方唇，内外均素面，内面轮制痕迹明显。复原口径33.9、沿宽2.4、残长7.7、残宽3.4、残高4.3、厚0.8厘米（图2.85、图2.86；彩版20；图版20）。

图2.85　陶盆（T18⑤：18）外、内、侧面照片

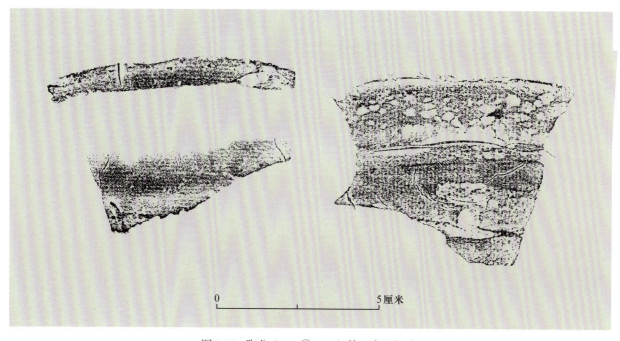

图2.86　陶盆（T18⑤：18）外、内面拓片

　　T18⑤：19，残。泥质灰陶。侈口，外折沿，方唇，斜弧腹，内外均素面，内面轮制痕迹明显。复原口径40.9、沿宽3、残长14、残宽7.9、残高12.3、厚1厘米（图2.87、图2.88；彩版21；图版21）。

图2.87　陶盆（T18⑤：19）外、内、侧面照片

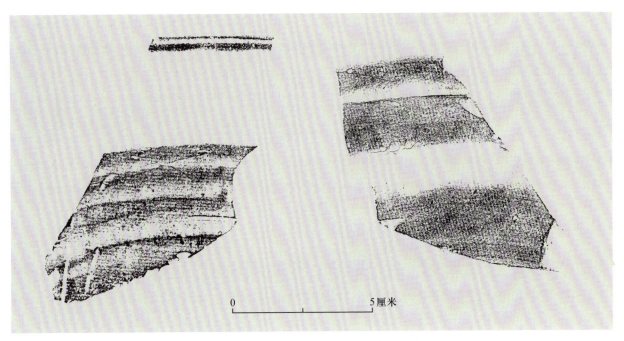

0　　　　　　　　　　5厘米

图2.88　陶盆（T18⑤：19）外、内面拓片

2. 罐

3件。

T18③：12，残。泥质灰陶。侈口，卷沿，短束颈，斜肩，内外均素面，内面轮制痕迹明显。复原口径13.9、沿宽0.9、残长10.8、残宽6.4、残高6.2、厚0.6厘米（图2.89、图2.90；彩版22；图版22）。

图2.89　陶罐（T18③：12）外、内、侧面照片

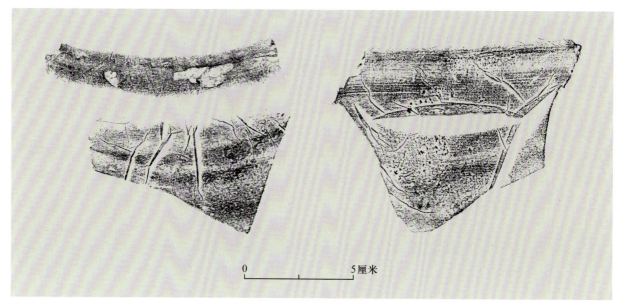

图2.90　陶罐（T18③：12）外、内面拓片

　　T18③：13，残。夹砂灰陶。敛口，外折沿，短束颈，内外均素面，内面轮制痕迹明显。复原口径26.4、沿宽2、残长12.4、残宽3.8、残高5、厚0.8厘米（图2.91、图2.92；彩版23；图版23）。

图2.91　陶罐（T18③：13）外、内、侧面照片

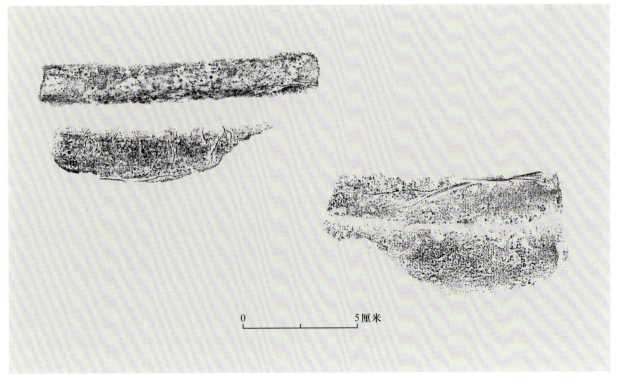

0　　　　　　　5厘米

图2.92　陶罐（T18③：13）外、内面拓片

T18④：11，残。泥质灰陶。敛口，外折沿，短束颈，广肩，内外均素面，内面轮制痕迹明显。复原口径22.9、沿宽1.9、残长15.8、残宽8.4、残高4.2、厚1.1厘米（图2.93、图2.94；彩版24；图版24）。

图2.93　陶罐（T18④：11）外、内、侧面照片

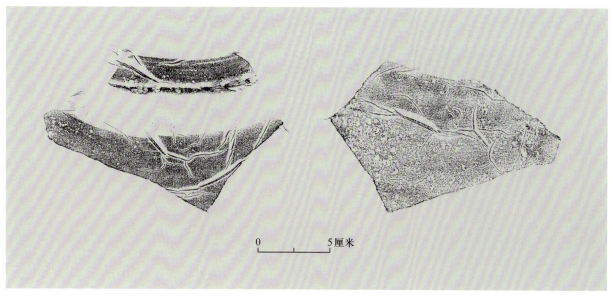

图2.94　陶罐（T18④：11）外、内面拓片

3. 钵

1件。T18⑤：20，残。泥质灰陶。敛口，平沿，尖唇，斜弧腹，内外均素面，内面轮制痕迹明显。复原口径15.2、沿宽1、残长7.1、残宽2.8、残高4、厚0.7厘米（图2.95、图2.96；彩版25；图版25）。

图2.95　陶钵（T18⑤：20）外、内、侧面照片

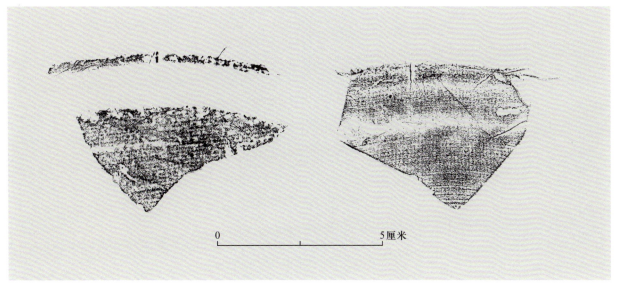

图2.96　陶钵（T18⑤：20）外、内面拓片

4. 釜

6件。

T18③：15，残。夹砂红陶。敛口，外折沿，平折肩，斜弧腹，内外均素面，内面轮制痕迹明显。复原口径20.1、沿宽1.1、残长7、残宽4.5、残高3.2、厚0.7厘米（图2.97、图2.98；彩版26；图版26）。

图2.97　陶釜（T18③：15）外、内、侧面照片

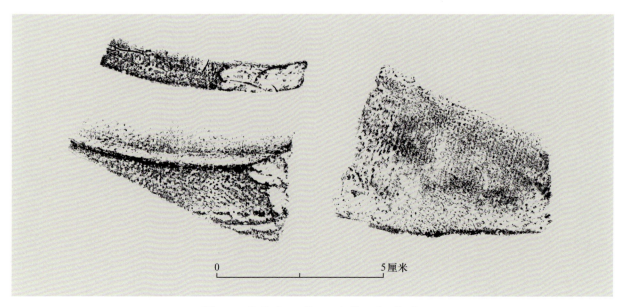

图2.98　陶釜（T18③：15）外、内面拓片

T18④：12，残。夹砂灰陶。直口，平沿，斜弧肩，内外均素面，内面轮制痕迹明显。复原口径27、沿宽0.8、残长17.3、残宽6.6、残高6.9、厚1厘米（图2.99、图2.100；彩版27；图版27）。

图2.99　陶釜（T18④：12）外、内、侧面照片

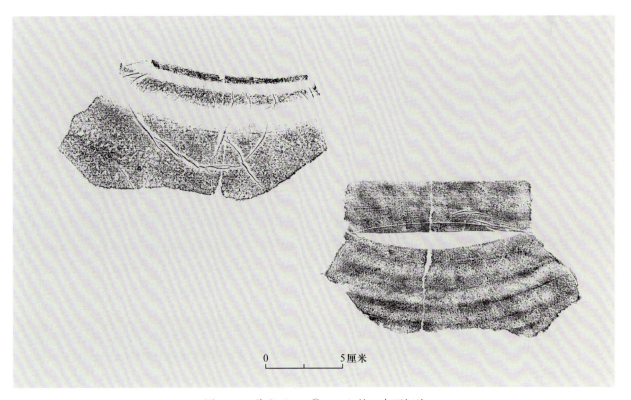

图2.100　陶釜（T18④：12）外、内面拓片

T18④：19，残。夹砂灰陶。子母口，内折沿，尖唇，斜弧腹，腹部饰斜绳纹，内面素面，轮制痕迹明显。复原口径27.7、沿宽1、残长7.8、残宽3.1、残高5.9、厚0.8厘米（图2.101、图2.102；彩版28；图版28）。

图2.101　陶釜（T18④：19）外、内、侧面照片

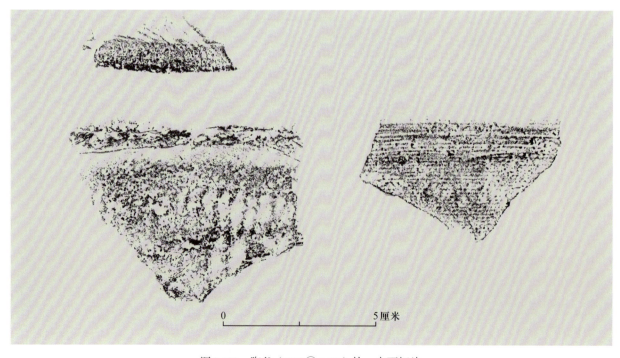

图2.102　陶釜（T18④：19）外、内面拓片

T18⑤：21，残。夹砂灰陶。侈口，斜沿，方唇，斜腹，腹部饰细斜绳纹，内面素面，轮制痕迹明显。复原口径22.5、沿宽0.7、残长15.4、残宽7.7、残高13.3、厚1厘米（图2.103、图2.104；彩版29；图版29）。

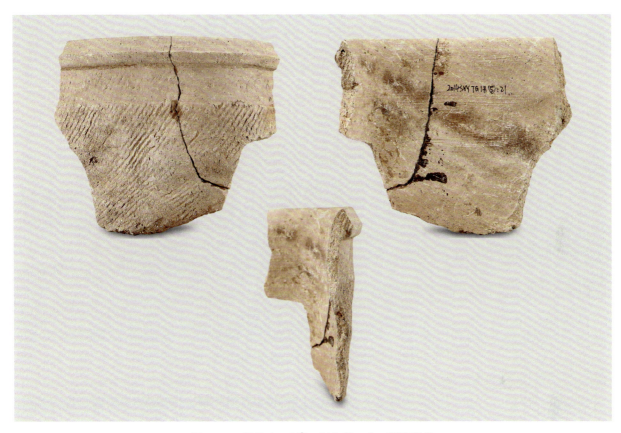

图2.103　陶釜（T18⑤：21）外、内、侧面照片

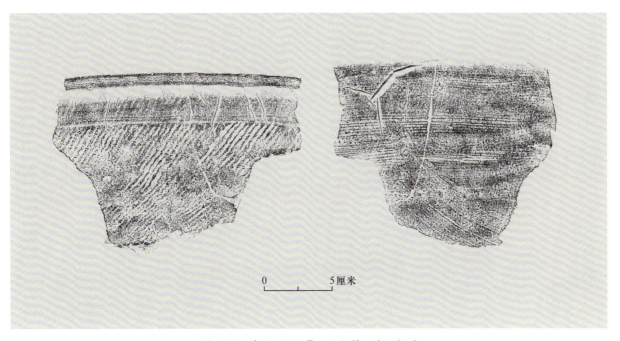

0　　　5厘米

图2.104　陶釜（T18⑤：21）外、内面拓片

T18⑤∶22，残。夹砂灰陶。敛口，窄平沿，斜折肩，斜腹，肩腹部饰细斜绳纹，内面素面，轮制痕迹明显。复原口径34.3、沿宽1.8、残长9.2、残宽7、残高4.6、厚1.7厘米（图2.105、图2.106；彩版30；图版30）。

图2.105　陶釜（T18⑤∶22）外、内、侧面照片

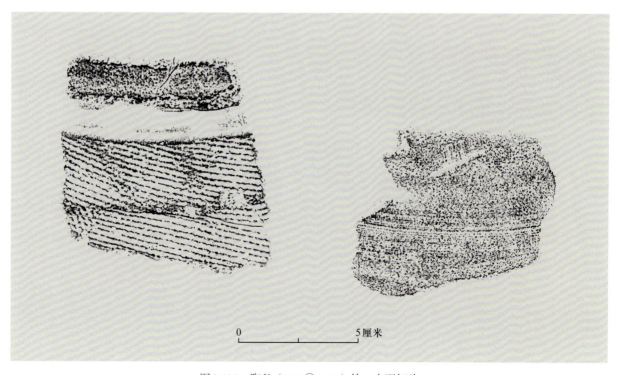

图2.106　陶釜（T18⑤∶22）外、内面拓片

　　T18⑤：23，残。夹砂灰陶。子母口，内折沿，尖唇，斜腹，腹部饰斜绳纹，内面素面，轮制痕迹明显。复原口径39、沿宽0.8、残长5.7、残宽3.7、残高5.6、厚0.8厘米（图2.107、图2.108；彩版31；图版31）。

图2.107　陶釜（T18⑤：23）外、内、侧面照片

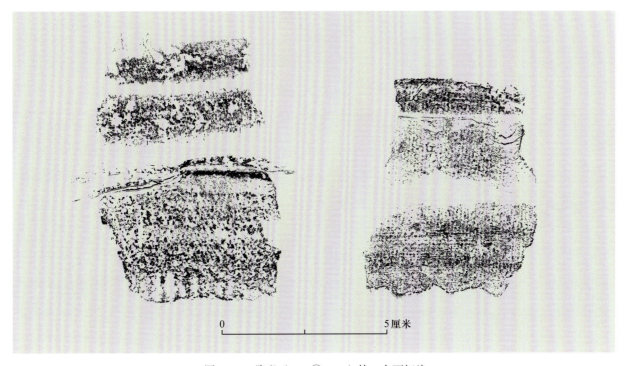

0 ——————————— 5厘米

图2.108　陶釜（T18⑤：23）外、内面拓片

5. 鬲

1件。T18④：20，残。夹砂红陶。仅存鬲足部分，表面饰压印纹。残高6.8、厚0.6～1.1厘米（图2.109、图2.110）。

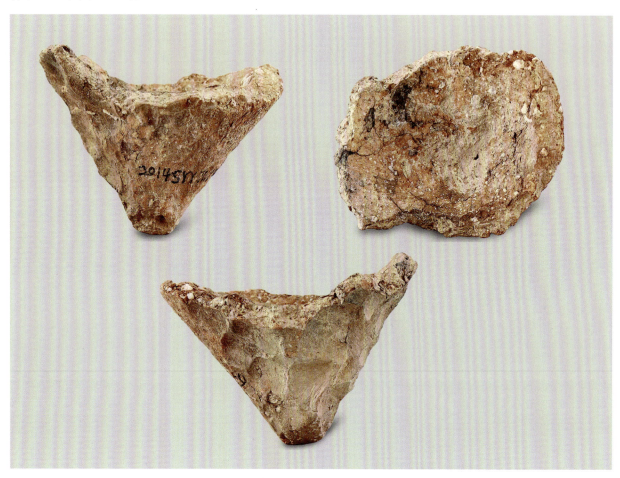

图2.109 陶鬲（T18④：20）外、内、侧面照片

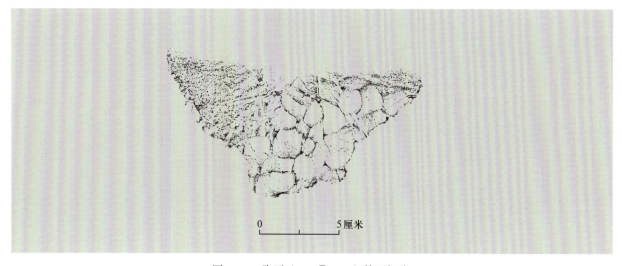

图2.110 陶鬲（T18④：20）外面拓片

6. 陶片

2件。

T18③：16，残。泥质灰陶。素面，有一"U"形器耳，器耳上有一竖向凹痕，器耳宽3、高2厘米。残长8.5、残宽6.6、厚0.7厘米（图2.111、图2.112）。

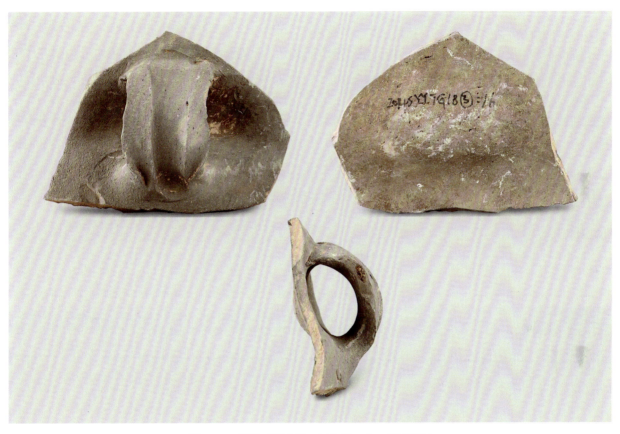

图2.111　陶片（T18③：16）外、内、侧面照片

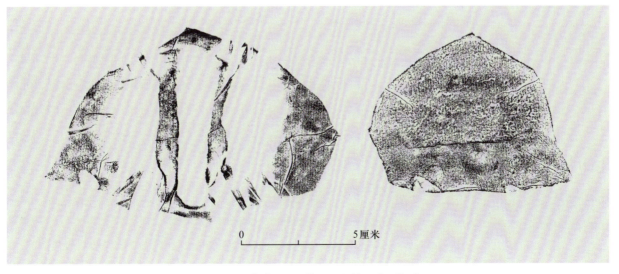

0   5厘米

图2.112　陶片（T18③：16）外、内面拓片

T18③：17，残。夹砂红陶。可能为陶釜残片。外面饰网格纹，内面为素面。残长6.1、残宽5.5、厚0.4厘米（图2.113、图2.114）。

图2.113　陶片（T18③：17）外、内面照片

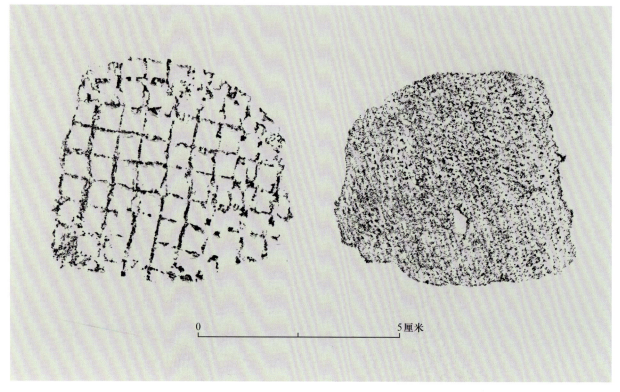

图2.114　陶片（T18③：17）外、内面拓片

7. 陶饼

4件。

T18③：1，灰色。圆形。一面素面，另一面有轮制痕迹，为利用残陶片二次加工而成。径4.1、厚0.9厘米（图2.115、图2.116；彩版32；图版32）。

图2.115　陶饼（T18③：1）正、背面照片

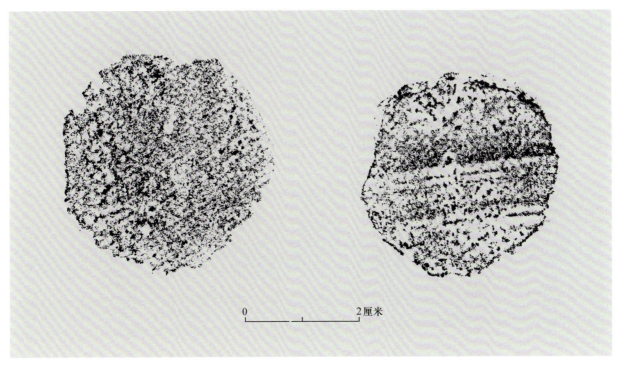

0 ————— 2厘米

图2.116　陶饼（T18③：1）正、背面拓片

T18⑤：5，残。灰色。近圆形。一面饰中粗交错绳纹，另一面饰篦纹，为利用板瓦二次加工而成。残长8.5、残宽8.3、厚1.3厘米（图2.117、图2.118）。

图2.117　陶饼（T18⑤：5）正、背面照片

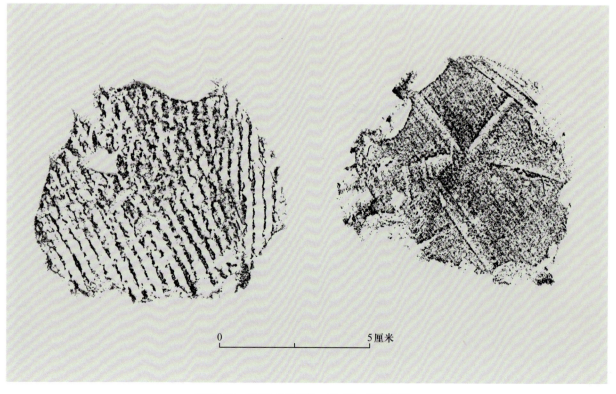

图2.118　陶饼（T18⑤：5）正、背面拓片

T18⑤：10，灰色。圆形。一面为素面，另一面有轮制痕迹，为利用残陶片二次加工而成。径5.8、厚1.2厘米（图2.119、图2.120；彩版33；图版33）。

图2.119　陶饼（T18⑤：10）正、背面照片

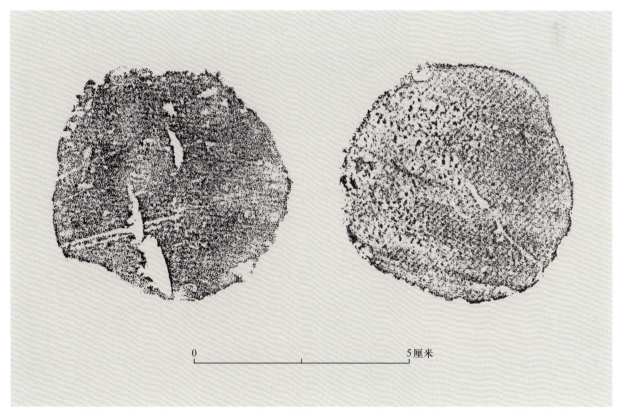

0　　　　　　　　　　　　　　　5厘米

图2.120　陶饼（T18⑤：10）正、背面拓片

T18⑤：11，残。灰色。近圆形。一面饰菱格纹，另一面饰细交错绳纹，为利用残砖块二次加工而成。残长10.5、残宽10、厚4厘米（图2.121、图2.122）。

图2.121　陶饼（T18⑤：11）正、背面照片

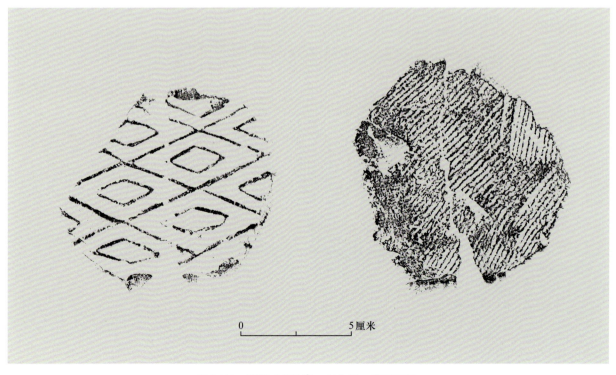

0　　　　　　　　5厘米

图2.122　陶饼（T18⑤：11）正、背面拓片

8. 纺轮

2件。

T18④：9，残。红褐色。呈圆锥形，中心有一圆孔，孔径0.9厘米，表面饰数周凸弦纹。径5.5、厚2.4厘米（图2.123、图2.124；彩版34；图版34）。

图2.123　纺轮（T18④：9）正、侧面照片

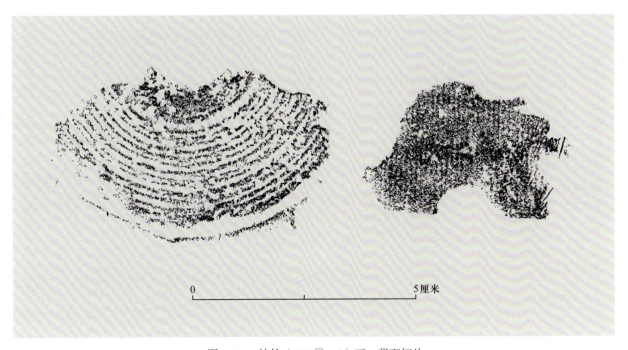

0　　　　　　　　　　5厘米

图2.124　纺轮（T18④：9）正、背面拓片

　　T18④：10，灰色。圆形。一面饰中粗绳纹，另一面饰布纹，为利用板瓦二次加工而成，外轮边沿打磨平整，中心有一圆孔，孔径0.8、径10.9、厚1厘米（图2.125、图2.126；彩版35；图版35）。

图2.125　纺轮（T18④：10）正、背面照片

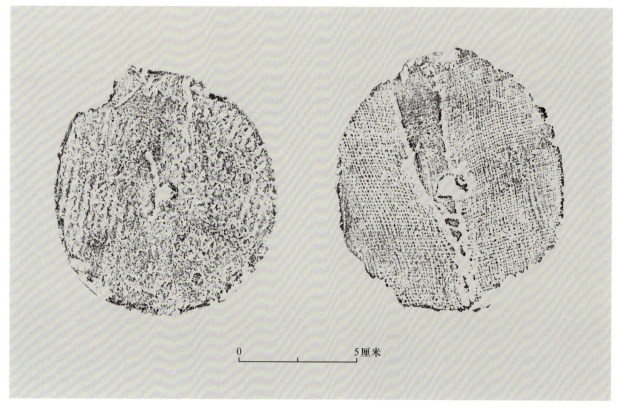

图2.126　纺轮（T18④：10）正、底面拓片

（三）瓷器

3件，均为残片。据表面釉色不同，分为两种。

1. 酱釉瓷片

2件。

T18②：1，内外面均施酱釉。残长4.7、残宽4、厚1.1厘米（图2.127）。

T18②：3，内外面均施酱釉。残长3.6、残宽2.8、厚0.4厘米（图2.128）。

图2.127　酱釉瓷片（T18②：1）外、内面照片

图2.128　酱釉瓷片（T18②：3）外、内面照片

2. 白瓷片

1件。T18②：2，内外施白釉，釉色略泛青。残长4.5、残宽4、厚0.3～0.5厘米（图2.129）。

图2.129　白瓷片（T18②：2）外、内面照片

（四）铁器

1件。为铁钉。T18③：2，残。锈蚀严重。为方锥形圆帽铁钉。钉通长3.8、钉帽径3.8厘米（图2.130、图2.131）。

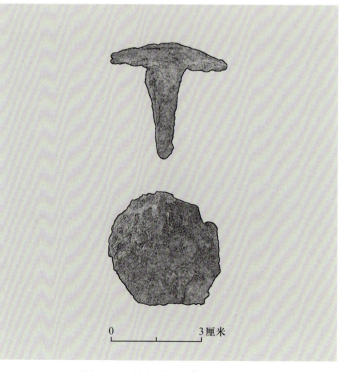

图2.130　铁钉（T18③：2）正面、顶部照片　　　　图2.131　铁钉（T18③：2）线图

第二节 遗 迹

清理遗迹三种9个（表2.1），包括灰坑7座、坑1座、井1口。分别介绍如下（图2.132 ~ 图2.134）。

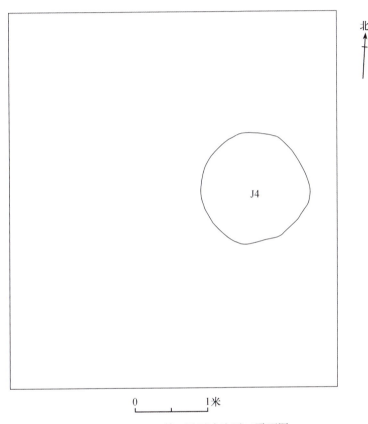

北

0 1米

图2.132 T18第3层下遗迹开口平面图

一、灰 坑

清理7座，其中开口于第4层下3座、第5层下4座。分别介绍如下。

（一）H58

位于T18的东南部。第4层下开口，打破第5层、H60。平面呈近长方形。斜壁，底近平。开口东西长1.56 ~ 1.6、南北宽0.64 ~ 0.68、深0.16 ~ 0.2米。填土呈灰褐色，无分层现象，土质软，结构疏松，内含较多绳纹瓦片、陶器残片，陶器可辨器型有陶盆、陶罐、陶釜（图2.135、图2.136）。

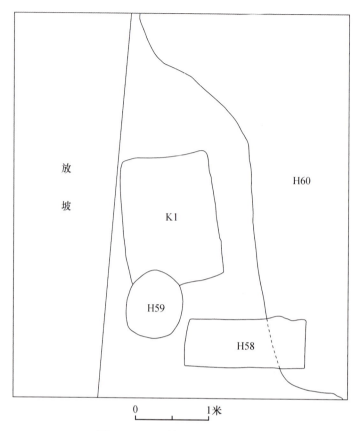

北

图2.133　T18第4层下遗迹开口平面图

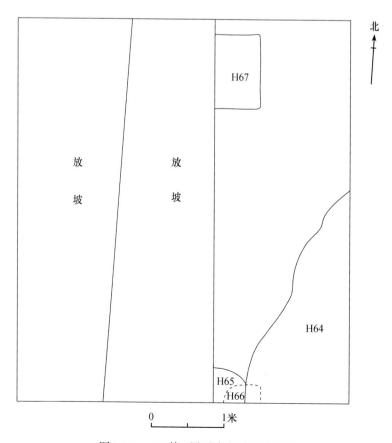

北

图2.134　T18第5层下遗迹开口平面图

出土标本12件，分建筑材料、陶器两类。分别介绍如下。

1. 建筑材料

仅见板瓦1种。

板瓦

3件。据表面绳纹粗细不同，分属B、C两型。

图2.135　H58全景照（南—北）

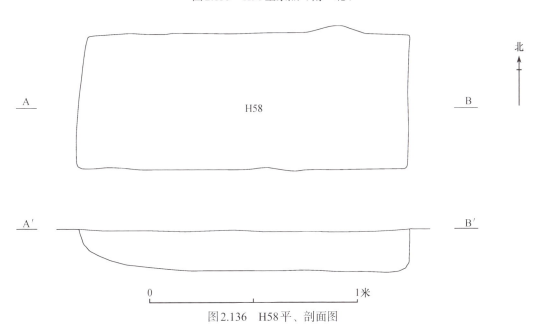

图2.136　H58平、剖面图

B型　2件,分两亚型。

Ba1型　1件。表面饰中粗交错绳纹,内面素面。H58:1,残。灰陶。残长6.3、残宽10、厚1.4厘米(图2.137、图2.138)。

图2.137　Ba1型板瓦(H58:1)表、内面照片

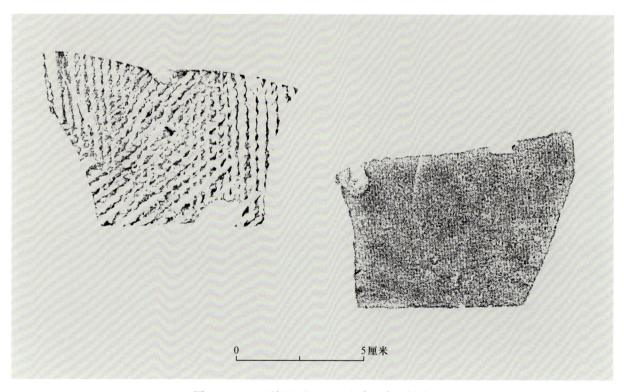

0　　　　　　　　　5厘米

图2.138　Ba1型板瓦(H58:1)表、内面拓片

Bb1型 1件。表面饰中粗斜绳纹，内面素面。H58：2，残。灰陶。残长8、残宽9、厚1.2厘米（图2.139、图2.140）。

图2.139 Bb1型板瓦（H58：2）表、内面照片

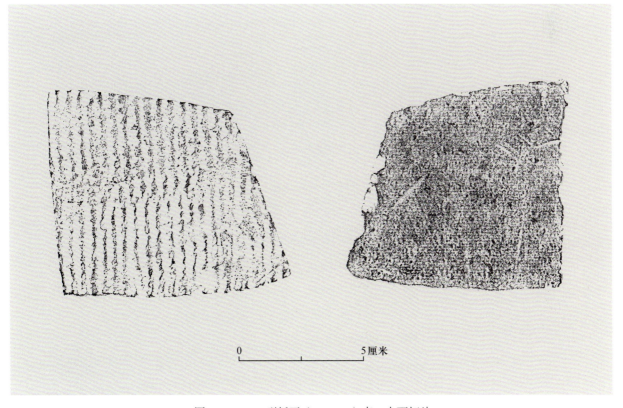

0 　　　　　　　　 5厘米

图2.140 Bb1型板瓦（H58：2）表、内面拓片

C型 1件，属Cb3型。表面饰粗斜绳纹，内面饰篦纹。H58：3，残。灰陶。小头有绳纹抹平部分宽4厘米。残长16.8、残宽9.2、厚1厘米（图2.141、图2.142）。

图2.141 Cb3型板瓦（H58：3）表、内面照片

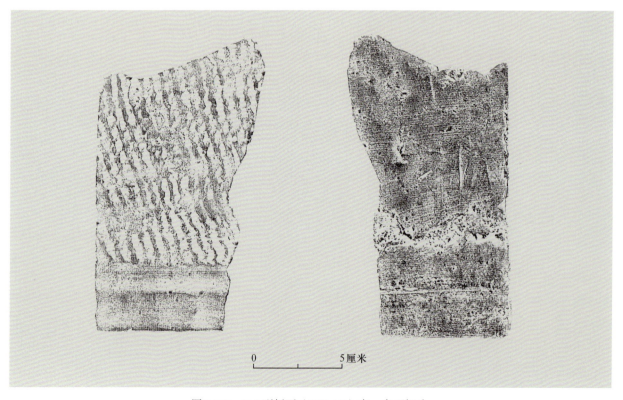

图2.142 Cb3型板瓦（H58：3）表、内面拓片

2. 陶器

根据用途，有盆、罐、釜三种。分别介绍如下。

（1）盆

6件。

H58：5，残。泥质灰陶。侈口，外折沿，方唇，斜弧腹，内外均素面，内面轮制痕迹明显。沿宽3.4、残高10.5、厚0.8厘米（图2.143、图2.144）。

图2.143 陶盆（H58：5）外、内、侧面照片

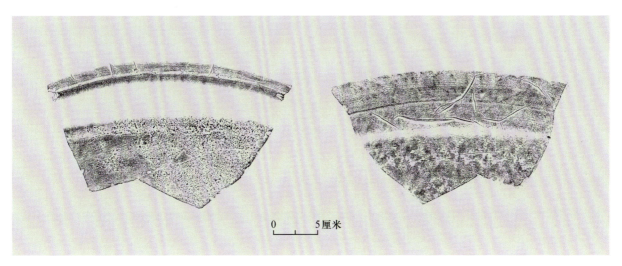

0 5厘米

图2.144 陶盆（H58：5）外、内面拓片

H58：6，残。泥质灰陶。侈口，外折沿，圆唇，斜弧腹，内外均素面，内面轮制痕迹明显。沿宽2.9、残高24.5、厚0.6～1.1厘米（图2.145、图2.146）。

图2.145　陶盆（H58：6）外、内、侧面照片

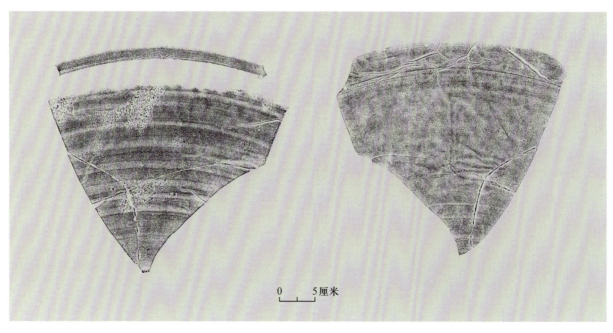

0　　5厘米

图2.146　陶盆（H58：6）外、内面拓片

H58：7，残。泥质灰陶。侈口，外折沿，斜方唇，斜弧腹，腹部微鼓，腹部以下斜内收，平底，内外均素面，内面轮制痕迹明显。复原口径30.3、沿宽1.7、底径14.8、高12.6、壁厚1.4厘米（图2.147、图2.148；彩版36；图版36）。

图2.147　陶盆（H58：7）正面照片

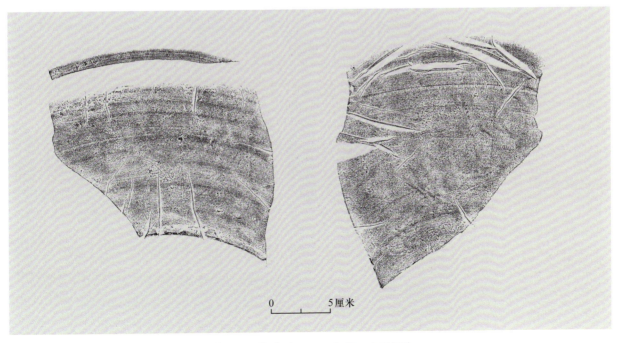

0　　　5厘米

图2.148　陶盆（H58：7）外、内面拓片

H58：8，残。可复原。泥质灰陶。侈口，外折沿，圆唇，斜弧腹，平底，内外均素面，内面轮制痕迹明显。复原口径28.6、沿宽1.2、底径14.3、高13.4、壁厚1.3厘米（图2.149、图2.150；彩版37；图版37）。

图2.149 陶盆（H58：8）正面照片

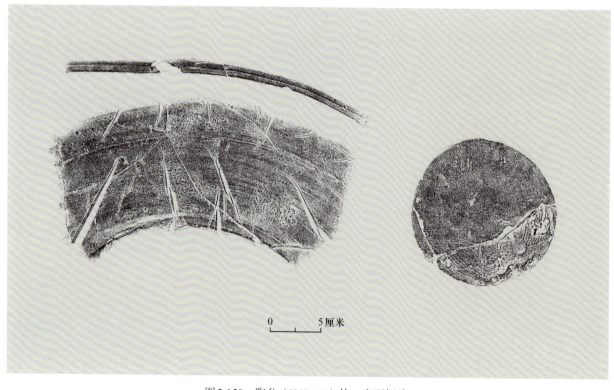

0   5厘米

图2.150 陶盆（H58：8）外、底面拓片

H58：9，残。可复原。泥质灰陶。侈口，外折沿，圆唇，斜弧腹，平底，内外均素面，内面轮制痕迹明显。口径26.5、沿宽1.9、底径13.4、高10.6、壁厚0.8厘米（图2.151、图2.152；彩版38；图版38）。

图2.151　陶盆（H58：9）正面照片

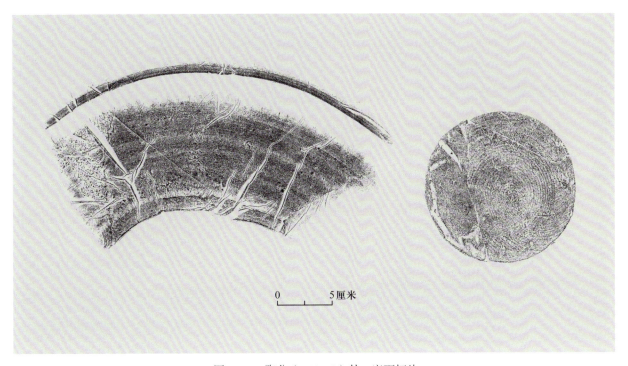

0　　　5厘米

图2.152　陶盆（H58：9）外、底面拓片

H58：10，残。可复原。泥质灰陶。侈口，外折沿，圆唇，斜弧腹，平底，内外均素面，下腹部饰数周凸弦纹，内面素面，轮制痕迹明显。复原口径24.9、沿宽2、底径11.9、高10.7、壁厚0.7厘米（图2.153、图2.154；彩版39；图版39）。

图2.153 陶盆（H58：10）正面照片

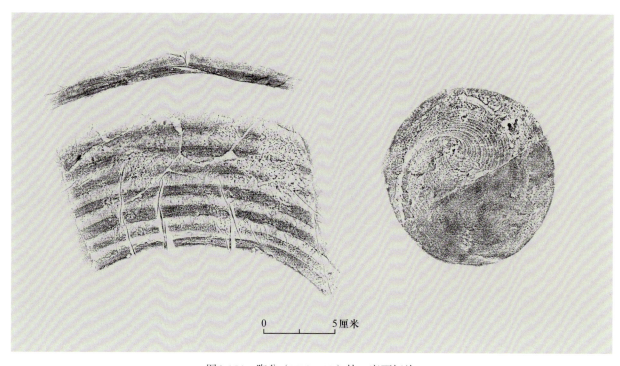

0   5厘米

图2.154 陶盆（H58：10）外、底面拓片

（2）罐

1件。H58：4，残。泥质灰陶。小口，斜沿，方唇，斜肩，肩部饰细绳纹、凹弦纹，内面素面，轮制痕迹明显。残高4.3、厚0.7～0.9厘米（图2.155、图2.156）。

图2.155　陶罐（H58：4）外、内、侧面照片

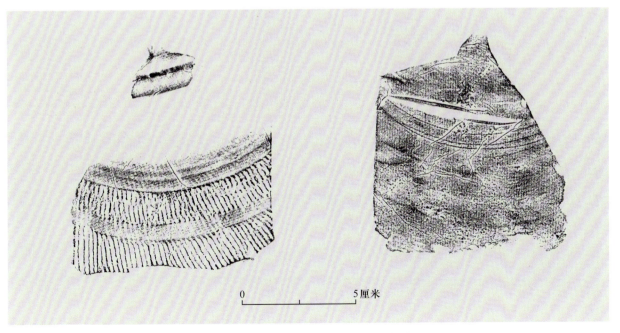

图2.156　陶罐（H58：4）外、内面拓片

（3）釜

2件。

H58：11，残。夹砂灰陶。侈口，窄沿，方唇，广肩，斜腹，腹部饰一周凹弦纹及细斜绳纹，内面素面，轮制痕迹明显。复原口径15、沿宽1.3、残高14、厚0.6厘米（图2.157、图2.158）。

图2.157 陶釜（H58：11）外、内、侧面照片

图2.158 陶釜（H58：11）外、内面拓片

H58：12，残。夹砂红陶。侈口，斜沿，尖唇，弧肩，斜弧腹，腹部饰网格纹，内面素面，轮制痕迹明显。复原口径25.2、沿宽1.1、残高14、厚0.9厘米（图2.159、图2.160）。

图2.159　陶釜（H58：12）外、内、侧面照片

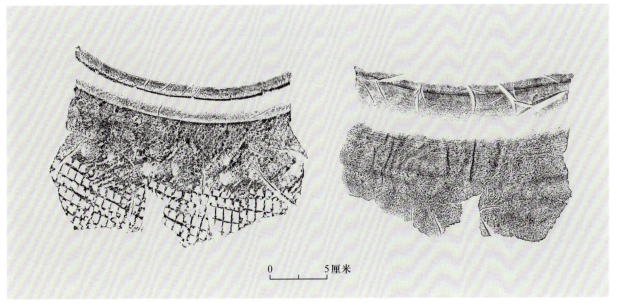

图2.160　陶釜（H58：12）外、内面拓片

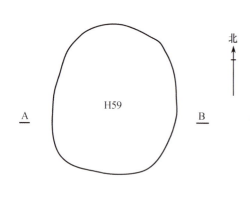

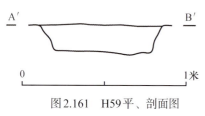

图2.161　H59平、剖面图

（二）H59

位于T18南部。第4层下开口，打破K1、第5层。平面呈椭圆形。斜壁，底不平。开口南北长0.8～0.88、东西宽0.7～0.76、深0.14～0.18米。填土呈灰褐色，无分层现象，土质稍硬，结构较致密，内含少量木炭颗粒、灰土颗粒，无遗物出土（图2.161）。

（三）H60

位于T18东部。其北、东、南部均延伸出北、东、南壁。第4层下开口，打破H64、第5层，被J4、H58打破。平面呈不规则形。斜壁，底不平。开口南北长5、东西宽2.8、深0.7～0.96米。填土呈灰褐色，无分层现象，土质较软，结构较疏松，内含少量木炭颗粒、灰土颗粒（图2.162）。

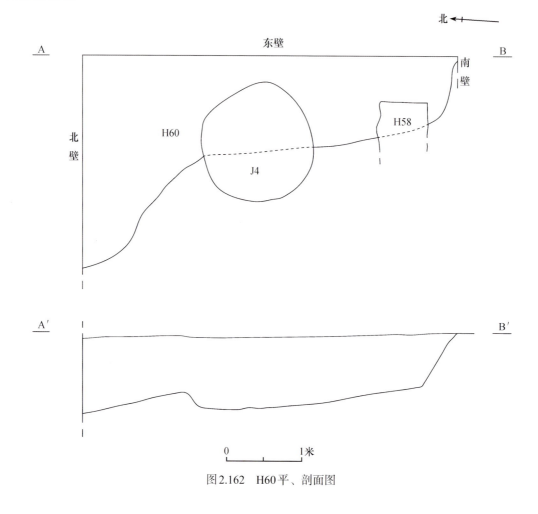

图2.162　H60平、剖面图

出土标本2件，为璧形玉、纺轮两种。分别介绍如下。

（1）璧形玉

1件。H60：1，残。白色。圆形。中间有一圆孔，孔径0.3厘米，钻孔方式为两面对钻。径2.5、厚0.4厘米（图2.163、图2.164）。

图2.163　璧形玉（H60：1）正、背、侧面照片

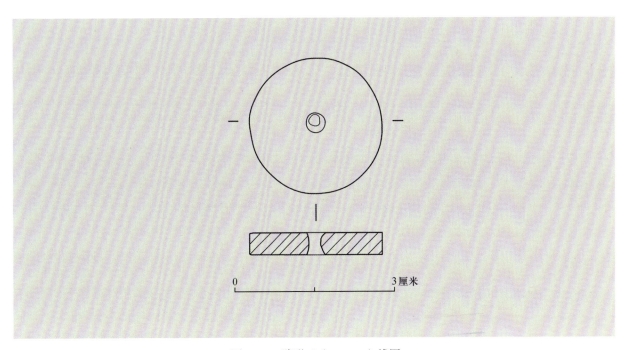

图2.164　璧形玉（H60：1）线图

（2）纺轮

1件。H60：2，残。灰色。呈圆锥形。中心有一圆孔，孔径0.8～0.9厘米，表面饰数周凸弦纹，底部有工具刮痕。径5.4、厚2厘米（图2.165、图2.166；彩版40；图版40）。

图2.165　纺轮（H60：2）正面、顶、底部照片

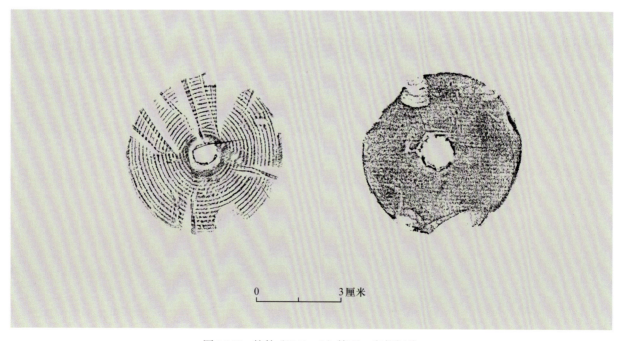

0　　　　　3厘米

图2.166　纺轮（H60：2）外面、底部拓片

（四）H64

位于T18东南部。其东、南部均延伸出东、南壁。第5层下开口，打破H65、H66、第6层，被H60打破。平面呈不规则形。斜壁，底不平。开口南北长2.78、东西宽1.4、深0.1～0.8米。填土呈灰褐色，无分层现象，土质软，结构较疏松，内含少量木炭粒、瓦片、陶片、砖块，陶器可辨器型有陶盆、钵、釜等（图2.167）。

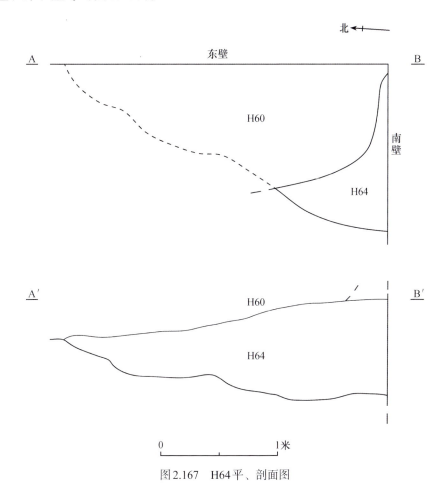

图2.167　H64平、剖面图

出土标本11件，分建筑材料、陶器两类。分别介绍如下。

1. 建筑材料

根据用途，有砖、板瓦两种。分别介绍如下。

（1）砖

2件。据纹饰不同，分两种。

花纹砖　1件。H64：1，残。灰色。一面饰菱形纹、三角形纹、乳钉纹、桃心形纹，另一面饰小菱形纹。残长10、残宽6.2、厚3.8厘米（图2.168、图2.169）。

图2.168　花纹砖（H64∶1）正、背、侧面照片

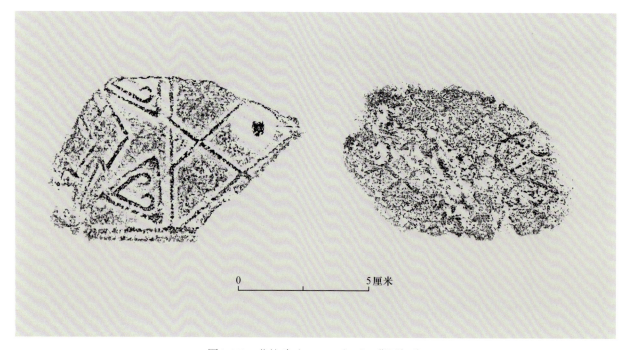

图2.169　花纹砖（H64∶1）正、背面拓片

菱格纹砖　1件。H64：2，残。灰色。一面饰菱格纹，另一面素面。残长11.3、宽8.2～8.8、厚3.2厘米（图2.170、图2.171）。

图2.170　菱格纹砖（H64：2）正、背、侧面照片

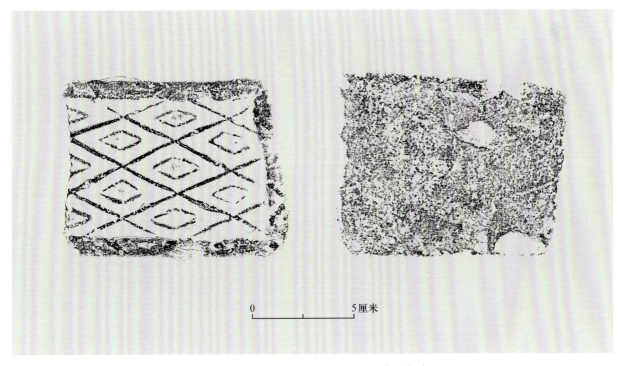

0　　　　　　　5厘米

图2.171　菱格纹砖（H64：2）正、背面拓片

（2）板瓦

2件。据表面绳纹粗细，分属B、D两型。分别介绍如下。

B型　1件，属Bb3型。表面饰中粗斜绳纹，内面饰篦纹。H64：4，残。灰陶。残长4.8、残宽8.8、厚1.2厘米（图2.172、图2.173）。

图2.172　Bb3型板瓦（H64：4）表、内面照片

图2.173　Bb3型板瓦（H64：4）表、内面拓片

　　D型　1件，属D3型。表面素面，内面饰篦纹。H64：3，残。灰陶。残长7.8、残宽12.5、厚1.6厘米（图2.174、图2.175）。

图2.174　D3型板瓦（H64：3）表、内面照片

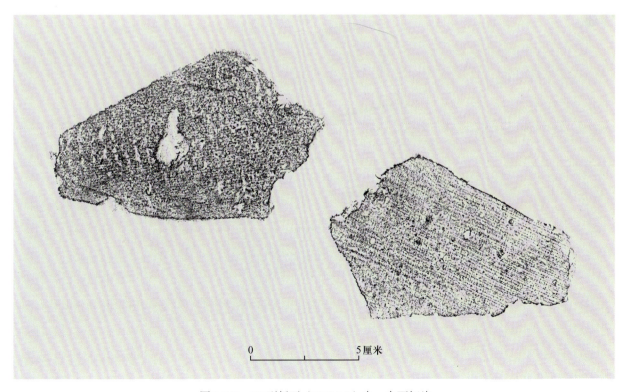

图2.175　D3型板瓦（H64：3）表、内面拓片

2. 陶器

根据用途，有盆、钵、釜三种，另有器型不可辨陶片4件。分别介绍如下。

（1）盆

1件。H64：5，残。泥质灰陶。侈口，外折沿，斜腹，腹部饰细斜绳纹，绳纹中部饰两周凹弦纹将绳纹分隔成三部分，内面素面，轮制痕迹明显。复原口径32、沿宽1.1、残高14、厚0.6~1厘米（图2.176、图2.177）。

图2.176　陶盆（H64：5）外、内、侧面照片

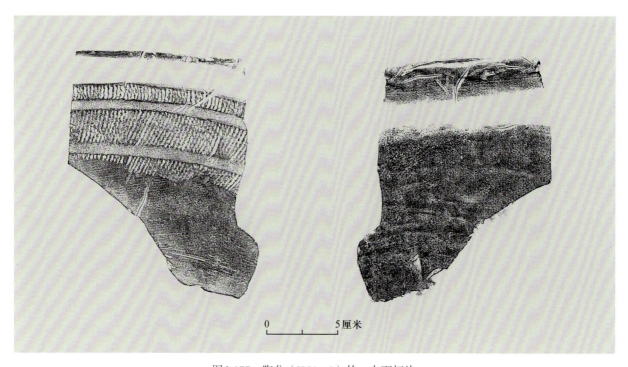

图2.177　陶盆（H64：5）外、内面拓片

（2）钵

1件。H64：6，残。泥质灰陶。敛口，窄平沿，斜弧腹，内外均素面，内面轮制痕迹明显，腹部钻一圆孔，应为修补时所钻，孔径0.5厘米。复原口径23.8、沿宽1.1、残高7、厚0.6～0.9厘米（图2.178、图2.179）。

图2.178　陶钵（H64：6）外、内、侧面照片

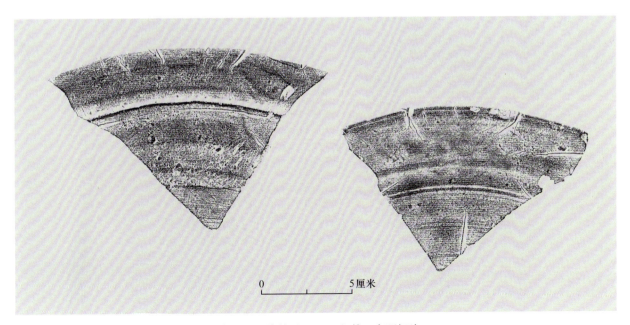

0　　　　　　　5厘米

图2.179　陶钵（H64：6）外、内面拓片

（3）釜

1件。H64：7，残。夹砂灰陶。敛口，平沿，尖唇，斜腹，腹部上部饰五周凹弦纹，凹弦纹下饰抹平斜绳纹、压印纹，内面素面，轮制痕迹明显。沿宽1.6、残高14、厚0.8厘米（图2.180、图2.181）。

图2.180　陶釜（H64：7）外、内、侧面照片

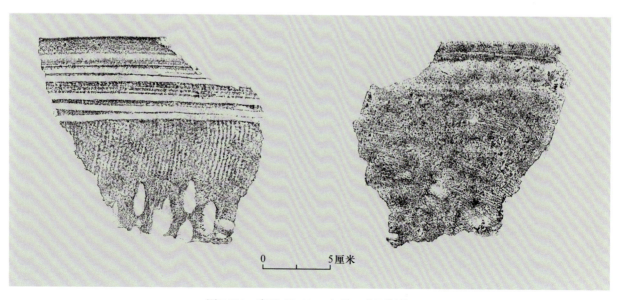

图2.181　陶釜（H64：7）外、内面拓片

（4）陶片

4件。

H64：8，夹砂灰陶。外面饰中粗斜绳纹、压印纹，内面素面，轮制痕迹明显。残长11、残宽8、厚0.7厘米（图2.182、图2.183）。

图2.182 陶片（H64：8）外、内面照片

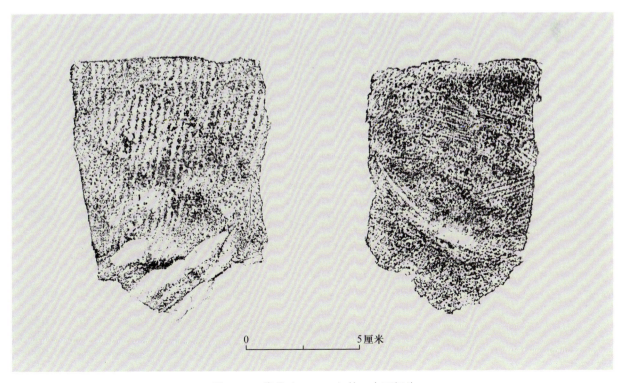

图2.183 陶片（H64：8）外、内面拓片

H64：9，夹砂灰陶。外面饰细交错绳纹、压印纹，内面素面，轮制痕迹明显。残长8、残宽8、厚0.6厘米（图2.184、图2.185）。

图2.184　陶片（H64：9）外、内面照片

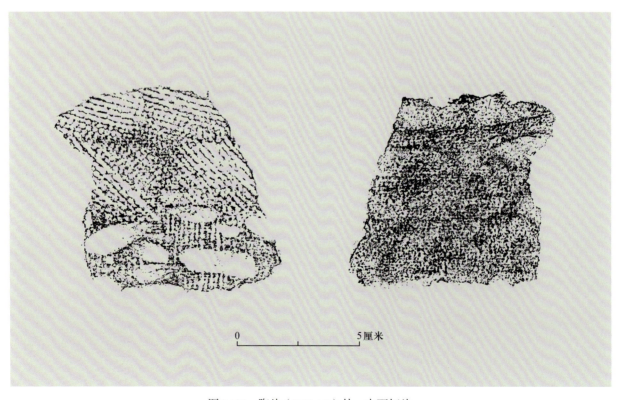

图2.185　陶片（H64：9）外、内面拓片

　　H64：10，夹砂灰陶。外面饰压印纹，内面有轮制痕迹。似鬲片。残长8、残宽7.3、厚0.6厘米（图2.186、图2.187）。

图2.186　陶片（H64：10）外、内面照片

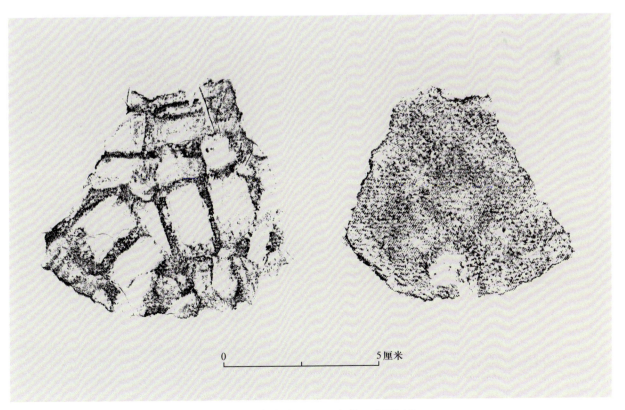

0　　　　　　　　　5厘米

图2.187　陶片（H64：10）外、内面拓片

H64：11，泥质灰陶。外饰间断绳纹，内面素面，轮制痕迹明显。残长13、残宽7、厚1.1～1.5厘米（图2.188、图2.189）。

图2.188　陶片（H64：11）外、内面照片

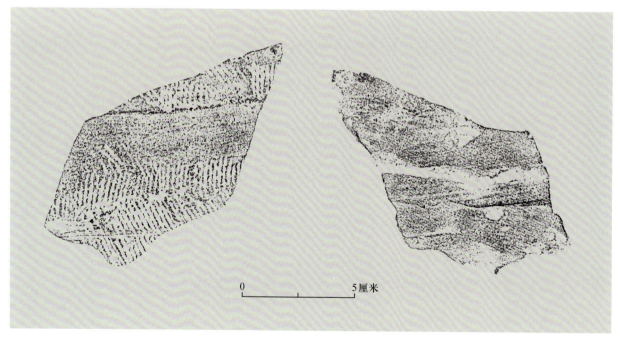

0　　　　　　　5厘米

图2.189　陶片（H64：11）外、内面拓片

（五）H65

位于T18南部。西部延伸进放坡西壁。第5层下开口，打破H66、第6层。平面呈不规则形。斜

壁，底近平。开口东西发掘长0.46、南北发掘宽0.34、深0.48米。填土呈灰褐色，无分层现象，土质较软，结构较疏松，内含少量木炭粒，无遗物出土（图2.190）。

（六）H66

位于T18南部。其南部均延伸南壁。第5层下开口，打破第6层，被H64、H65打破。平面呈不规则形。斜壁，底近平。开口东西发掘长0.4、南北发掘宽0.24、深0.36米。填土呈灰褐色，无分层现象，土质软，结构较疏松，内含少量木炭粒、红烧土粒，无遗物出土（图2.191）。

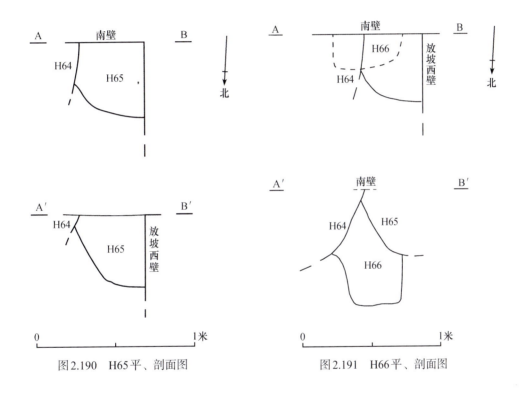

图2.190 H65平、剖面图　　图2.191 H66平、剖面图

（七）H67

位于T18北部。其西部均延伸进放坡西壁。第5层下开口，打破第6层。平面呈长方形。近直壁，底近平。开口南北长0.96～0.98、东西发掘宽0.6、深0.66米。填土呈浅褐色，无分层现象，土质软，结构较疏松，内含少量木炭粒、灰土粒，无遗物出土（图2.192）。

二、坑

清理1座，开口于第4层下。介绍如下。

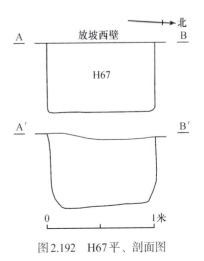

图2.192 H67平、剖面图

K1

位于T18中部。第4层下开口，打破第5层，被J4、H59打破。平面呈长方形。斜壁，底不平，整体呈南高北低，中部凹。开口南北长1.67、东西宽1.22～1.27、深0.08～0.22米。填土呈褐色，无分层现象，土质软，结构疏松，内含少量瓦片、砖块、陶器残片。从该坑揭露面积的形状、结构分析，应为牛坑。其内牛骨有明显火烧痕迹，未发现头骨，坑内存部分脊椎骨、肋骨、股骨等，用途不详。为保护遗存，发掘清理后原状回填（图2.193、图2.194）。

图2.193　K1全景照（西—东）

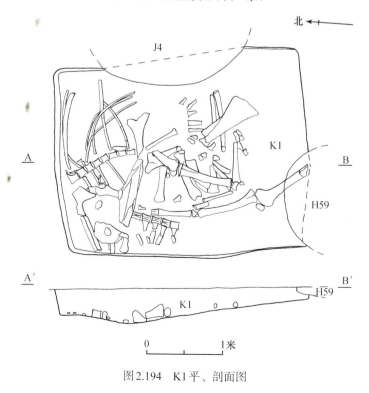

图2.194　K1平、剖面图

出土遗物残片占探方出土遗物总数的2.51%。据坑内出土器物残片统计，板瓦占10.52%，其中Bc1型占5.26%，Bb1型占5.26%。陶片占63.15%，其中凹弦纹占5.26%，间断绳纹占5.26%，素面占52.63%。砖占26.31%，其中绳纹砖占5.26%，素面砖占21.05%（表2.8）。

表2.8 T18K1出土遗物数量统计表

名称	分型	灰陶/件	百分比/%	总百分比/%
板瓦	Bc1	1	5.26	10.52
	Bb1	1	5.26	
陶器	凹弦纹	1	5.26	63.15
	间断绳纹	1	5.26	
	素面	10	52.63	
砖	绳纹	1	5.26	26.31
	素面	4	21.05	
合计	/	19	100.00	

出土标本共4件，均为建筑材料，分砖、瓦两种。分别介绍如下。

1. 砖

2件。据形制不同分两种。分别介绍如下。

子母砖 1件。K1：3，残。灰色。两面均为素面，一端的凸起部分呈半圆形。残长12.1、宽17.2、厚4厘米（图2.195、图2.196；彩版41；图版41）。

图2.195 子母砖（K1：3）正、背、侧面照片

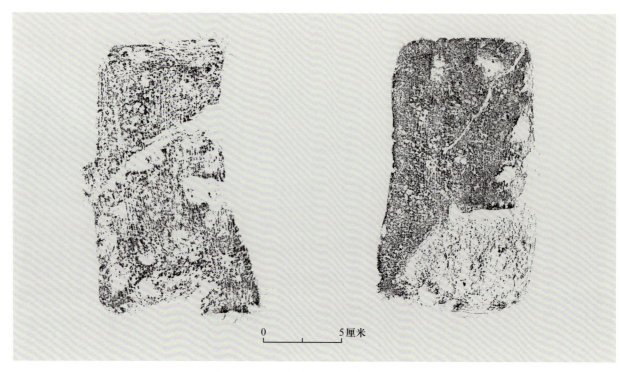

0   5厘米

图2.196　子母砖（K1：3）正、背面拓片

条砖　1件。K1：4，残。灰色。一面饰粗斜绳纹，另一面为素面。残长29.7、宽14、厚5厘米（图2.197、图2.198）。

图2.197　条砖（K1：4）正、背、侧面照片

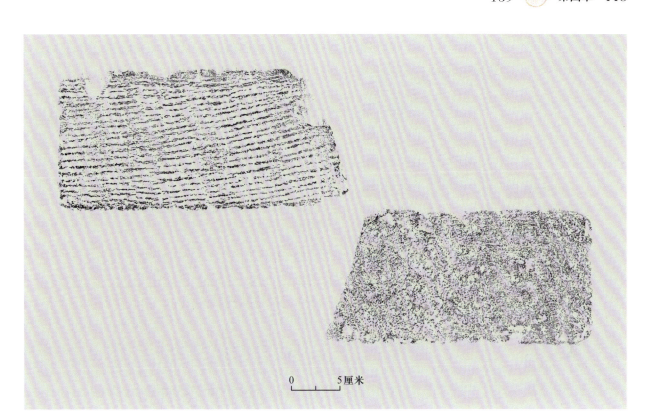

0 5厘米

图2.198 条砖（K1：4）正、背面拓片

2. 板瓦

2件。据表面绳纹粗细，分属B、C两型。分别介绍如下。

Bb1型 1件。表面饰中粗斜绳纹，内面素面。K1：1，残。灰陶。残长4.5、残宽4.5、厚1.5厘米（图2.199、图2.200）。

Cb3型 1件。表面饰粗斜绳纹，内面饰篦纹。K1：2，残。灰陶。残长3.5、残宽5、厚1.2厘米（图2.201、图2.202）。

图2.199 Bb1型板瓦（K1：1）表、内面照片

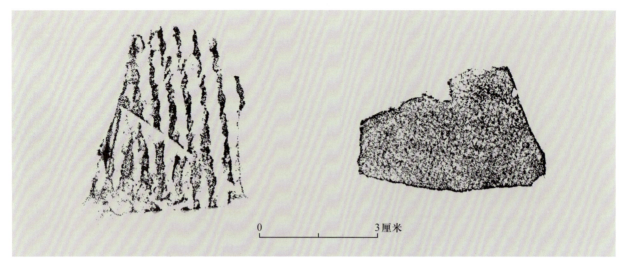

图2.200　Bb1型板瓦（K1：1）表、内面拓片

图2.201　Cb3型板瓦（K1：2）表、内面照片

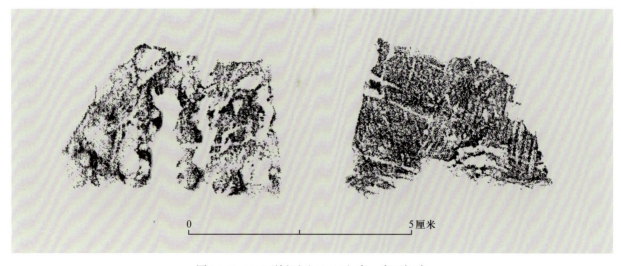

图2.202　Cb3型板瓦（K1：2）表、内面拓片

三、井

1口，开口于第3层下，介绍如下。

J4

位于T18的东部。第3层下开口，打破K1、H60、H64、第4～6层。平面呈近圆形。斜壁，底近平。井口直径1.5、井底直径2.1、深6.03米（图2.203、图2.204）。填土根据土质、土色及包含物的不同，井内填土可分为7层。分别介绍如下。

第1层：浅黄色面沙土。厚0.22米。土质软，结构疏松。无包含物。

第2层：浅褐色淤土。距开口0.22、厚0.4米。土质较软，结构较疏松。内含少量木炭粒。

第3层：褐色淤土。距开口0.6、厚1.2米。土质较软，结构较疏松。内含少量瓦片、陶片、木炭粒。

第4层：黄色淤土。距开口1.8、厚0.82米。土质较硬，结构较致密。内含少量瓦片、陶器残片。

第5层：浅灰色杂土。距开口2.6、厚2.5米。土质较软，结构较疏松。内含较多木炭粒、灰土粒、瓦片、陶片，出土铜钱一枚，锈蚀严重，字迹不可辨识。

第6层：灰褐色淤土。距开口5.1、厚0.2米。土质较硬，结构较致密。内含少量瓦片、陶片，出土动物牙齿一枚。

第7层：灰色杂土。距开口5.3、厚0.74米。土质较

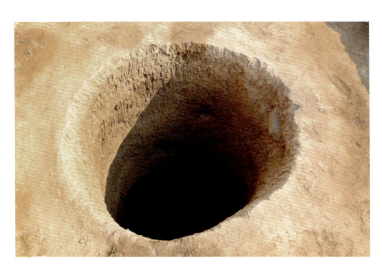

图2.203　J4全景照（北—南）

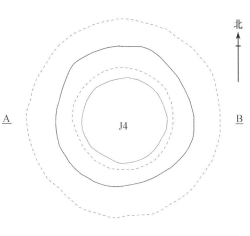

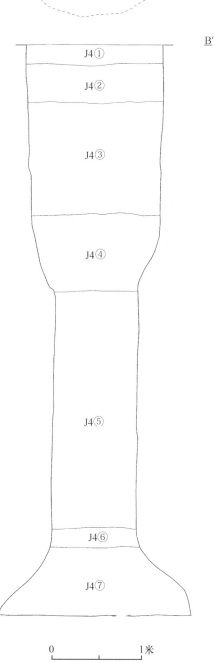

图2.204　J4平、剖面图

软，结构较疏松。内含较多瓦片、陶器残片，出土有鹿角、璧形玉各1件。

出土标本64件，有建筑材料、陶器、玉石器、铁器、铜器、钱币、骨牙器七类。分别介绍如下。

1. 建筑材料

根据用途，有空心砖、板瓦、筒瓦三种。

（1）空心砖

2件。

J4⑦：1，残。灰陶。外面饰细斜绳纹，内面饰布纹。残长25.3、残宽9.4、厚0.8～1.4、残高5厘米（图2.205、图2.206）。

图2.205　空心砖（J4⑦：1）外、内、侧面照片

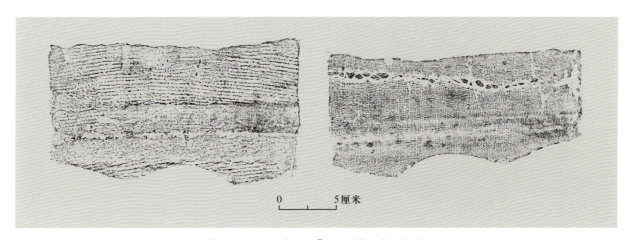

0 ⎯⎯⎯ 5厘米

图2.206　空心砖（J4⑦：1）外、内面拓片

J4⑦：2，残。灰陶。外面饰细斜绳纹，内面饰布纹。残长15.8、残宽10.7、厚0.5～0.8、残高7.1厘米（图2.207、图2.208）。

图2.207　空心砖（J4⑦：2）外、内、侧面照片

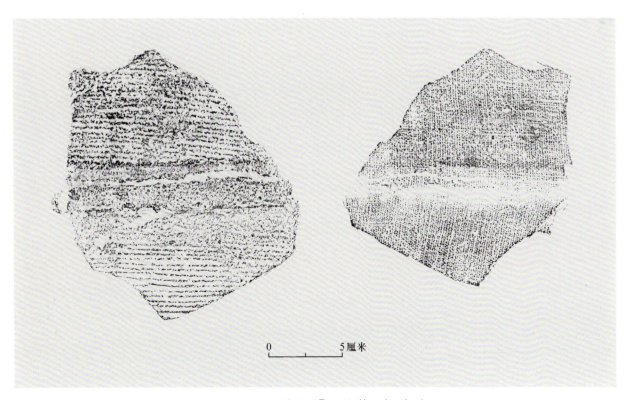

0 ——— 5厘米

图2.208　空心砖（J4⑦：2）外、内面拓片

（2）板瓦

28件。均为弧形板瓦。据表面绳纹粗细，分属A、B、C三型。分别介绍如下。

A型　3件。分两亚型。

Aa1型　2件。表面饰细交错绳纹，内面素面。

J4⑥：1，残。灰陶。残长10、残宽9、厚1.4厘米（图2.209、图2.210）。

图2.209　Aa1型板瓦（J4⑥：1）表、内面照片

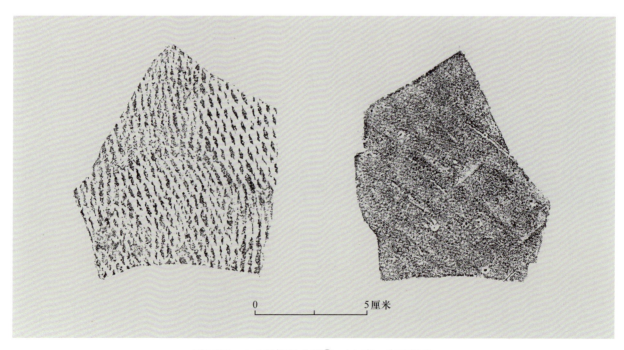

图2.210　Aa1型板瓦（J4⑥：1）表、内面拓片

J4⑦：4，残。灰陶。小头有绳纹抹平部分宽5厘米。残长22.6、残宽20.7、厚1.2厘米（图2.211、图2.212）。

图2.211　Aa1型板瓦（J4⑦：4）表、内面照片

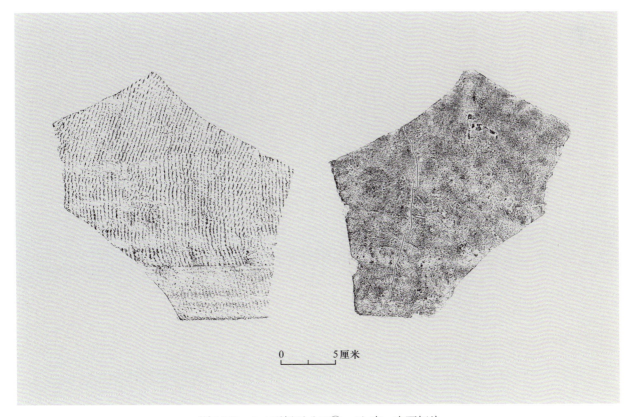

0　　　　5厘米

图2.212　Aa1型板瓦（J4⑦：4）表、内面拓片

Ac3型　1件。表面饰细直绳纹，内面饰篦纹。J4⑦∶3，残。灰陶。小头有绳纹抹平部分宽7.5厘米。残长21.3、残宽20.3、厚0.8厘米（图2.213、图2.214）。

图2.213　Ac3型板瓦（J4⑦∶3）表、内面照片

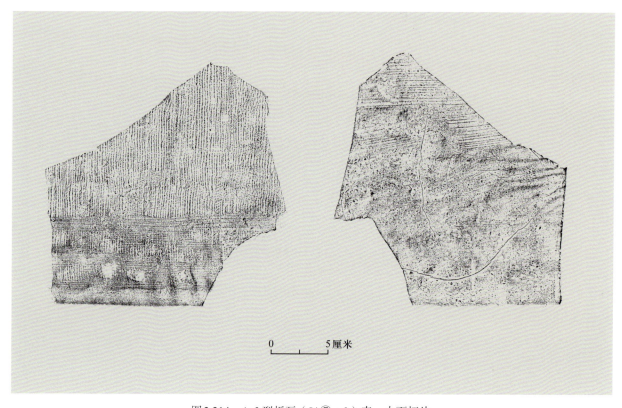

0　　　　5厘米

图2.214　Ac3型板瓦（J4⑦∶3）表、内面拓片

B型 10件。分四亚型。

Ba1型 5件。表面饰中粗交错绳纹，内面素面。

J4④：2，残。灰陶。残长11.5、残宽8、厚1.1厘米（图2.215、图2.216）。

图2.215 Ba1型板瓦（J4④：2）表、内面照片

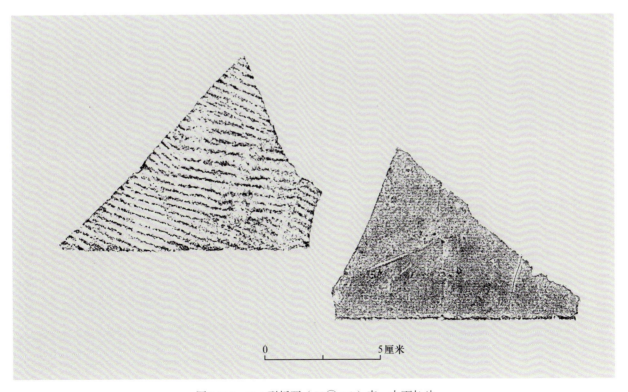

0   5厘米

图2.216 Ba1型板瓦（J4④：2）表、内面拓片

J4④：3，残。灰陶。残长9、残宽14、厚1.2厘米（图2.217、图2.218）。

图2.217 Ba1型板瓦（J4④：3）表、内面照片

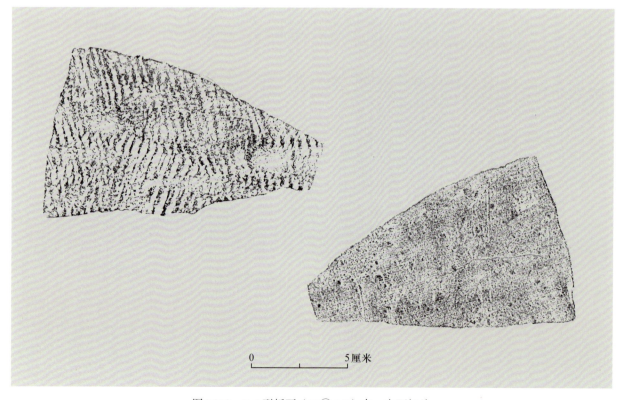

0　　　　　5厘米

图2.218 Ba1型板瓦（J4④：3）表、内面拓片

J4⑤：10，残。灰陶。内面残存少量工具划痕，小头有绳纹抹平部分宽6厘米。残长24、残宽15.5、厚1.2厘米（图2.219、图2.220）。

图2.219　Ba1型板瓦（J4⑤：10）表、内面照片

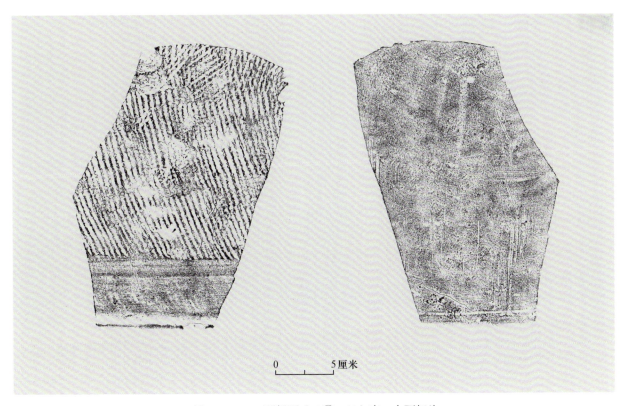

图2.220　Ba1型板瓦（J4⑤：10）表、内面拓片

J4⑥：2，残。灰陶。残长9、残宽10.5、厚1.2厘米（图2.221、图2.222）。

图2.221　Ba1型板瓦（J4⑥：2）表、内面照片

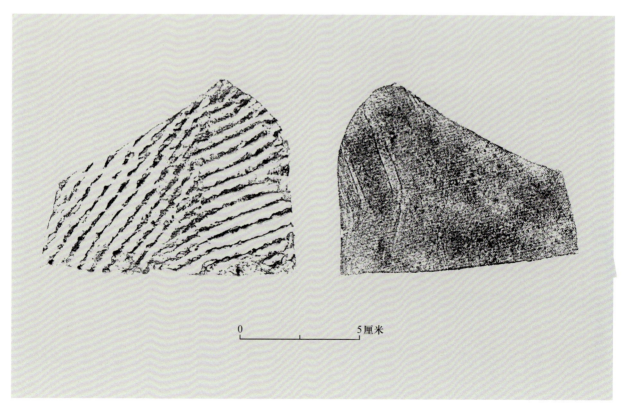

图2.222　Ba1型板瓦（J4⑥：2）表、内面拓片

J4⑦：5，残。灰陶。残长15、残宽17、厚0.8～1.3厘米（图2.223、图2.224）。

图2.223　Ba1型板瓦（J4⑦：5）表、内面照片

0　　　　5厘米

图2.224　Ba1型板瓦（J4⑦：5）表、内面拓片

Ba2型 1件。表面饰中粗交错绳纹，内面饰麻点纹。J4⑤：12，残。灰陶。小头有绳纹抹平部分宽7厘米。残长15.5、残宽21、厚1.1厘米（图2.225、图2.226）。

图2.225 Ba2型板瓦（J4⑤：12）表、内面照片

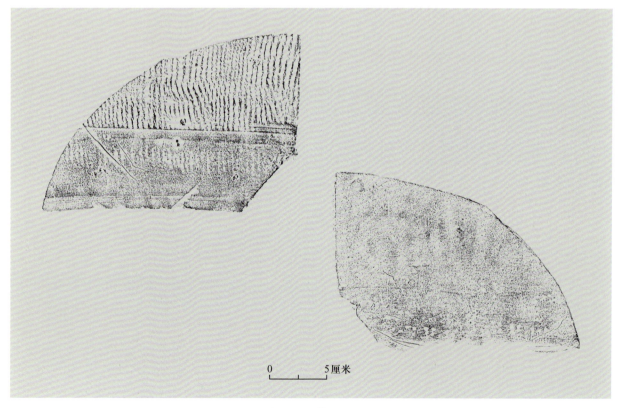

图2.226 Ba2型板瓦（J4⑤：12）表、内面拓片

Ba3型　1件。表面饰中粗交错绳纹，内面饰篦纹。J4⑦：9，残。灰陶。残长14.5、残宽19、厚1.1厘米（图2.227、图2.228）。

图2.227　Ba3型板瓦（J4⑦：9）表、内面照片

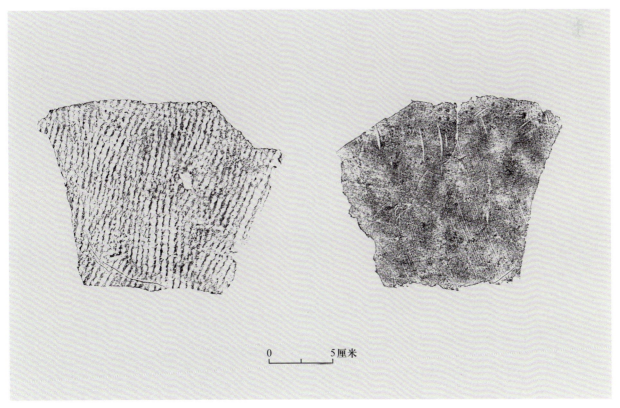

0　　　　　5厘米

图2.228　Ba3型板瓦（J4⑦：9）表、内面拓片

Bb3型　3件。表面饰中粗斜绳纹，内面饰篦纹。

J4④：4，残。灰陶。残长12、残宽10.7、厚1.2厘米（图2.229、图2.230）。

图2.229　Bb3型板瓦（J4④：4）表、内面照片

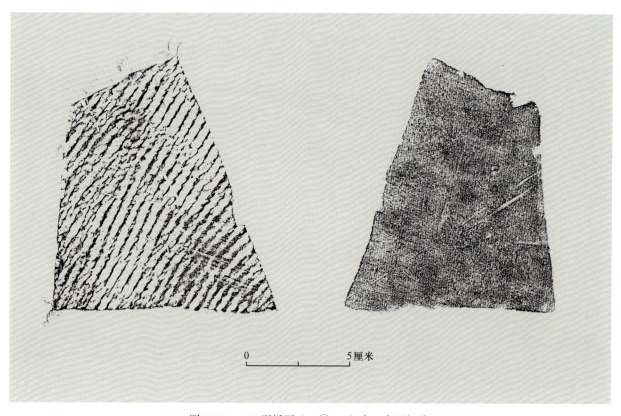

图2.230　Bb3型板瓦（J4④：4）表、内面拓片

J4④：6，残。灰陶。残长7、残宽8.5、厚1.1厘米（图2.231、图2.232）。

图2.231　Bb3型板瓦（J4④：6）表、内面照片

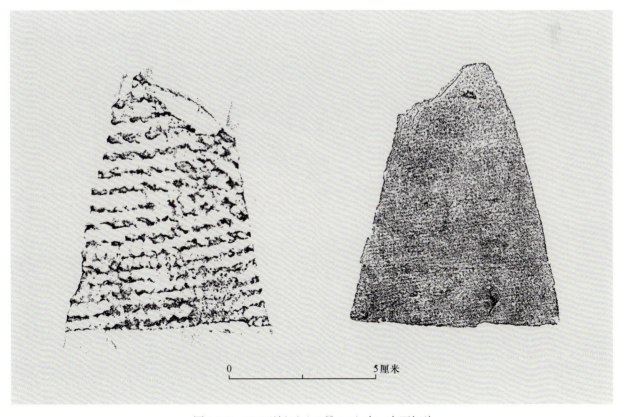

图2.232　Bb3型板瓦（J4④：6）表、内面拓片

J4⑤：11，残。灰陶。小头有绳纹抹平部分宽6厘米。残长20.2、残宽22.5、厚0.7～1.5厘米（图2.233、图2.234）。

图2.233　Bb3型板瓦（J4⑤：11）表、内面照片

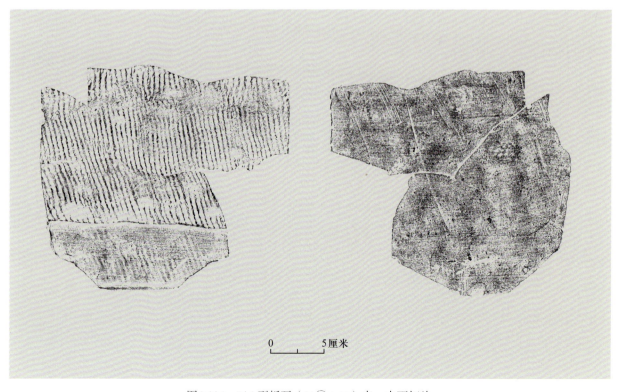

0　　　　　5厘米

图2.234　Bb3型板瓦（J4⑤：11）表、内面拓片

C型 15件，分四亚型。

Ca1型 2件。表面饰粗交错绳纹，内面素面。

J4③：1，残。灰陶。残长20.1、残宽24.7、厚1.4～1.8厘米（图2.235、图2.236）。

图2.235 Ca1型板瓦（J4③：1）表、内面照片

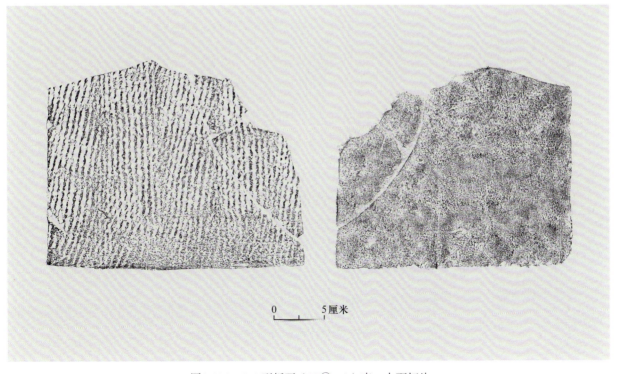

0 5厘米

图2.236 Ca1型板瓦（J4③：1）表、内面拓片

J4③：2，残。灰陶。残长6.8、残宽14.3、厚1.5厘米（图2.237、图2.238）。

图2.237 Ca1型板瓦（J4③：2）表、内面照片

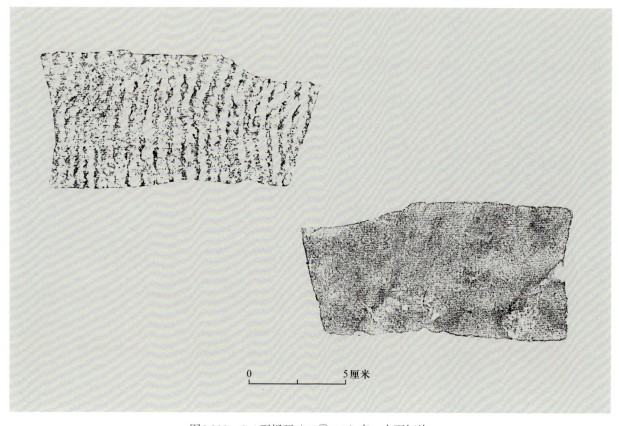

0   5厘米

图2.238 Ca1型板瓦（J4③：2）表、内面拓片

Ca2型　1件。表面饰粗交错绳纹，内面饰麻点纹。J4④：5，残。灰陶。残长12、残宽9、厚1.3厘米（图2.239、图2.240）。

图2.239　Ca2型板瓦（J4④：5）表、内面照片

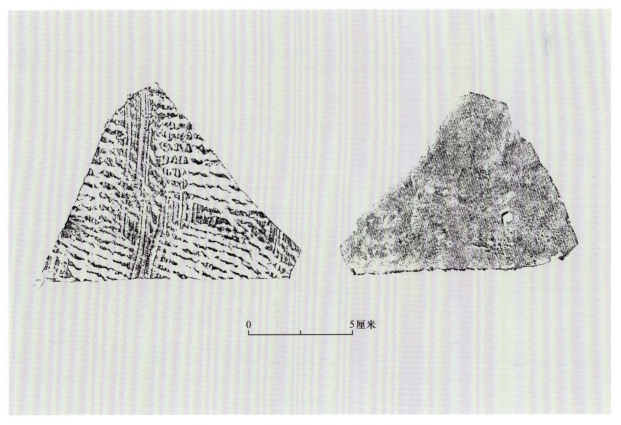

图2.240　Ca2型板瓦（J4④：5）表、内面拓片

Ca3型　10件。表面饰粗交错绳纹，内面饰篦纹。

J4⑤：13，残。灰陶。残长16、残宽14、厚1.1～2厘米（图2.241、图2.242）。

图2.241　Ca3型板瓦（J4⑤：13）表、内面照片

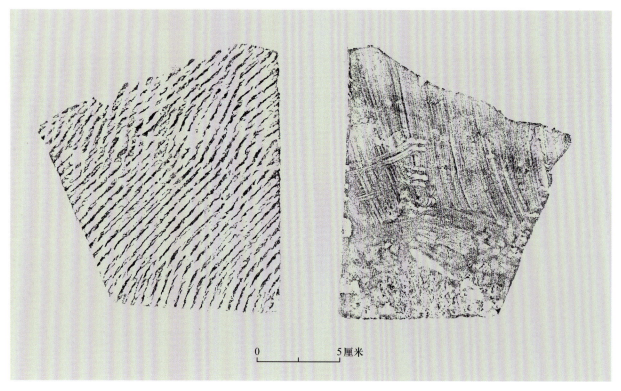

图2.242　Ca3型板瓦（J4⑤：13）表、内面拓片

J4⑤：14，残。灰陶。残长9、残宽22.2、厚1.2厘米（图2.243、图2.244）。

图2.243　Ca3型板瓦（J4⑤：14）表、内面照片

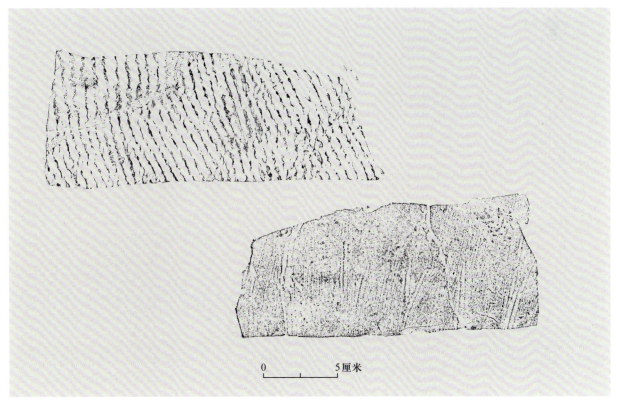

0 ⊢——⊣ 5厘米

图2.244　Ca3型板瓦（J4⑤：14）表、内面拓片

J4⑤：15，残。灰陶。表面饰一横向凹弦纹将瓦片表面纹饰分隔成两部分，凹弦纹宽1厘米。残长23.3、残宽18.6、厚1.2厘米（图2.245、图2.246）。

图2.245　Ca3型板瓦（J4⑤：15）表、内面照片

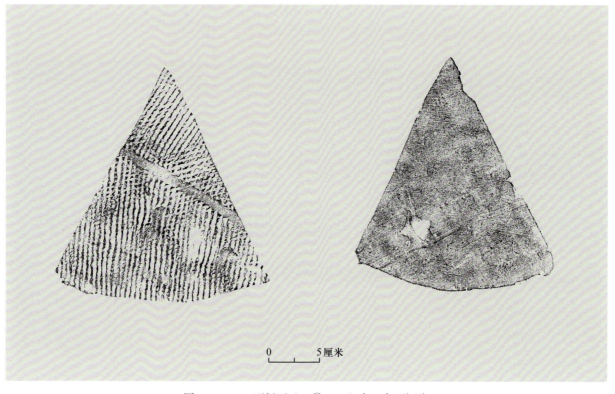

图2.246　Ca3型板瓦（J4⑤：15）表、内面拓片

J4⑤：16，残。灰陶。残长14、残宽23.5、厚1.8厘米（图2.247、图2.248）。

图2.247 Ca3型板瓦（J4⑤：16）表、内面照片

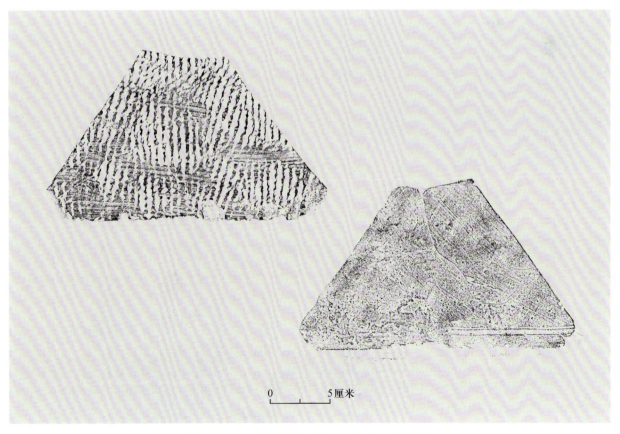

0 5厘米

图2.248 Ca3型板瓦（J4⑤：16）表、内面拓片

J4⑤：17，残。灰陶。残长17.5、残宽14、厚1.3厘米（图2.249、图2.250）。

图2.249　Ca3型板瓦（J4⑤：17）表、内面照片

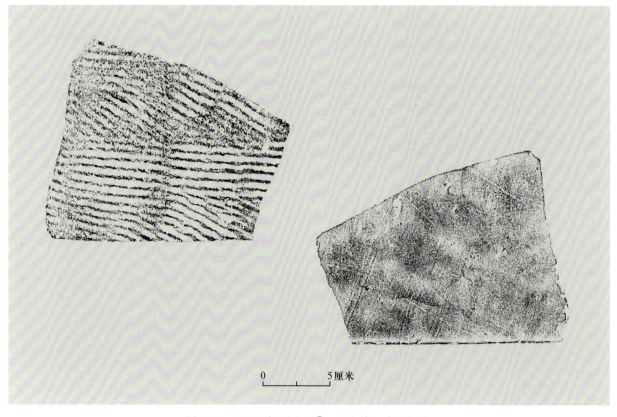

图2.250　Ca3型板瓦（J4⑤：17）表、内面拓片

J4⑤：18，残。灰陶。残长22.7、残宽15.5、厚1.4厘米（图2.251、图2.252）。

图2.251　Ca3型板瓦（J4⑤：18）表、内面照片

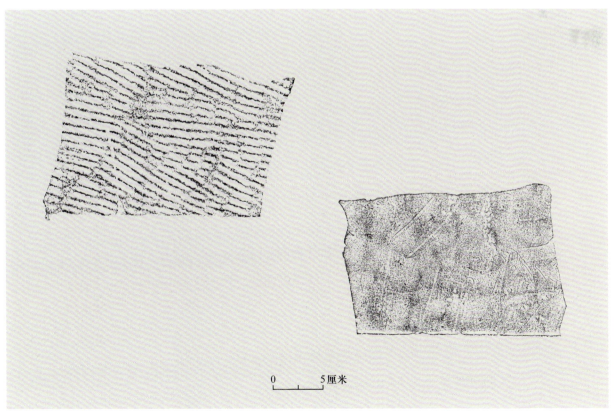

0   5厘米

图2.252　Ca3型板瓦（J4⑤：18）表、内面拓片

J4⑤：19，残。灰陶。残长10.5、残宽17.5、厚1.3厘米（图2.253、图2.254）。

图2.253 Ca3型板瓦（J4⑤：19）表、内面照片

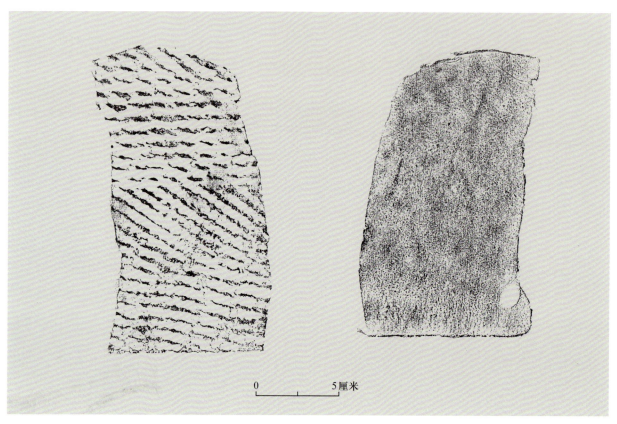

0   5厘米

图2.254 Ca3型板瓦（J4⑤：19）表、内面拓片

J4⑦：7，残。灰陶。残长14.3、残宽13.5、厚1.5厘米（图2.255、图2.256）。

图2.255　Ca3型板瓦（J4⑦：7）表、内面照片

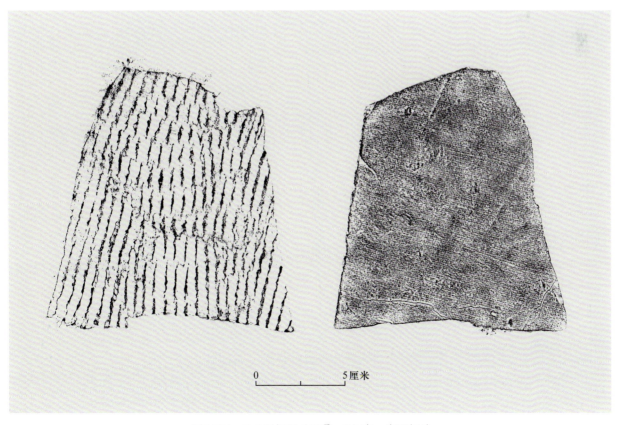

0 5厘米

图2.256　Ca3型板瓦（J4⑦：7）表、内面拓片

J4⑦：8，残。灰陶。残长19、残宽16、厚1.3厘米（图2.257、图2.258）。

图2.257　Ca3型板瓦（J4⑦：8）表、内面照片

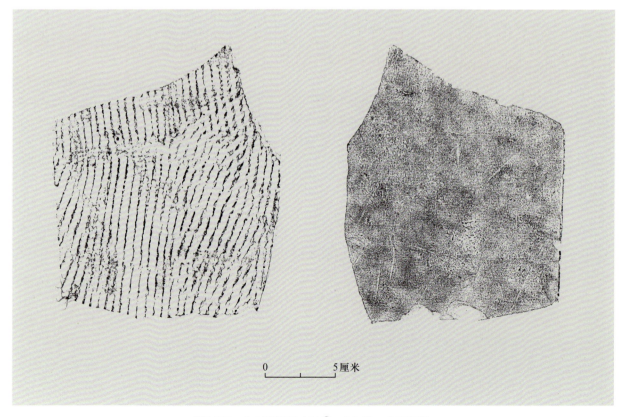

0 　　　　5厘米

图2.258　Ca3型板瓦（J4⑦：8）表、内面拓片

J4⑦：10，残。灰陶。残长22、残宽30.5、厚1.2厘米（图2.259、图2.260）。

图2.259 Ca3型板瓦（J4⑦：10）表、内面照片

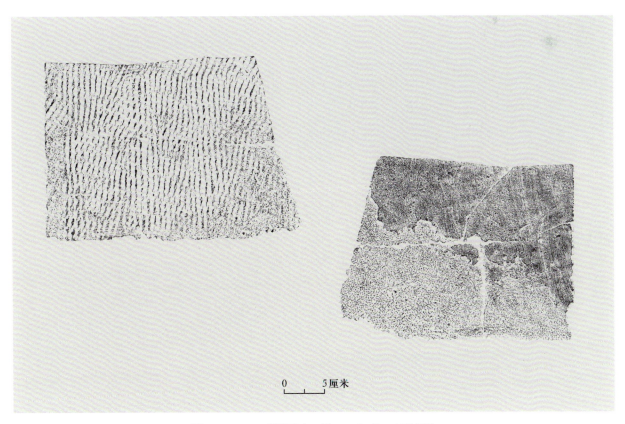

0   5厘米

图2.260 Ca3型板瓦（J4⑦：10）表、内面拓片

Cb3型　2件。表面饰粗斜绳纹，内面饰篦纹。

J4⑥：3，残。灰陶。残长13、残宽8.8、厚1.3厘米（图2.261、图2.262）。

图2.261　Cb3型板瓦（J4⑥：3）表、内面照片

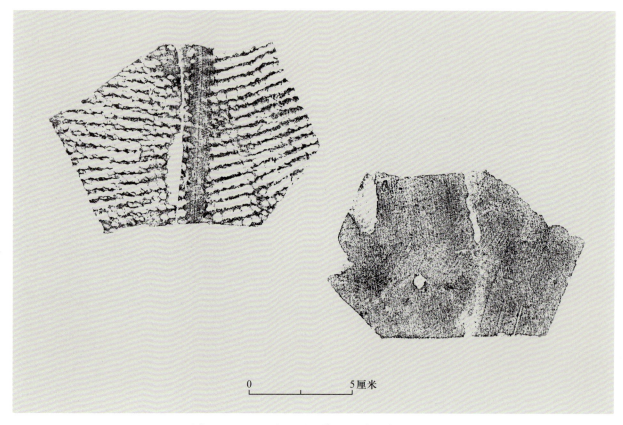

0 _____ 5厘米

图2.262　Cb3型板瓦（J4⑥：3）表、内面拓片

J4⑦：6，残。灰陶。一端有绳纹抹平部分宽6.5厘米。残长13、残宽8.8、厚1.3厘米（图2.263、图2.264）。

图2.263 Cb3型板瓦（J4⑦：6）表、内面照片

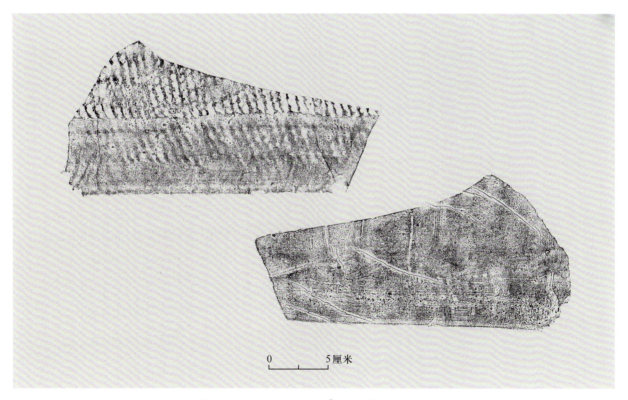

0   5厘米

图2.264 Cb3型板瓦（J4⑦：6）表、内面拓片

（3）筒瓦

2件。均属B型，分两亚型。分别介绍如下。

Bb4型　1件。表面饰中粗斜绳纹，内面饰布纹。J4③：3，残。灰陶。瓦唇向下有绳纹抹平部分宽2厘米。残长7、残宽7.5、厚1.1、瓦唇长2、厚0.7厘米（图2.265、图2.266）。

图2.265　Bb4型筒瓦（J4③：3）表、内面照片

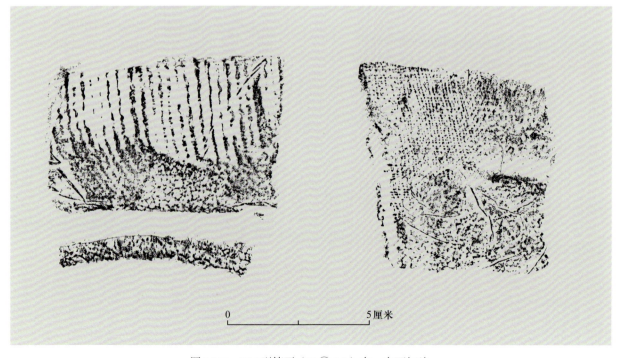

0　　　　　5厘米

图2.266　Bb4型筒瓦（J4③：3）表、内面拓片

Ba4型　1件。表面饰中粗交错绳纹，内面饰布纹。J4③：4，残。灰陶。一端有绳纹抹平部分残宽9厘米。残长14.6、残宽8.5、厚1.1厘米（图2.267、图2.268）。

图2.267　Ba4型筒瓦（J4③：4）表、内面照片

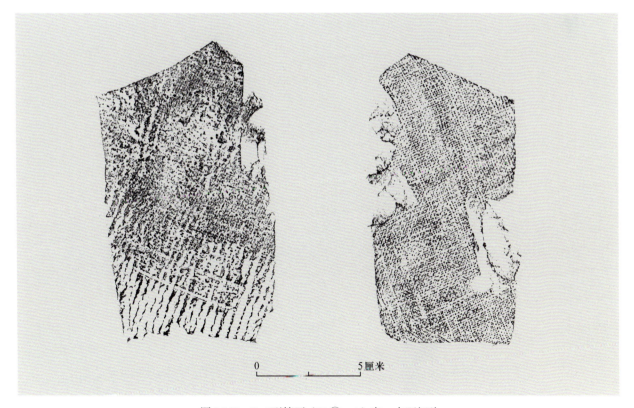

0　　　　　　　5厘米

图2.268　Ba4型筒瓦（J4③：4）表、内面拓片

2. 陶器

根据用途，有盆、甑、釜、罐、缸、钵六种，另有不可辨器型陶片1件。分别介绍如下。

（1）盆

5件。

J4③：5，残。泥质灰陶。敛口，外折平沿，方唇，腹部微鼓，腹部饰细密绳纹，内面素面。复原口径30、沿宽2.2、残高4.9、厚0.7厘米（图2.269、图2.270）。

图2.269　陶盆（J4③：5）外、内、侧面照片

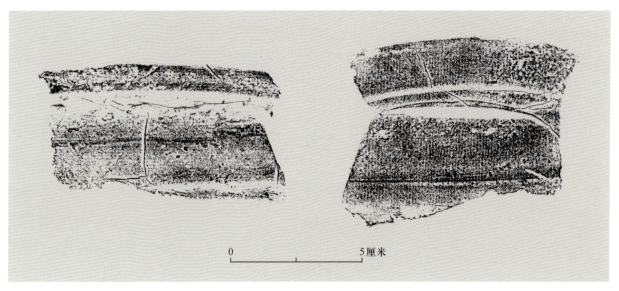

图2.270　陶盆（J4③：5）外、内面拓片

J4⑤：20，残。泥质灰陶。子母口，尖唇，斜弧腹，唇下饰一周柳叶状虫蛹形纹，腹部也饰一周柳叶状虫蛹形纹，内面有轮制痕迹。复原口径37、沿宽0.8、残高10、厚0.6～1.2厘米（图2.271、图2.272）。

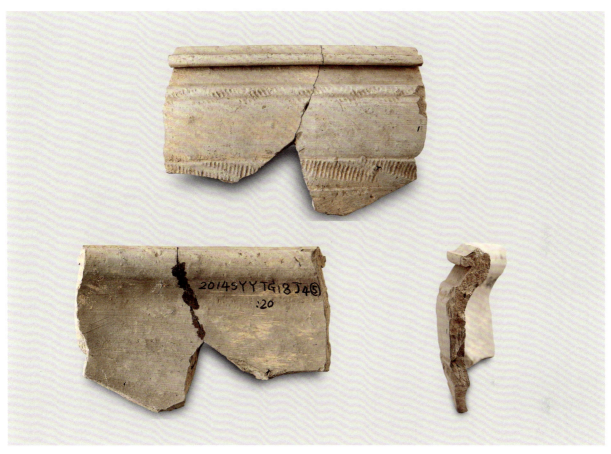

图2.271　陶盆（J4⑤：20）外、内、侧面照片

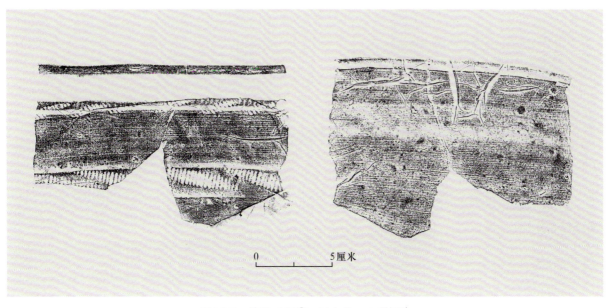

图2.272　陶盆（J4⑤：20）外、内面拓片

J4⑤：23，残。泥质灰陶。侈口，方唇，外折沿，斜弧腹，外面素面，内面有轮制痕迹。沿宽2.6、残高10.5、厚0.9～1.2厘米（图2.273、图2.274）。

图2.273 陶盆（J4⑤：23）外、内、侧面照片

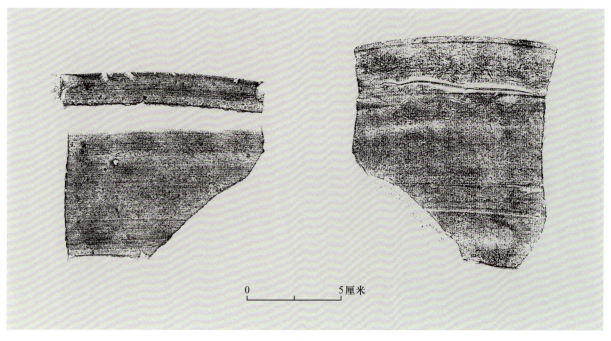

图2.274 陶盆（J4⑤：23）外、内面拓片

　　J4⑦：11，残。泥质灰陶。侈口，方唇，外折沿，短束颈，斜弧腹，腹部饰一周柳叶状虫蛹形纹，柳叶状虫蛹形纹下饰一周凹弦纹，内面有轮制痕迹。沿宽2.2、残高8.2、厚0.9厘米（图2.275、图2.276）。

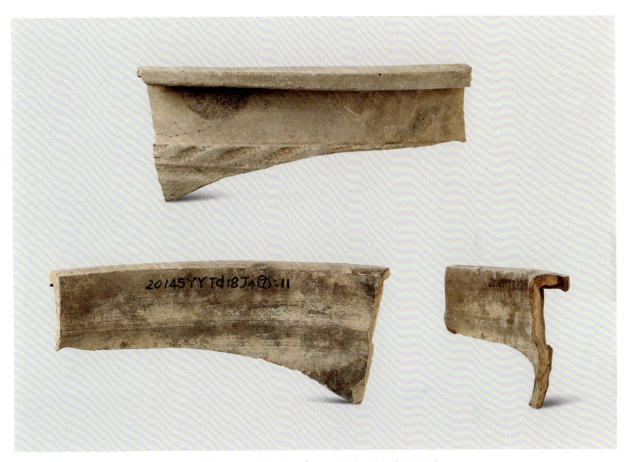

图2.275　陶盆（J4⑦：11）外、内、侧面照片

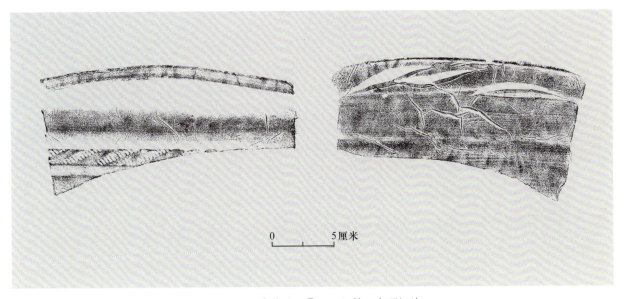

图2.276　陶盆（J4⑦：11）外、内面拓片

J4⑦：12，残。泥质灰陶。侈口，外折沿，卷唇，斜弧腹，外面素面，内面有轮制痕迹。沿宽3.2、残高12.3、厚0.8厘米（图2.277、图2.278）。

图2.277　陶盆（J4⑦：12）外、内、侧面照片

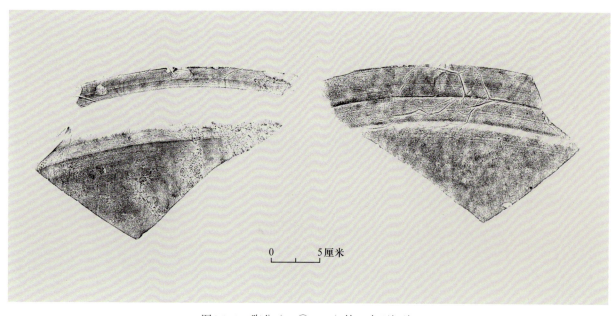

0　　5厘米

图2.278　陶盆（J4⑦：12）外、内面拓片

（2）甑

1件。J4⑦：14，可复原。泥质灰陶。敛口，方唇，卷沿，斜弧腹，腹部饰三周凹弦纹、二周柳叶状虫蛹形纹，内面有轮制痕迹。口径57、沿宽2.7、底径23、高34.4、壁厚1.9、底部孔径17厘米（图2.279、图2.280；彩版42；图版42）。

图2.279　陶甑（J4⑦：14）正面、底部照片

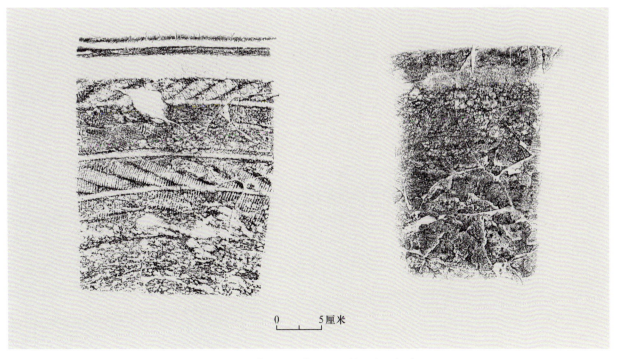

图2.280　陶甑（J4⑦：14）外、内面拓片

（3）釜

4件。

J4④：7，残。夹砂红陶。敛口，外折平沿，方唇，广肩，鼓腹，肩部饰抹平中粗斜绳纹，腹部饰中粗斜绳纹，内面有轮制痕迹。复原口径12、沿宽1.1、残高3、厚0.6厘米（图2.281、图2.282）。

图2.281　陶釜（J4④：7）外、内、侧面照片

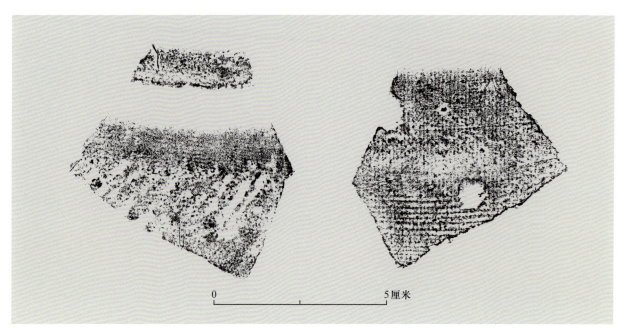

图2.282　陶釜（J4④：7）外、内面拓片

J4⑤：21，残。夹砂灰陶。子母口、折肩、斜弧腹，肩部饰刻划纹，腹部饰斜绳纹、篮纹，内面有轮制痕迹。复原口径26、沿宽0.9、残高7、厚0.5～1.1厘米（图2.283、图2.284）。

图2.283　陶釜（J4⑤：21）外、内、侧面照片

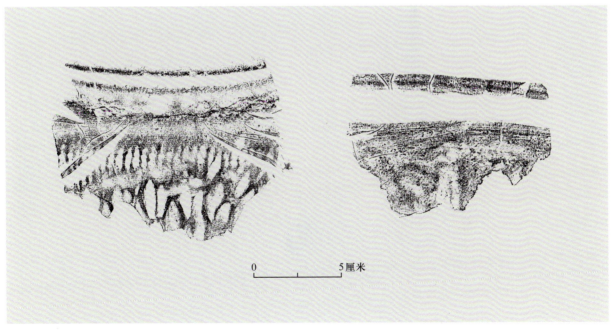

0　　　　　5厘米

图2.284　陶釜（J4⑤：21）外、内面拓片

J4⑤：22，残。夹砂灰陶。子母口，折肩，斜弧腹，肩部饰刻划纹，腹部饰篮纹，内面有轮制痕迹。复原口径26、沿宽1、残高8.5、厚0.6～1.1厘米（图2.285、图2.286）。

图2.285　陶釜（J4⑤：22）外、内、侧面照片

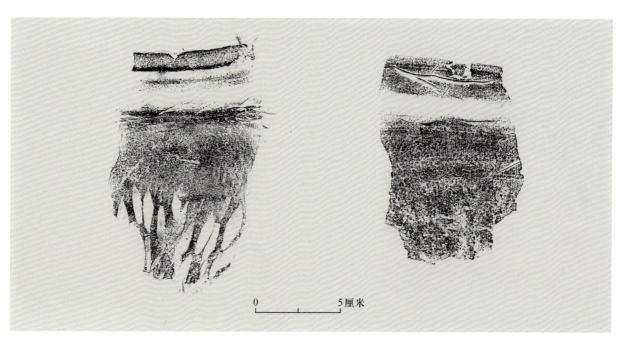

0 ————— 5厘米

图2.286　陶釜（J4⑤：22）外、内面拓片

J4⑥：4，残。夹砂灰陶。子母口，折肩，斜弧腹，肩部饰刻划纹，腹部饰篮纹，内面有轮制痕迹。复原口径31、沿宽0.9、残高5、厚0.5～1.1厘米（图2.287、图2.288）。

图2.287　陶釜（J4⑥：4）外、内、侧面照片

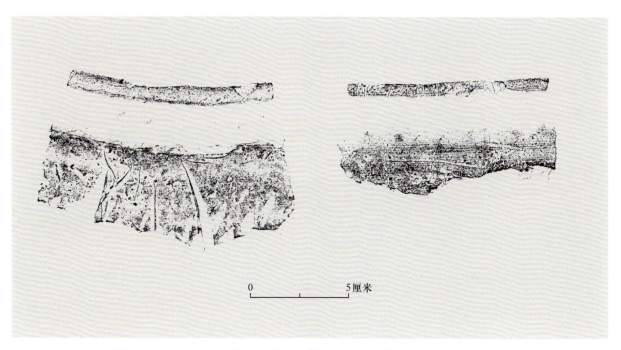

0　　　　　　5厘米

图2.288　陶釜（J4⑥：4）外、内面拓片

（4）罐

4件。

J4④：1，完整。泥质灰陶。小口，鼓圆腹，腹部以下斜直，平底，内面有轮制痕迹。口径5.9、沿宽0.6、腹径9.6、底径4.2、高11.9、壁厚0.6厘米（图2.289、图2.290；彩版43；图版43）。

图2.289　陶罐（J4④：1）正面照片

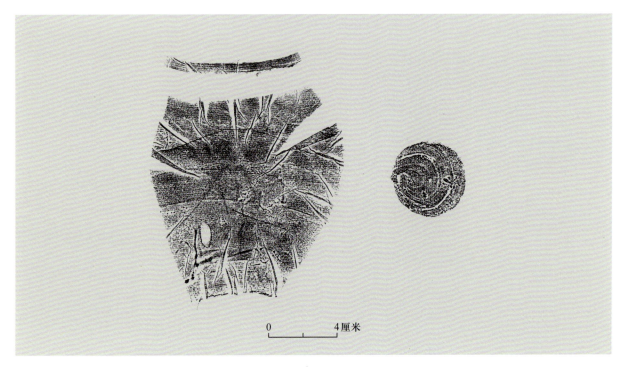

0　　　　　　4厘米

图2.290　陶罐（J4④：1）外面、底部拓片

J4⑤：24，残。泥质灰陶。小口，短束颈，广肩，肩部饰细密绳纹，内面有轮制痕迹。口径10.5、沿宽0.8、残高8.5、厚0.7~1.4厘米（图2.291、图2.292）。

图2.291 陶罐（J4⑤：24）外、内面照片

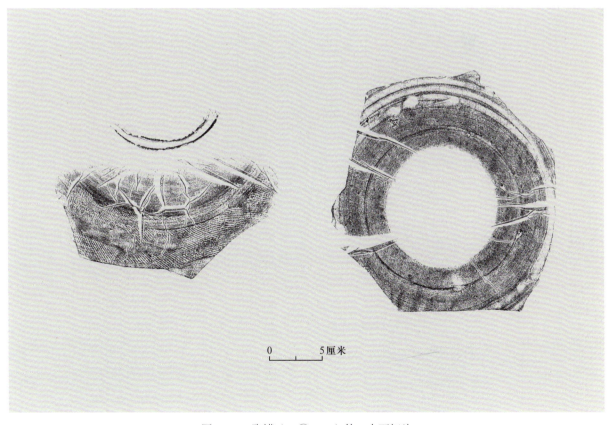

0   5厘米

图2.292 陶罐（J4⑤·24）外、内面拓片

J4⑤：25，残。泥质灰陶。鼓圆腹，腹下斜内收，上腹部饰细密绳纹，下腹部素面，平底，内面有轮制痕迹。底径14.7、残高16.7、厚0.5～0.7厘米（图2.293、图2.294）。

图2.293　陶罐（J4⑤：25）正面照片

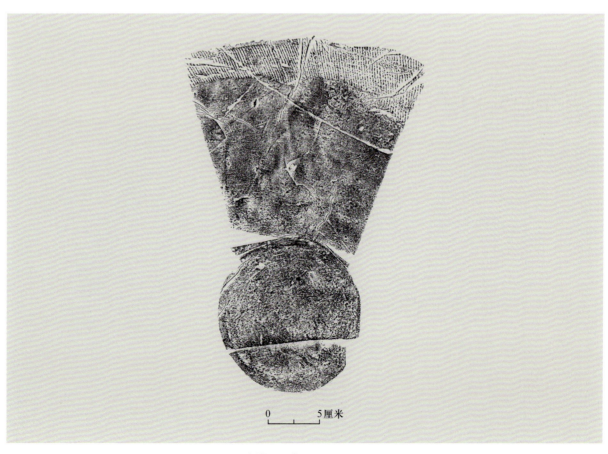

0　　　　5厘米

图2.294　陶罐（J4⑤：25）外面、底部拓片

J4⑤：26，残。泥质灰陶。小口，斜方唇，束颈，斜肩，鼓圆腹，腹下斜内收，内面有轮制痕迹。颈部素面，肩腹部细绳纹，细绳纹被4条抹平带截断，腹部以下有少量绳纹。颈部外刻划"木"字陶文，陶文长3.2、宽2.3厘米。口径10.4、沿宽0.6、腹径35.9、底径17.1、高33.2、壁厚1.6厘米（图2.295、图2.296；彩版44；图版44）。

图2.295　陶罐（J4⑤：26）正面、陶文照片

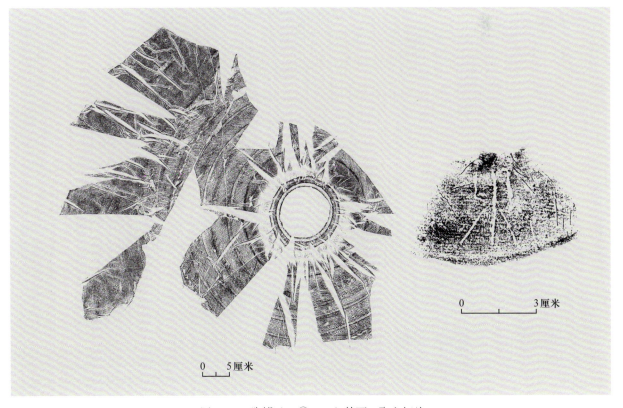

图2.296　陶罐（J4⑤：26）外面、陶文拓片

（5）缸

1件。J4⑦：13，残存口沿局部。泥质灰陶。敛口，多折沿，卷唇，斜弧腹，肩部饰一周凹弦纹，内面有轮制痕迹。沿宽5、残高3.3、厚2～3.3厘米（图2.297、图2.298）。

图2.297　陶缸（J4⑦：13）外、侧面照片

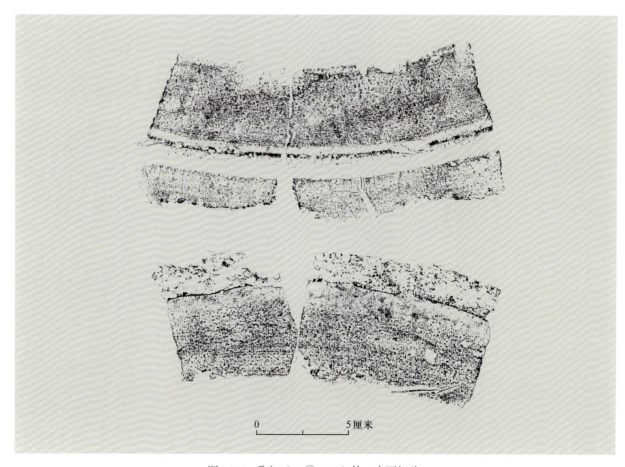

0　　　　　　　　5厘米

图2.298　陶缸（J4⑦：13）外、内面拓片

（6）钵

1件。J4⑦：18，残。泥质灰陶。侈口，窄平沿，方唇，短束颈，斜弧腹，平底，外面素面，内面均有轮制痕迹。复原口径15.9、沿宽1.3、底径6.8、高5.6、厚0.6厘米（图2.299、图2.300；彩版45；图版45）。

图2.299 陶钵（J4⑦：18）正面照片

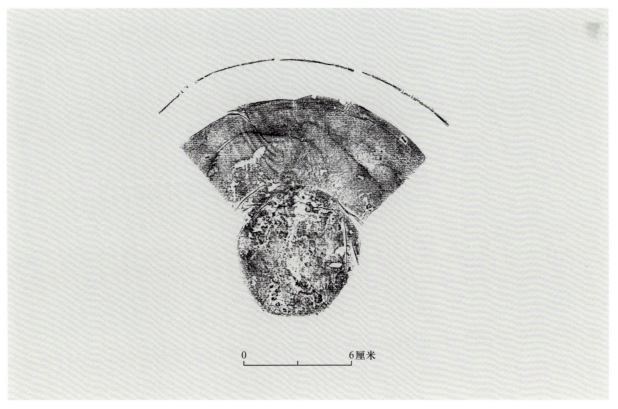

0   6厘米

图2.300 陶钵（J4⑦：18）外面、底部拓片

（7）陶片

1件。J4③：6，残。泥质灰陶。仅存器底残片，器型不可辨，斜弧腹，平底，外面素面。复原底径38.5、残高4、厚1.1～1.4厘米（图2.301、图2.302）。

图2.301　陶片（J4③：6）外、内、侧面照片

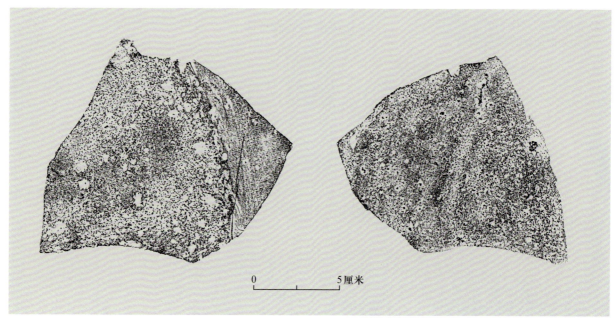

图2.302　陶片（J4③：6）外、内面拓片

3. 石器

（1）砺石

1件。J4⑤：5，残。红色。细砂岩。长6.5、宽5.8、厚2.5～3.4厘米（图2.303；彩版46；图版46）。

（2）石球

2件。

J4⑦：16，残。青白色。花岗岩。近圆球形。残长6.6、残宽5.7、厚3.5厘米（图2.304、图2.305；彩版47；图版47）。

图2.303　砺石（J4⑤：5）正、背面照片

图2.304　石球（J4⑦：16）正、背面照片

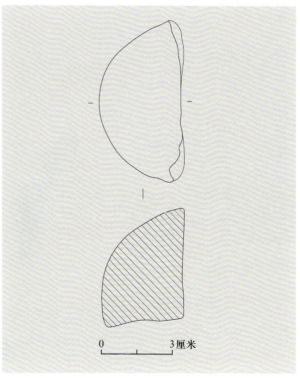

图2.305　石球（J4⑦：16）线图

J4⑤：1，残。褐色。圆球形。径1.4厘米（图2.306、图2.307）。

图2.306　石球（J4⑤：1）正面照片

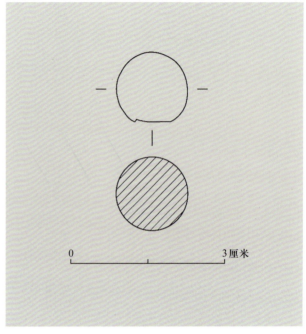

图2.307　石球（J4⑤：1）线图

（3）石串珠

1件。J4⑤：7，共2颗。黄白色。圆形。中间均有一圆孔，径0.8、厚0.2～0.22、孔径0.2～0.3厘米（图2.308、图2.309）。

图2.308　石串珠（J4⑤：7）正、侧、顶部照片

图2.309　石串珠（J4⑤：7）线图

4. 铁器

（1）铁条

1件。J4⑤：4，残。长11.6、宽1.27、厚0.46厘米（图2.310、图2.311）。

图2.310 铁条（J4⑤：4）正、背、侧面照片

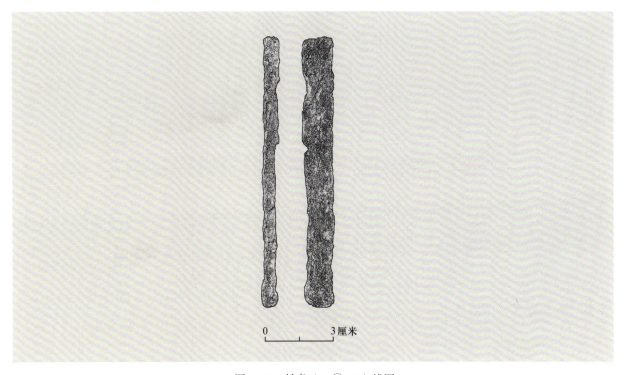

0   3厘米

图2.311 铁条（J4⑤：4）线图

（2）铁钩

1件。J4⑦：17，残。朽蚀严重，断为两节，无法拼对。长10.78、宽1.22、厚0.53厘米（图2.312、图2.313）。

图2.312　铁钩（J4⑦：17）正、背、侧面照片

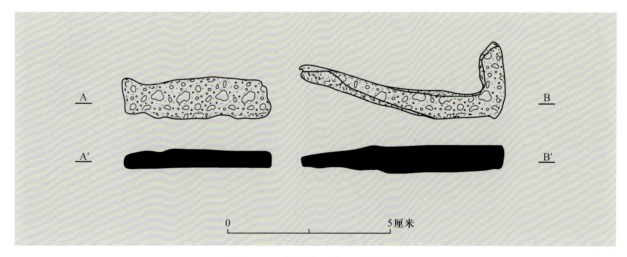

图2.313　铁钩（J4⑦：17）线图

5. 铜器

（1）铜块

1件。J4⑤：3，残。残长2.33、残宽2.07、厚0.85厘米（图2.314、图2.315）。

（2）铜条

1件。J4⑤：9，残。长条形。残长7.97、宽0.52、厚0.46厘米（图2.316、图2.317）。

图2.314　铜块（J4⑤：3）正、背面照片

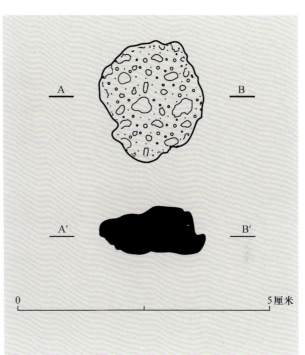

图2.315　铜块（J4⑤：3）线图

图2.316　铜条（J4⑤：9）正、背面照片

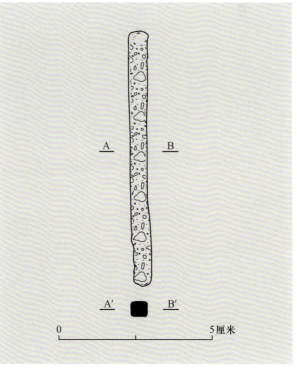

图2.317　铜条（J4⑤：9）线图

6. 钱币

铜钱

2枚。

J4⑤：2，残。锈蚀严重，钱文无法辨识。残长2.4、残宽0.8、厚0.1厘米（图2.318）。

J4⑦：15，残。锈蚀严重，钱文无法辨识。郭径3.1、穿径1、厚0.2厘米（图2.319、图2.320）。

图2.318　铜钱（J4⑤：2）正、背面照片

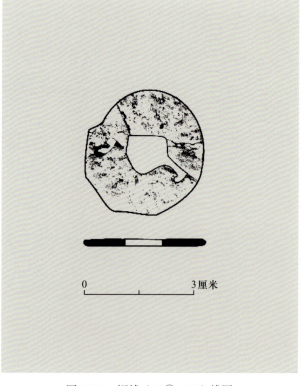

图2.319　铜钱（J4⑦：15）正、背面照片　　　　图2.320　铜钱（J4⑦：15）线图

7. 骨角器

（1）兽牙

3件。

J4④：8，残。长0.71、宽0.57、厚0.24厘米（图2.321）。

图2.321　兽牙（J4④：8）正、侧面照片

J4⑤：8，残。残长1.2、宽0.4、厚0.1～0.3厘米（图2.322、图2.323）。

图2.322　兽牙（J4⑤：8）正、背面照片

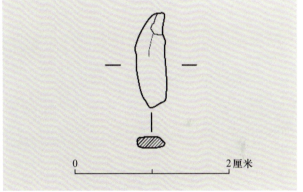

图2.323　兽牙（J4⑤：8）线图

J4⑥：5，残。长3.89、宽0.98、厚0.22厘米（图2.324）。

图2.324　兽牙（J4⑥：5）正、背面照片

（2）鹿角

2件。

J4⑤：6，残。鹿角上有工具切割痕迹。残长17.3、残宽5、主权径4.3、支权径1.8厘米（图2.325；彩版48；图版48）。

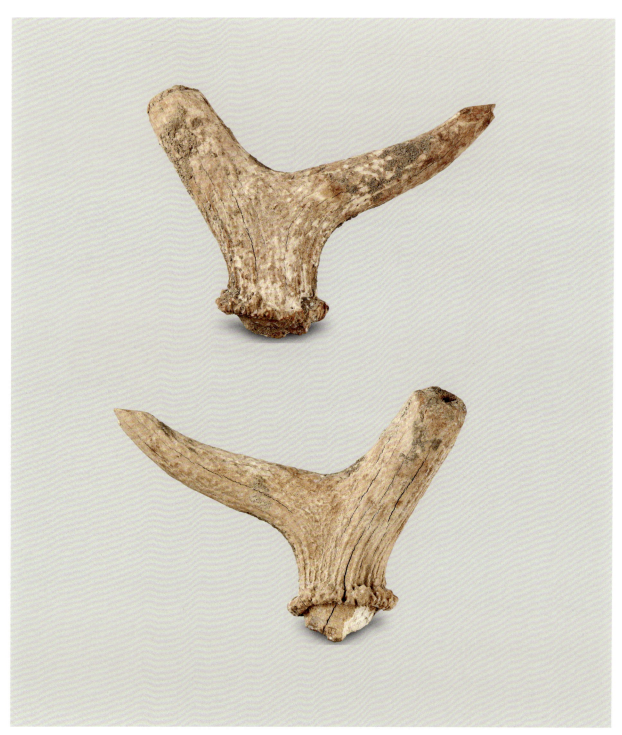

图2.325　鹿角（J4⑤：6）正、背面照片

　　J4⑦：19，残。主权长2.21、径3.74厘米，左权长16.9、径2.33厘米，右权长9.1、径1.56厘米（图2.326、图2.327）。

图2.326　鹿角（J4⑦：19）正、背、侧面照片

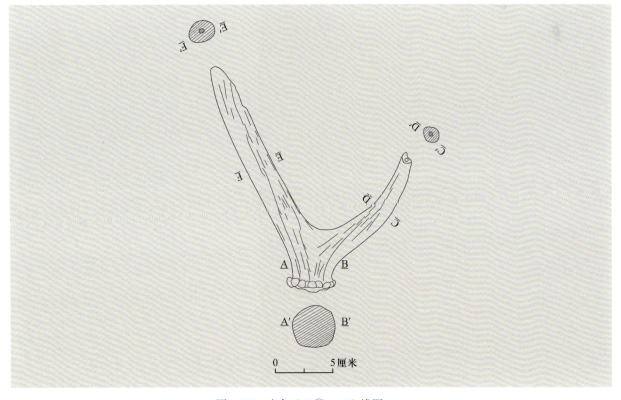

图2.327　鹿角（J4⑦：19）线图

附：

J3

在T18东北部石川河断崖边开展考古调查时，发现水井1处，编号J3，位于武屯镇任家庄村北部石川河河道西壁断崖，T18东北部，距T18约200米。J3开口于第1层下，开口距地表深0.36米，口部应为近圆形，井口残径0.8米，井底近圆形，底南北长1.14、东西宽1.1、深4.3米。由于地处断崖，为安全计，未做全部清理，只清理其断崖下东半部。井内填土呈浅灰色，土质较软，结构疏松，内含大量草木灰、炭粒、红烧土颗粒、陶器残片、瓦片（图2.328、图2.329）根据出土素面板瓦等遗物特征，其时代应在汉代之后，更精确的时代判断，有待今后完整发掘。

出土标本15件，分建筑材料、陶器、石器三类。分别介绍如下。

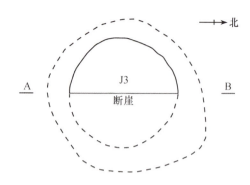

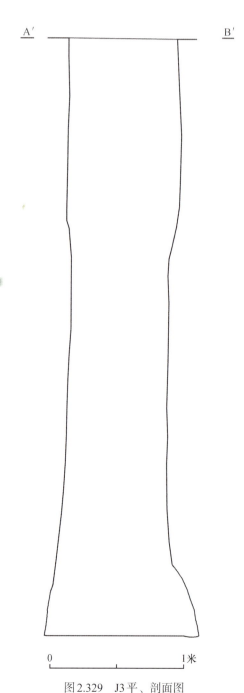

图2.328　J3剖面照（东—西）

图2.329　J3平、剖面图

1. 建筑材料

根据用途，有砖、板瓦两种。分别介绍如下。

（1）砖

2件，为素面砖。

J3：3，残。灰色。两面均素面。残长10.5、残宽9.5、厚6厘米（图2.330、图2.331）。

图2.330 素面砖（J3：3）正、背面照片

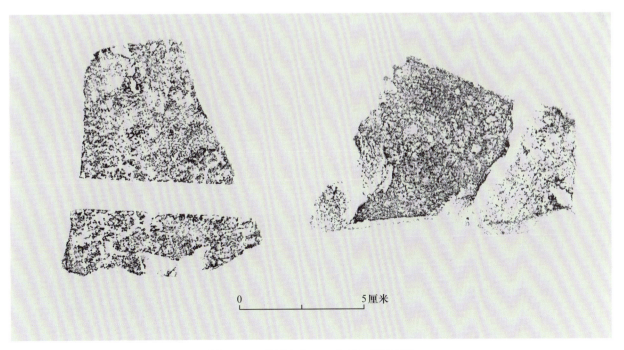

0 ————— 5厘米

图2.331 素面砖（J3：3）正、背面拓片

J3：4，残。灰色。两面均素面。残长7.8、残宽7.5、厚5.5厘米（图2.332、图2.333）。

图2.332　素面砖（J3：4）正、背、侧面照片

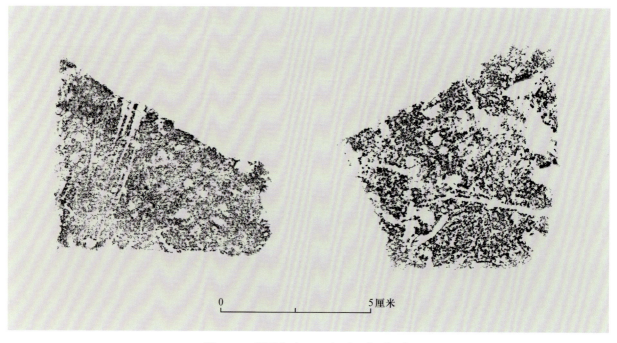

图2.333　素面砖（J3：4）正、背面拓片

（2）板瓦

8件。据表面绳纹粗细，分属B、D两型。分别介绍如下。

B型　1件，属Bb1型。表面饰中粗斜绳纹，内面素面。J3∶1，残。红陶。残长7.5、残宽5.5、厚1厘米（图2.334、图2.335）。

图2.334　Bb1型板瓦（J3∶1）表、内面照片

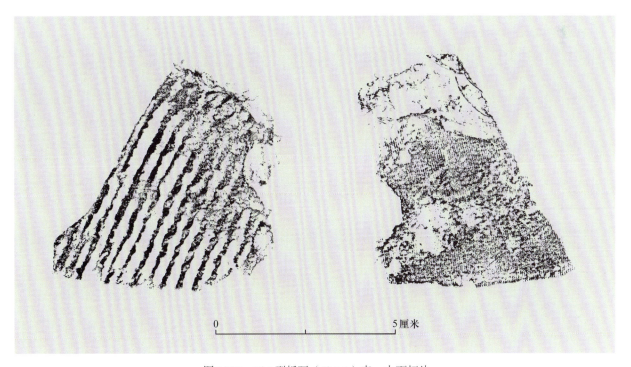

0　　　　　　　　　　　　　5厘米

图2.335　Bb1型板瓦（J3∶1）表、内面拓片

D4型　7件。表面素面，内面饰布纹。

J3：2，残。红陶。残长9、残宽5、厚1.4厘米（图2.336、图2.337）。

图2.336　D4型板瓦（J3：2）表、内面照片

0 ——————— 5厘米

图2.337　D4型板瓦（J3：2）表、内面拓片

J3：5，残。灰陶。残长9.8、残宽11、厚1.8厘米（图2.338、图2.339）。

图2.338　D4型板瓦（J3：5）表、内面照片

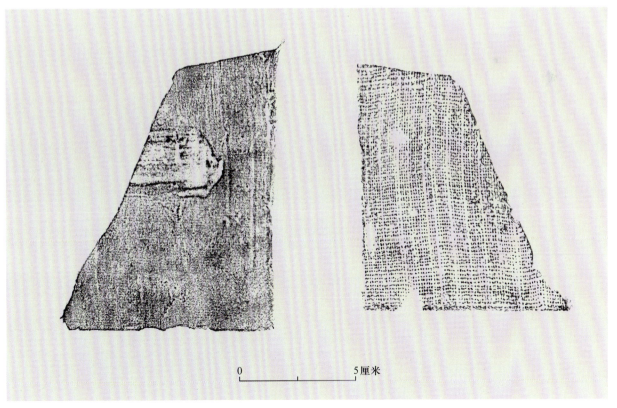

图2.339　D4型板瓦（J3：5）表、内面拓片

J3：6，残。灰陶。残长9、残宽11、厚2厘米（图2.340、图2.341）。

图2.340　D4型板瓦（J3：6）表、内面照片

图2.341　D4型板瓦（J3：6）表、内面拓片

J3：7，残。灰陶。残长9、残宽11、厚1.8厘米（图2.342、图2.343）。

图2.342　D4型板瓦（J3：7）表、内面照片

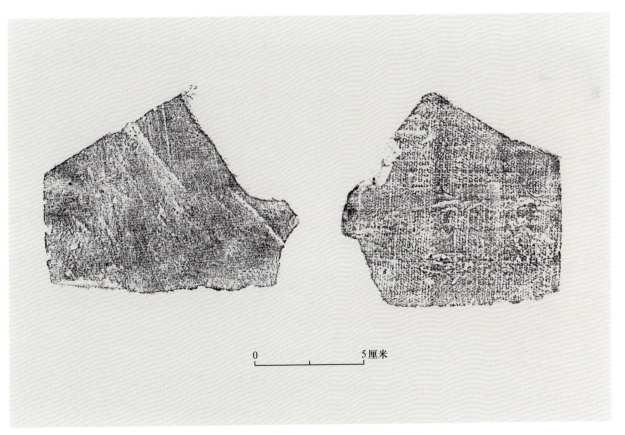

0　　　　　　　5厘米

图2.343　D4型板瓦（J3：7）表、内面拓片

J3：8，残。灰陶。残长12、残宽10、厚1.5厘米（图2.344、图2.345）。

图2.344　D4型板瓦（J3：8）表、内面照片

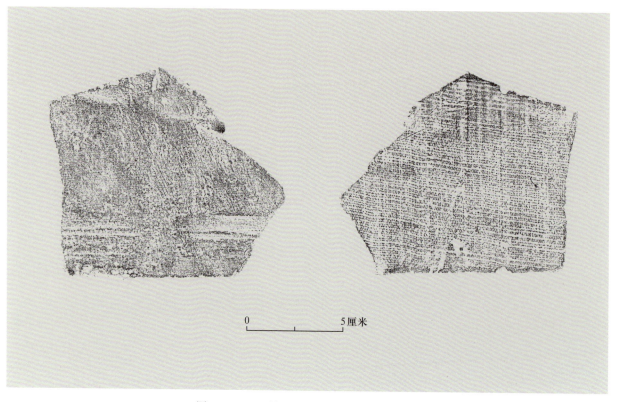

0　　　　　5厘米

图2.345　D4型板瓦（J3：8）表、内面拓片

J3：9，残。灰陶。残长8、残宽9.5、厚2厘米（图2.346、图2.347）。

图2.346　D4型板瓦（J3：9）表、内面照片

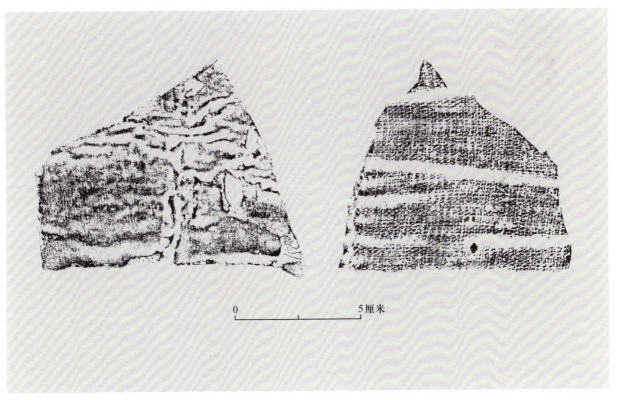

图2.347　D4型板瓦（J3：9）表、内面拓片

J3：10，残。灰陶。残长7.5、残宽11、厚2厘米（图2.348、图2.349）。

图2.348　D4型板瓦（J3：10）表、内面照片

0　　　　　　　　　5厘米

图2.349　D4型板瓦（J3：10）表、内面拓片

2. 陶器

根据用途，有罐、釜两种。分别介绍如下。

（1）罐

2件。

J3：12，残。泥质灰陶。侈口，方唇，短束颈，斜肩，肩部有一"U"形器耳，器耳长5.19、宽2.57厘米，内面有轮制痕迹。复原口径22、沿宽1.1、残高8.82、厚0.4厘米（图2.350、图2.351）。

图2.350　陶罐（J3：12）外、内、侧面照片

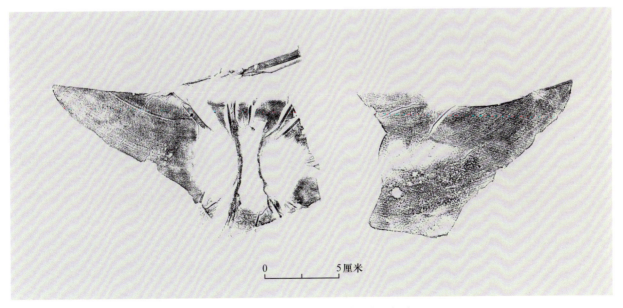

0　　　　　5厘米

图2.351　陶罐（J3：12）外、内面拓片

J3：13，残。泥质灰陶。侈口，外折平沿。方唇，短束颈，斜肩，鼓圆腹，内面有轮制痕迹。复原口径20、沿宽1.1、残高10.53、厚0.5厘米（图2.352、图2.353）。

图2.352　陶罐（J3：13）外、内、侧面照片

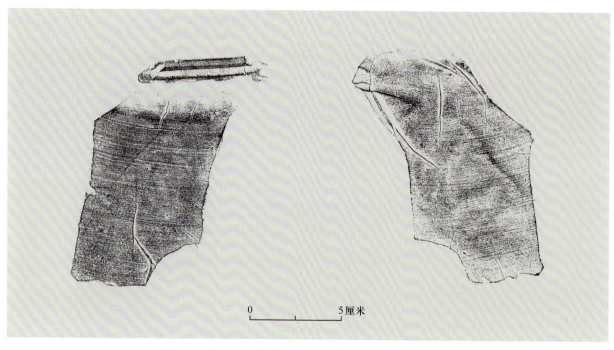

图2.353　陶罐（J3：13）外、内面拓片

（2）釜

1件。J3：11，残。夹砂灰陶。敛口，圆唇，短颈，广肩，腹下收，内面有轮制痕迹。复原口径24、沿宽1、残高7.5、厚0.95厘米（图2.354、图2.355）。

图2.354　陶釜（J3：11）外、内、侧面照片

0　　　　　　5厘米

图2.355　陶釜（J3：11）外、内面拓片

3. 石器

（1）卵石

1件。J3：14，残。青石。近椭圆形，表面光滑。长7.17、宽5、厚3.93厘米（图2.356、图2.357）。

图2.356　卵石（J3：14）正、侧面照片

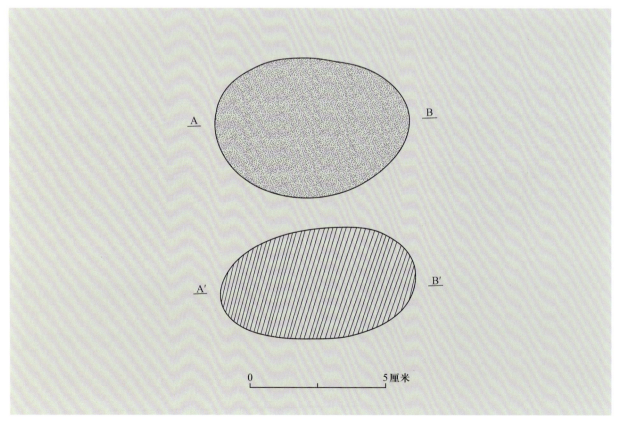

图2.357　卵石（J3：14）线图

（2）石块

1件。J3：15，残。砂石。不规则形，表面粗糙。长12.81、宽10.9、厚5.04厘米（图2.358、图2.359）。

图2.358　石块（J3：15）正、背面照片

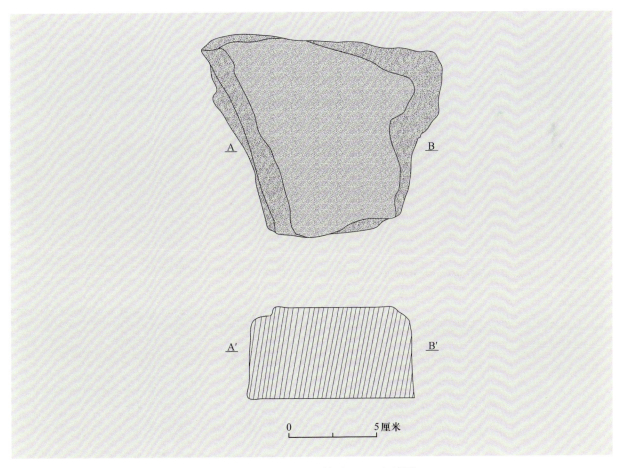

0　　　　　　5厘米

图2.359　石块（J3：15）线图

第三节　结　语

　　从发掘情况看，本探方所在地点有较多的秦汉遗存分布，验证了考古勘探中对于地下遗存分布的相关认知。据勘探资料，本探方向南，文化层和遗存逐渐减少，向北则基本上连续分布。探方所在地点，已接近于栎阳城遗址的南部边缘。

　　探方发掘的牛坑遗存为遗址首见，是周围进一步工作的重要线索。

第五章　T19

T19位于西安市阎良区武屯镇武家庄北侧，南距泾惠渠支渠—五字渠约40米，东距T18约4100米，西北距T12约2100米。根据勘探资料，此处位于栎阳城遗址范围的南部边缘，为验证勘探信息，布设本探方。探方南北向，南北长3、东西宽1.5米。发掘工作从2014年6月18日开始，至6月23日发掘结束（图2.360、图2.361）。

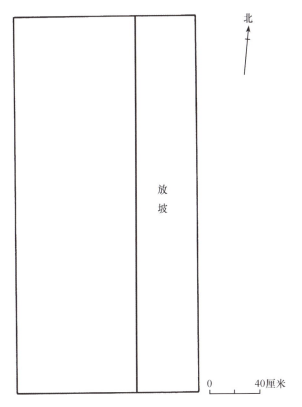

图2.360　T19总平面图

图2.361　T19全景照（南—北）

通过发掘，在探方内未发现遗迹。出土标本7件，均为建筑材料（表2.9）。此外还出土建筑材料残片13块（表2.10）。

表 2.9　T19 出土标本登记表

编号	名称	材质	保存状况	重量/千克	分型	规格/厘米		
						长	宽/径	厚
T19④：1	板瓦	陶	残	0.05	D4	4.2	6	1.5
T19⑤：1	板瓦	陶	残	0.07	Cb1	5.3	5	1.4
T19⑤：2	板瓦	陶	残	0.04	Ba1	6	6.5	1.2
T19⑥a：1	板瓦	陶	残	0.13	Cc1	8	11	1
T19⑥a：2	板瓦	陶	残	0.04	Ba1	6.5	5	1
T19⑥a：3	板瓦	陶	残	0.02	Ab1	4.2	4.4	1.1
T19⑥a：4	筒瓦	陶	残	0.06	D4	9.2	4.85	1.2

表 2.10　T19 出土遗物数量统计表

名称	分型	④/件	⑤/件	⑥a/件	合计	百分比/%	总百分比/%
		灰陶	灰陶	灰陶			
板瓦	Ba1	/	3	1	4	30.8	92.30
	Bb1	/	/	1	1	7.7	
	Cb1	/	1	5	6	46.1	
	D4	1	/	/	1	7.7	
筒瓦	D4	/	/	1	1	7.7	7.70
合计		/	1	4	8	13	100.00
百分比/%		/	7.7	30.8	61.5		

第一节　地　　层

根据土质、土色及包含物的不同，T19 内地层堆积分为 7 层，地层堆积按四壁介绍，出土遗物以北壁统计介绍。

一、地 层 堆 积

（一）北壁

第 1 层：浅灰色土。厚 0.18～0.24 米。分布全方，堆积近平。土质松软，结构疏松。内含大量的植物根系、灰色砖残渣、白灰颗粒、水泥残渣、塑料。

第 2 层：浅黄色土。深 0.18～0.24、厚 0.42～0.48 米。分布全方，堆积近平。土质松软，结构疏松。内含少量白灰颗粒、塑料、红烧土颗粒、炭粒。

第 3 层：黄色土。深 0.64～0.66、厚 0.1～0.2 米。分布全方，堆积近平。土质松软，结构疏松。内含少量灰色砖渣、炭粒、植物根系。无遗物出土。

第4层：深黄色土。深0.76~0.86、厚0.8~0.9米。分布全方，堆积近平。土质松软，结构较疏松。内含少量炭粒、蜗牛壳。本层出土遗物残片占探方出土遗物总数的7.7%。据该层内出土遗物残片统计，板瓦占100%，均为D4型（表2.11）。

表2.11　T19第4层出土遗物数量统计表

名称	分型	灰陶/件	百分比/%
板瓦	D4	1	100.00
合计	/	1	

第5层：黄褐色土。深1.66~1.68、厚0.32~0.34米。分布全方，堆积近平。土质松软，结构较疏松。内含少量炭粒、瓦片。本层出土遗物残片占探方出土遗物总数的30.8%。据该层内出土遗物残片统计，均为板瓦，其中Ba1型占75%，Cb1型占25%（表2.12）。

表2.12　T19第5层出土遗物数量统计表

名称	分型	灰陶/件	百分比/%
板瓦	Ba1	3	75.00
	Cb1	1	25.00
合计	/	4	100.00

第6a层：浅褐色土。深1.98~2.02、厚0.14~0.16米。分布全方，堆积近平。土质较硬，结构致密。内含少量红烧土颗粒、炭粒，瓦片。本层出土遗物残片占探方出土遗物总数的61.5%。据该层内出土遗物残片统计，板瓦占87.5%，其中Bb1型占12.5%，Ba1型占12.5%，Cb1型占62.5%。筒瓦占12.5%，均为D4型（表2.13）。

表2.13　T19第6a层出土遗物数量统计表

名称	分型	灰陶/件	百分比/%
板瓦	Bb1	1	12.50
	Ba1	1	12.50
	Cb1	5	62.50
筒瓦	D4	1	12.50
合计	/	8	100.00

第7层：灰褐色土。深2.14~2.18、厚0.26~0.3米。分布全方，堆积呈北高南低坡状。土质较硬，结构致密。内含少量红烧土颗粒、炭粒（图2.362）。

（二）东壁

第1层：浅灰色土。厚0.12~0.18米。分布全方，堆积近平。土质松软，结构疏松。内含大量的植物根系、灰色砖残渣、白灰颗粒、水泥残渣、塑料。

第2层：浅黄色土。深0.12~0.18、厚0.48~0.52米。分布全方，堆积近平。土质松软，结构疏松。内含少量白灰颗粒、塑料、红烧土颗粒、炭粒。

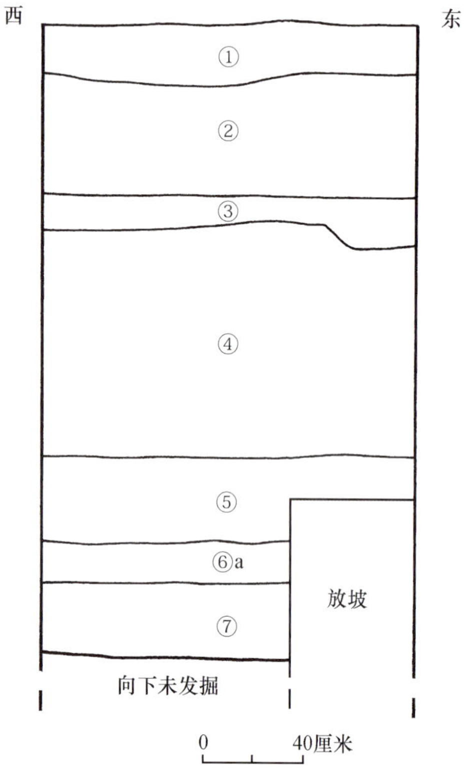

西　　　　　　　　　　　　　　　东

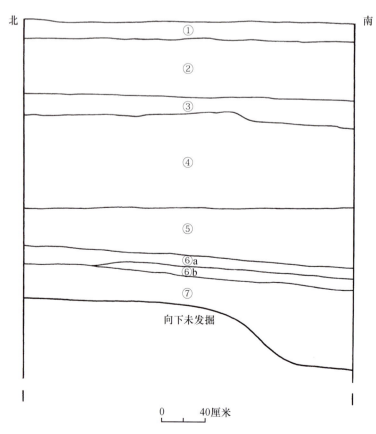

图 2.362　T19 北壁剖面图

第 3 层：黄色土。深 0.62～0.64、厚 0.12～0.24 米。分布全方，堆积近平。土质松软，结构疏松。内含少量的灰色砖渣、炭粒、植物根系。无遗物出土。

第 4 层：深黄色土。深 0.78～0.92、厚 0.68～0.86 米。分布全方，堆积近平。土质松软，结构疏松。内含少量炭粒、蜗牛壳。

第 5 层：黄褐色土。深 1.6～1.66、厚 0.32～0.52 米。分布全方，堆积近平。土质松软，结构较疏松。内含少量炭粒、瓦片。

第 6a 层：浅褐色土。深 2.02～2.16、厚 0.08～0.16 米。分布全方，堆积近平。土质较硬，结构致密。内含少量红烧土颗粒、炭粒，瓦片。

第 6b 层：灰褐色土。深 2.08～2.14、厚 0～0.1 米。分布于探方南部，堆积近平。土质较硬，结构致密。内含少量红烧土颗粒、炭粒、灰色陶片残渣。

第 7 层：灰褐色土。深 2.12～2.34、厚 0.3～0.7 米。分布全方，堆积呈北高南低坡状。土质较硬，结构致密。内含少量红烧土颗粒、炭粒、灰色陶片残渣（图 2.363）。

图 2.363　T19 东壁剖面图

（三）南壁

第1层：浅灰色土。厚0.12～0.16米。分布全方，堆积近平。土质松软，结构疏松。内含大量的植物根系、灰色砖残渣、白灰颗粒、水泥残渣、塑料。

第2层：浅黄色土，深0.12～0.16、厚0.48～0.54米。分布全方，堆积近平。土质松软，结构疏松。内含少量白灰颗粒、塑料、红烧土颗粒、炭粒。

第3层：黄色土。深0.64～0.68、厚0.2～0.24米。分布全方，堆积近平。土质松软，结构疏松。内含少量的灰色砖渣、炭粒、植物根系。无遗物出土。

第4层：深黄色土。深0.84～0.92、厚0.7～0.72米。分布全方，堆积近平。土质松软，结构疏松。内含少量炭粒、蜗牛壳。

第5层：黄褐色土。深1.58～1.62、厚0.52～0.54米。分布全方，堆积近平。土质松软，结构较疏松。内含少量炭粒、瓦片。

第6a层：浅褐色土。深2.12～2.14、厚0.1～0.12米。分布全方，堆积近平。土质较硬，结构致密。内含少量红烧土颗粒、炭粒，瓦片。

第6b层：灰褐色土。深2.22～2.24、厚0.08～0.12米。分布于探方南部，堆积近平。土质较硬，结构致密。内含少量红烧土颗粒、炭粒、灰色陶片残渣。

第7层：灰褐色土。深2.34～2.36、厚0.68～0.74米。分布全方，堆积呈北高南低坡状。土质较硬，结构致密。内含少量红烧土颗粒、炭粒、灰色陶片残渣（图2.364）。

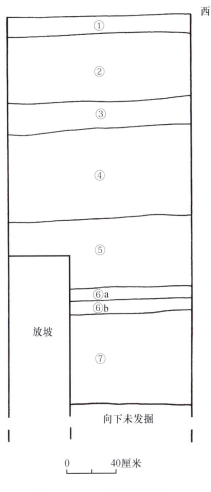

图2.364　T19南壁剖面图

（四）西壁

第1层：浅灰色土。厚0.16～0.2米。分布全方，堆积近平。土质松软，结构疏松。内含大量的植物根系、灰色砖残渣、白灰颗粒、水泥残渣、塑料。

第2层：浅黄色土。深0.16～0.2、厚0.44～0.52米。分布全方，堆积近平。土质松软，结构疏松。内含少量白灰颗粒、塑料、红烧土颗粒、炭粒。

第3层：黄色土。深0.6～0.64、厚0.12～0.24米。分布全方，堆积近平。土质松软，结构疏松。内含少量的灰色砖渣、炭粒、植物根系。无遗物出土。

第4层：深黄色土。深0.8～0.88、厚0.72～0.88米。分布全方，堆积近平。土质松软，结构疏松。内含少量炭粒、蜗牛壳。

第5层：黄褐色土。深1.6～1.66、厚0.32～0.54米。分布全方，堆积近平。土质松软，结构较疏松。内含少量炭粒、瓦片。

第6a层：浅褐色土。深1.98～2.14、厚0.08～0.18米。分布全方，堆积近平。土质较硬，结构致密。内含少量红烧土颗粒、炭粒、瓦片。

第6b层：灰褐色土。深2.1～2.28、厚0～0.12米。分布于探方南部，堆积近平。土质较硬，结构致密。内含少量红烧土颗粒、炭粒、灰色陶片残渣。

第7层：灰褐色土。深2.16～2.34、厚0.24～0.74米。分布全方，堆积呈北高南低坡状。土质较硬，结构致密。内含少量红烧土颗粒、炭粒、灰色陶片残渣（图2.365）。在第7层清理后，从平面向下钻探1米深，全是纯净的自然淤积土。

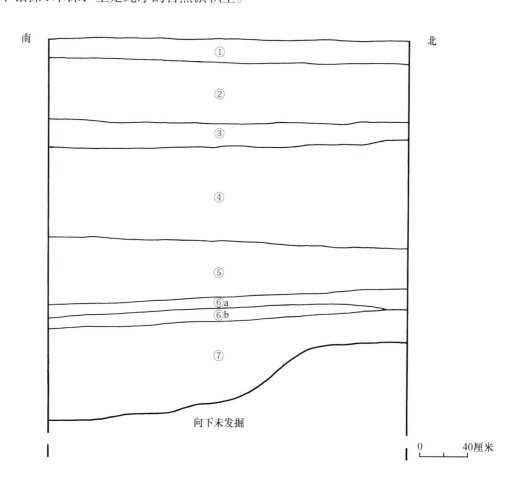

图2.365　T19西壁剖面图

二、出 土 遗 物

出土标本7件，均为建筑材料。根据用途，有板瓦、筒瓦两种。分别介绍如下。

1. 板瓦

6件，均为弧形板瓦。据表面绳纹粗细，分属A、B、C、D四型。分别介绍如下。

A型　1件。属Ab1型。表面饰细斜绳纹，内面素面。T19⑥a：3，残。灰陶。残长4.2、残宽4.4、厚1.1厘米（图2.366、图2.367）。

图2.366　Ab1型板瓦（T19⑥a：3）表、内面照片

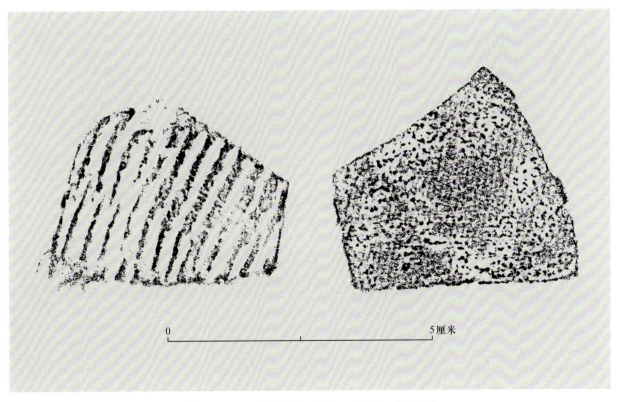

0　　　　　　　　　　　　　5厘米

图2.367　Ab1型板瓦（T19⑥a：3）表、内面拓片

B型 2件。属Ba1型。表面饰中粗交错绳纹，内面素面。

T19⑤：2，残。灰陶。残长6、残宽6.5、厚1.2厘米（图2.368、图2.369）。

图2.368 Ba1型板瓦（T19⑤：2）表、内面照片

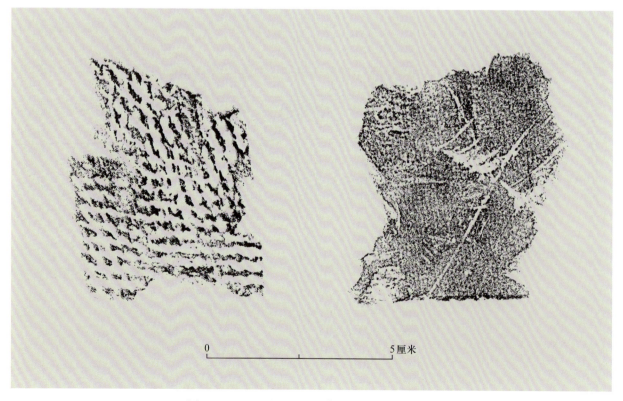

图2.369 Ba1型板瓦（T19⑤：2）表、内面拓片

T19⑥a∶2，残。灰陶。残长6.5、宽5、厚1厘米（图2.370、图2.371）。

图2.370　Ba1型板瓦（T19⑥a∶2）表、内面照片

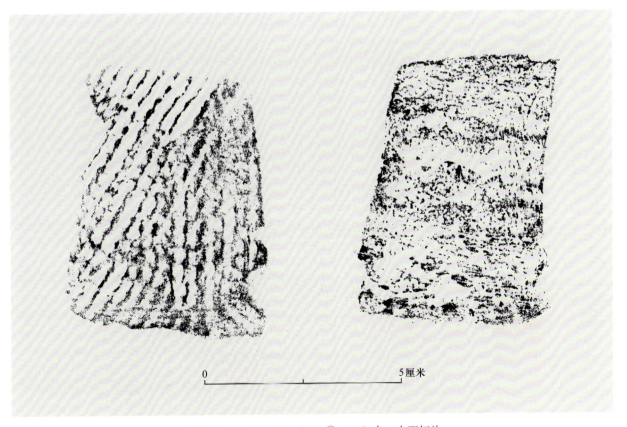

0　　　　　　　　　　　5厘米

图2.371　Ba1型板瓦（T19⑥a∶2）表、内面拓片

C型　2件。分两亚型。

Cb1型　1件。表面饰粗斜绳纹，内面素面。T19⑤：1，残。灰陶。残长5.3、残宽5、厚1.4厘米（图2.372、图2.373）。

图2.372　Cb1型板瓦（T19⑤：1）表、内面照片

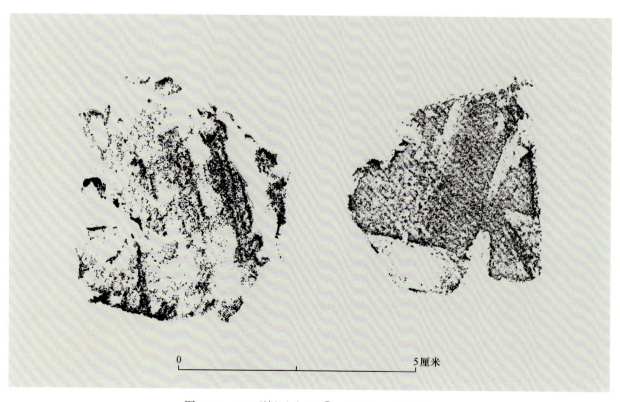

0　　　　　　　　　　　5厘米

图2.373　Cb1型板瓦（T19⑤：1）表、内面拓片

Cc1型　1件。表面饰粗直绳纹，内面素面。T19⑥a∶1，残。灰陶。残长8、残宽11、厚1厘米（图2.374、图2.375）。

图2.374　Cc1型板瓦（T19⑥a∶1）表、内面照片

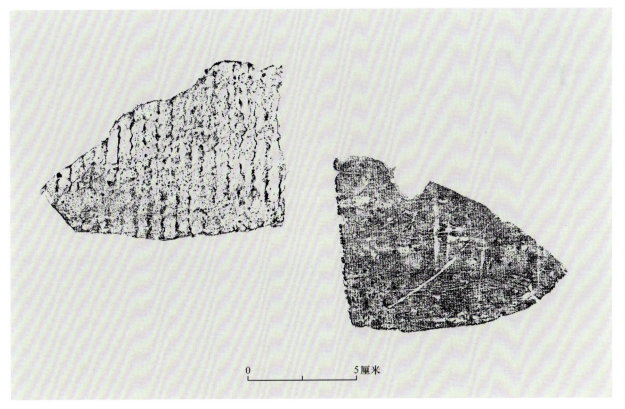

0　　　　　5厘米

图2.375　Cc1型板瓦（T19⑥a∶1）表、内面拓片

D型　1件。属D4型。表面素面，内面饰布纹。T19④：1，残。灰陶。残长4.2、残宽6、厚1.5厘米（图2.376、图2.377）。

图2.376　D4型板瓦（T19④：1）表、内面照片

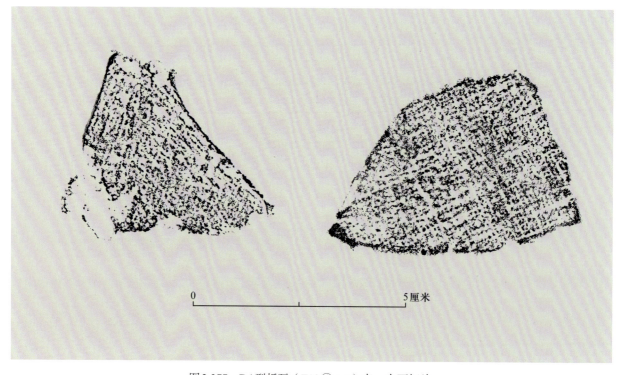

0　　　　　　　　　　　　　5厘米

图2.377　D4型板瓦（T19④：1）表、内面拓片

2. 筒瓦

1件。属D4型。表面素面，内面饰布纹。T19⑥a：4，残。灰陶。残长9.2、残径4.85、厚1.2厘米（图2.378、图2.379）。

图2.378　D4型筒瓦（T19⑥a：4）表、内面照片

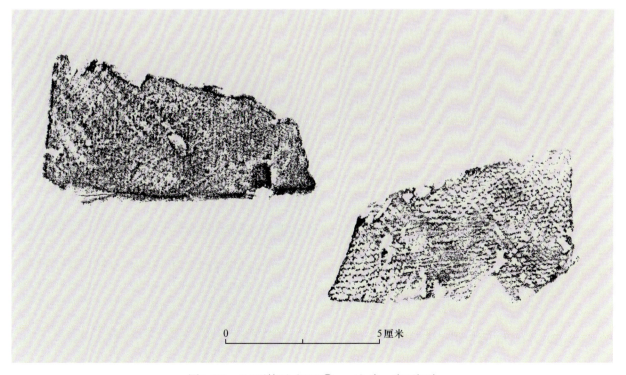

0　　　　　　　　5厘米

图2.379　D4型筒瓦（T19⑥a：4）表、内面拓片

第二节　结　语

从发掘情况看，本探方所在地点未发现古代遗存分布，但文化层中有一定数量的秦汉遗物，验证了考古勘探中对于地下遗存分布的相关认知。据勘探资料，本探方向南文化层逐渐变薄至消失，向北则基本上连续分布。探方所在地点，已接近于栎阳城遗址南部边缘。

第三部分

东

部

第六章　T21

T21位于西安市阎良区关山镇东炮张村东南部，西距东炮张村约200米。据勘探资料，此处位于栎阳城遗址东部边缘，为验证勘探信息布设本探方。探方东西向，东西长3、南北宽1.5米。发掘工作从2014年6月24日开始，至2014年6月27日发掘结束（图3.1）。

北

0　　40厘米

图3.1　T21总平面图

通过发掘，探方内未发现遗迹。出土各类标本11件，分建筑材料、陶器两类（表3.1）。此外出土各类残片32块（建筑材料占46.86%、陶器占53.14%）（表3.2）。

表3.1　T21出土标本登记表

编号	名称	材质	保存情况	重量/千克	分型	规格/厘米		
						长	宽/径	厚
T21③：1	板瓦	陶	残	0.27	D4	14	11.2	1.5
T21③：2	板瓦	陶	残	0.23	Aa4	12.5	9.3	1.8
T21③：3	板瓦	陶	残	0.04	Ca1	6.5	7.5	1.1
T21③：4	素面砖	陶	残	0.49	/	9.2	7	5.5
T21⑤：1	板瓦	陶	残	0.09	Cb1	8	8.5	1.1
T21⑤：2	板瓦	陶	残	0.03	Aa1	4.7	5.2	1
T21⑤：3	陶钵	陶	残	0.1	/	复原口径22.6、沿宽1.3、残长14.4、残宽3.6、残高7.8、厚0.7		
T21⑤：4	陶片	陶	残	0.1	/	15.6	12	0.7
T21⑥：1	陶钵	陶	残	0.24	/	复原口径20.9、沿宽1.2、残长15.5、残宽7.9、残高9.4、厚0.6		
T21⑥：2	陶片	陶	残	0.09	/	9.5	8.5	0.6
T21⑥：3	板瓦	陶	残	0.02	Ca1	4.8	3.7	0.7

表3.2　T21出土遗物数量统计表

名称	分型	③/件	⑤/件	⑥/件	合计	百分比/%	总百分比/%
		灰陶	灰陶	灰陶			
板瓦	Bc4	2	/	/	2	6.25	
	Cb1	1	1	/	2	6.25	43.73
	D4	10	/	/	10	31.23	
砖块	素面	1	/	/	1	3.13	3.13
陶片	凸弦纹	/	2	1	3	9.38	
	间断绳纹	/	1	1	2	6.25	
	绳纹	/	3	2	5	15.63	53.14
	印纹	/	/	1	1	3.13	
	素面	2	3	1	6	18.75	
合计	/	16	10	6	32	100.00	
百分比/%	/	50	31.23	18.75			

第一节　地　　层

根据土质、土色及包含物的不同，T21内地层堆积分为7层，地层堆积按四壁介绍，出土遗物以北壁统计介绍。

一、地层堆积

（一）北壁

第1层：浅灰褐色土。厚0.2～0.22米。分布全方，堆积近平。土质较软，结构疏松。内含大量植物根系及近现代杂物。

第2层：浅黄色土。深0.2～0.22、厚0.24～0.66米。分布全方，堆积近平。土质较硬，结构较致密。内含少量植物根系、红色砖渣、白灰颗粒。

第3层：黄色土。深0.84～0.86、厚0.52～0.56米。分布全方，堆积近平。土质较硬，结构较致密。内含少量炭粒、红烧土粒。本层出土遗物残片占探方出土遗物总数的50%，据该层内出土遗物残片统计，板瓦占81.25%，其中Bc4型占12.5%，Cb1型占6.25%，D4型占62.5%。砖块占6.25%，均为素面。陶片占12.5%，均为素面（表3.3）。

表3.3　T21第3层出土遗物数量统计表

名称	分型	灰陶/件	百分比/%	总百分比/%
板瓦	Bc4	2	12.50	
	Cb1	1	6.25	81.25
	D4	10	62.50	

名称	分型	灰陶/件	百分比/%	总百分比/%
砖块	素面	1	6.25	6.25
陶片	素面	2	12.50	12.50
合计	/	16	100.00	

第4层：浅黄色土。深1.38～1.4、厚0.34～0.36米。分布全方，堆积近平。土质较软，结构较疏松。内含少量炭粒、红烧土粒。

第5层：浅褐色土。深1.74～1.75、厚0.42～0.44米。分布全方，堆积近平。土质较硬，结构较致密。内含少量炭粒、红烧土粒。本层出土遗物残片占探方出土遗物总数的31.23%，据该层出土遗物残片统计，板瓦占10%，均为Cb1型。陶片占90%，其中凸弦纹占20%，绳纹占30%，间断绳纹占10%，素面占30%（表3.4）。

表3.4　T21第5层出土遗物数量统计表

名称	分型	灰陶/件	百分比/%	总百分比/%
板瓦	Cb1	1	10.00	10.00
陶片	凸弦纹	2	20.00	90.00
	绳纹	3	30.00	
	间断绳纹	1	10.00	
	素面	3	30.00	
合计	/	10	100.00	

第6层：浅灰褐色土。深2.18～2.19、厚0.42～0.46米。分布全方，堆积近平。土质较软，结构疏松。内含少量炭粒、草木灰烬、红烧土粒。本层出土遗物残片占探方出土遗物总数的18.75%，据本层出土遗物残片统计，陶片占100%，其中凸弦纹占16.67%，绳纹占33.33%，间断绳纹占16.67%，印纹占16.67%，素面占16.67%（表3.5）。

表3.5　T21第6层出土遗物数量统计表

名称	分型	灰陶/件	百分比/%	总百分比/%
陶片	凸弦纹	1	16.67	100.00
	间断绳纹	1	16.67	
	绳纹	2	33.33	
	印纹	1	16.67	
	素面	1	16.67	
合计		6	100.00	

第7层：褐色土。深2.6～2.64、厚0.26～0.28米。分布全方，堆积近平。土质较硬，结构较致密。堆积较纯净，无包含物（图3.2）。

（二）东壁

第1层：浅灰褐色土。厚0.19～0.2米。分布全方，堆积近平。土质较软，结构疏松。内含大量

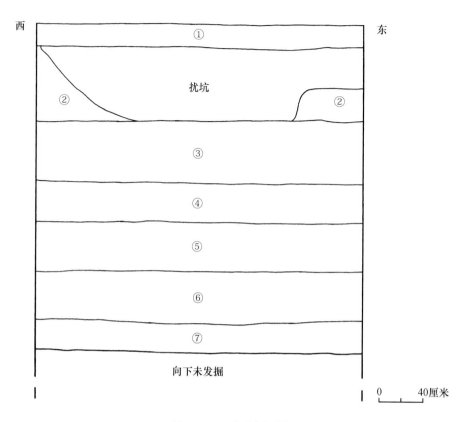

图3.2 T21北壁剖面图

植物根系及近现代杂物。

第2层：浅黄色土。深0.19～0.2、厚0.15～0.28米。分布全方，堆积近平。土质较硬，结构较致密。内含少量植物根系、红色砖渣、白灰颗粒。

第3层：黄色土。深0.86～0.88、厚0.52～0.55米。分布全方，堆积近平。土质较硬，结构较致密。内含少量炭粒、红烧土粒。

第4层：浅黄色土。深1.38～1.4、厚0.3～0.34米。分布全方，堆积近平。土质较软，结构较疏松。内含少量炭粒、红烧土粒。

第5层：浅褐色土。深1.7～1.72、厚0.41～0.44米。分布全方，堆积近平。土质较硬，结构较致密。内含少量炭粒、红烧土粒。

第6层：浅灰褐色土。深2.14～2.18、厚0.42～0.46米。分布全方，堆积近平。土质较软，结构疏松。内含少量炭粒、草木灰烬、红烧土粒。

第7层：褐色土。深2.6～2.64、厚0.26～0.27米。分布全方，堆积近平。土质较硬，结构较致密。堆积较纯净，无包含物（图3.3）。

（三）南壁

第1层：浅灰褐色土。厚0.18～0.2米。分布全方，堆积近平。土质较软，结构疏松。内含大量植物根系及近现代杂物。

第2层：浅黄色土。深0.18~0.2、厚0.16~0.69米。分布全方，堆积近平。土质较硬，结构较致密。内含少量植物根系、红色砖渣、白灰颗粒。

第3层：黄色土。深0.86~0.89、厚0.52~0.54米。分布全方，堆积近平。土质较硬，结构较密。内含少量炭粒、红烧土粒。

第4层：浅黄色土。深1.38~1.4、厚0.32~0.39米。分布全方，堆积近平。土质较软，结构较疏松。内含少量炭粒、红烧土粒。

第5层：浅褐色土。深1.7~1.76、厚0.36~0.44米。分布全方，堆积近平。土质较硬，结构较致密。内含少量炭粒、红烧土粒。

第6层：浅灰褐色土。深2.14~2.16、厚0.44~0.51米。分布全方，堆积近平。土质较软，结构疏松。内含少量炭粒、草木灰烬、红烧土粒。

第7层：褐色土。深2.6~2.66、厚0.22~0.26米。分布全方，堆积近平。土质较硬，结构较致密。堆积较纯净，无包含物（图3.4）。

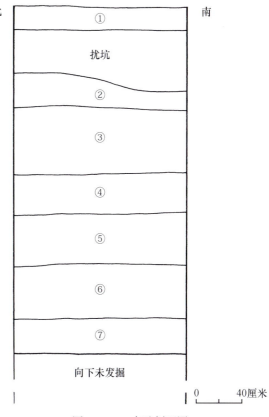

图3.3　T21东壁剖面图

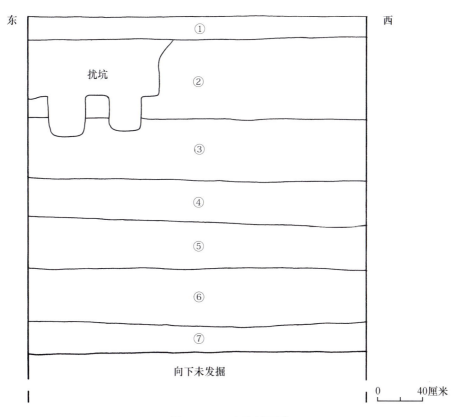

图3.4　T21南壁剖面图

（四）西壁

第1层：浅灰褐色土。厚0.17～0.2米。分布全方，堆积近平。土质较软，结构疏松。内含大量植物根系及近现代杂物。

第2层：浅黄色土。深0.17～0.2、厚0.66～0.7米。分布全方，堆积近平。土质较硬，结构较致密。内含少量植物根系、红色砖渣、白灰颗粒。

第3层：黄色土。深0.86～0.88、厚0.52～0.54米。分布全方，堆积近平。土质较硬，结构较致密。内含少量炭粒、红烧土粒。

第4层：浅黄色土。深1.38～1.4、厚0.36～0.4米。分布全方，堆积近平。土质较软，结构较疏松。内含少量炭粒、红烧土粒。

第5层：浅褐色土。深1.74～1.78、厚0.38～0.43米。分布全方，堆积近平。土质较硬，结构较致密。内含少量炭粒、红烧土粒。

第6层：浅灰褐色土。深2.16～2.18、厚0.42～0.44米。分布全方，堆积近平。土质较软，结构疏松。内含少量炭粒、草木灰烬、红烧土粒。

第7层：褐色土。深2.6～2.62、厚0.25～0.26米。分布全方，堆积近平。土质较硬，结构较致密。堆积较纯净，无包含物（图3.5）。

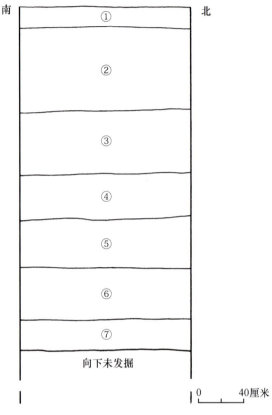

图3.5　T21西壁剖面图

二、出 土 遗 物

出土标本11件，分建筑材料、陶器两类。分别介绍如下。

（一）建筑材料

根据用途，有砖、板瓦两种。分别介绍如下。

1. 砖

1件。为素面砖，形制不可辨。T21③：4，残。红色。两面均为素面。残长9.2、残宽7、厚5.5厘米（图3.6、图3.7）。

图3.6　素面砖（T21③：4）正、背、侧面照片

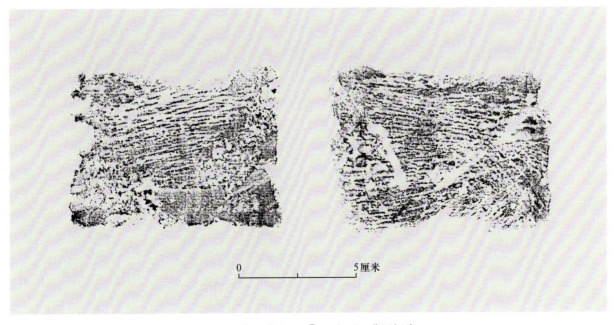

0　　　　　　　　5厘米

图3.7　素面砖（T21③：4）正、背面拓片

2. 板瓦

6件，均弧形板瓦。据表面绳纹粗细，分属A、C、D三型。分别介绍如下。

A型 2件。分两亚型。

Aa1型 1件。表面饰细交错绳纹，内面素面。T21⑤：2，残。灰陶。残长4.7、残宽5.2、厚1厘米（图3.8、图3.9）。

图3.8 Aa1型板瓦（T21⑤：2）表、内面照片

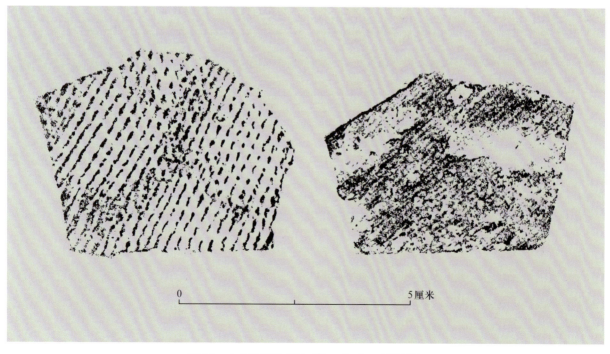

图3.9 Aa1型板瓦（T21⑤：2）表、内面拓片

Aa4型 1件。表面饰细交错绳纹，内面饰布纹。T21③：2，残。红陶。残长12.5、残宽9.3、厚1.8厘米（图3.10、图3.11）。

图3.10 Aa4型板瓦（T21③：2）表、内面照片

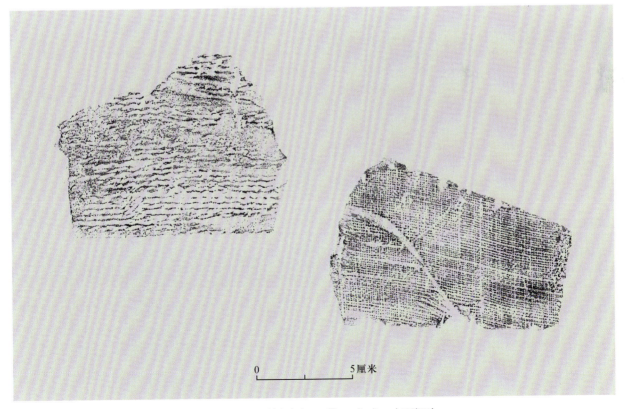

0   5厘米

图3.11 Aa4型板瓦（T21③：2）表、内面拓片

C型　3件。分两亚型。

Ca1型　2件。表面饰粗交错绳纹，内面素面。

T21③：3，残。灰陶。残长6.5、残宽7.5、厚1.1厘米（图3.12、图3.13）。

图3.12　Ca1型板瓦（T21③：3）表、内面照片

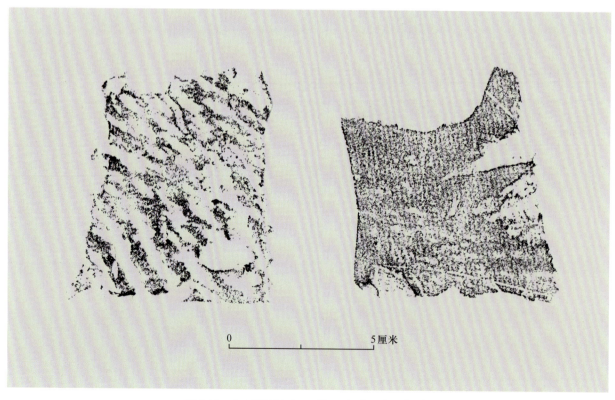

0　　　　　　　　　5厘米

图3.13　Ca1型板瓦（T21③：3）表、内面拓片

T21⑥：3，残。红陶。残长4.8、残宽3.7、厚约0.7厘米（图3.14、图3.15）。

图3.14　Ca1型板瓦（T21⑥：3）表、内面照片

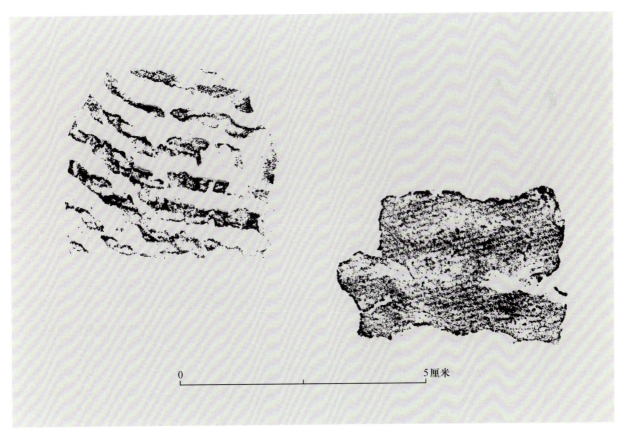

0　　　　　　　　　　　　　　5厘米

图3.15　Ca1型板瓦（T21⑥：3）表、内面拓片

Cb1型 1件。表面饰粗斜绳纹，内面素面。T21⑤：1，残。灰陶。残长8、残宽8.5、厚1.1厘米（图3.16、图3.17）。

图3.16 Cb1型板瓦（T21⑤：1）表、内面照片

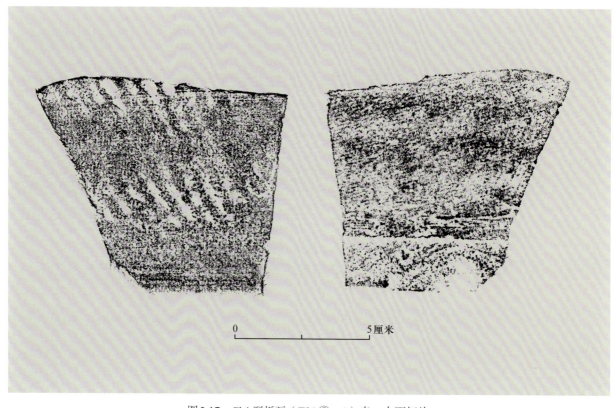

图3.17 Cb1型板瓦（T21⑤：1）表、内面拓片

D型　1件。属D4型。表面素面，内面饰布纹。T21③：1，残。灰陶。残长14、残宽11.2、厚1.5厘米（图3.18、图3.19）。

图3.18　D4型板瓦（T21③：1）表、内面照片

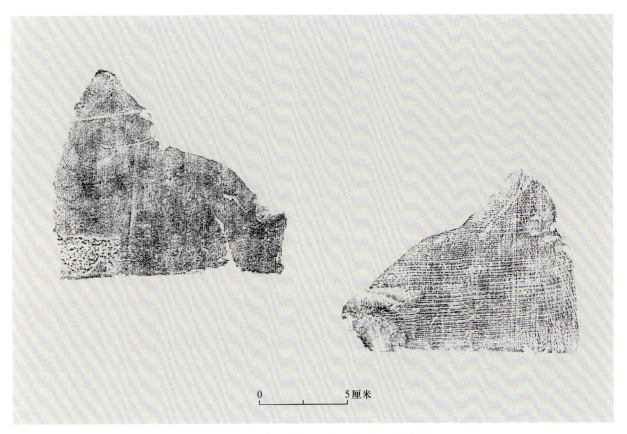

0　　　　　　5厘米

图3.19　D4型板瓦（T21③：1）表、内面拓片

（二）陶器

根据用途，有钵、陶片两种。分别介绍如下。

1. 钵

2件。

T21⑤：3，残。泥质灰陶。侈口，外折平沿，方唇，腹部饰凸弦纹，内面素面，有轮制痕迹。复原口径22.6、沿宽1.3、残长14.4、残宽3.6、残高7.8、厚0.7厘米（图3.20、图3.21；彩版49；图版49）。

图3.20 陶钵（T21⑤：3）外、内、侧面照片

图3.21 陶钵（T21⑤：3）外、内面拓片

T21⑥：1，残。泥质灰陶。侈口，外折平沿，圆唇，腹部饰四周凸弦纹，内面有轮制痕迹。复原口径20.9、沿宽1.2、残长15.5、残宽7.9、残高9.4、厚0.6厘米（图3.22、图3.23；彩版50；图版50）。

图3.22　陶钵（T21⑥：1）外、内、侧面照片

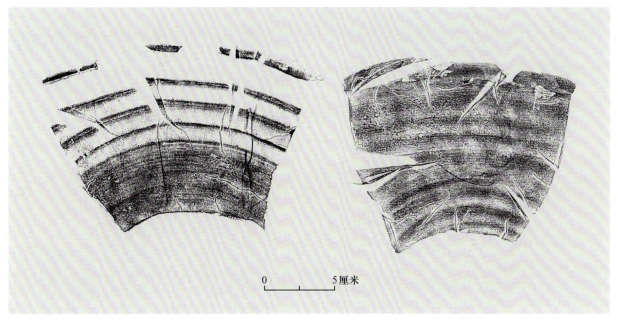

图3.23　陶钵（T21⑥：1）外、内面拓片

2. 陶片

2件。

T21⑤：4，残。泥质灰陶。外面饰间断细绳纹，内面有轮制痕迹，残长15.6、残宽12、厚0.7厘米（图3.24、图3.25）。

图3.24 陶片（T21⑤：4）外、内面照片

0   5厘米

图3.25 陶片（T21⑤：4）外、内面拓片

T21⑥：2，残。泥质灰陶。外面饰间断细绳纹，内面有轮制痕迹，残长9.5、残宽8.5、厚0.6厘米（图3.26、图3.27）。

图3.26 陶片（T21⑥：2）外、内面照片

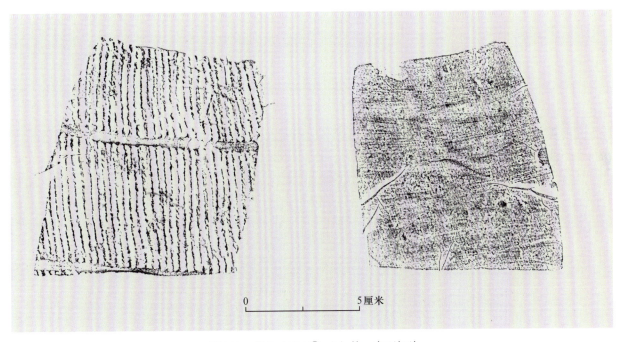

0　　　　　5厘米

图3.27 陶片（T21⑥：2）外、内面拓片

第二节　结　　语

从发掘情况看，本探方所在地点未发现古代遗存，但文化层中有一定数量的秦汉遗物，验证了考古勘探中对于遗存分布的相关认识。据勘探资料，本探方向西，文化层基本连续分布，向东则逐渐变薄至消失。探方所在地点，已接近于栎阳城遗址东部边缘。

第七章　T23

　　T23位于西安市阎良区关山镇南冯村终南组东部。据勘探资料，此处位于栎阳城遗址范围的东部边缘，为验证勘探信息布设本探方。探方东西向，东西长3、南北宽1.5米。发掘工作从2014年7月5日开始，至7月11日发掘结束（图3.28、图3.29）。

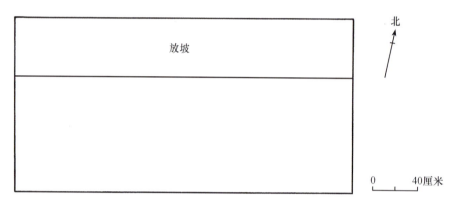

图3.28　T23总平面图

图3.29　T23全景照（北—南）

　　通过发掘，探方内未发现遗迹。出土各类标本3件，均为建筑材料（表3.6）。此外出土各类遗物残片24块（建筑材料占83.33%、陶器占16.67%）（表3.7）。

表3.6 T23出土标本登记表

编号	名称	材质	保存情况	重量/千克	分型	规格/厘米		
						长	宽（径）	厚
T23③：1	板瓦	陶	残	0.54	Ca3	11	23.5	1.5
T23③：2	板瓦	陶	残	0.12	Ca3	9.5	7.5	1.4
T23③：3	筒瓦	陶	残	0.06	Bc4	6	4.5	1.5

表3.7 T23出土遗物数量统计表

名称	分型	③/件	百分比/%	总百分比/%
		灰陶		
板瓦	Cc1	6	25.00	75.00
	Cb1	12	50.00	
筒瓦	Bc4	2	8.33	8.33
陶片	素面	4	16.67	16.67
合计	/	24	100.00	

第一节 地　　层

根据土质、土色及包含物的不同，T23内地层堆积分为4层，地层堆积按四壁介绍，出土遗物以北壁统计介绍。

一、地　层　堆　积

（一）北壁

第1层：浅灰色土。厚0.18~0.2米。分布全方，堆积近平。土质较软，结构疏松。内含大量的植物根系、灰色瓦片残块、塑料。

第2层：浅黄色土。深0.18~0.2、厚0.66~0.68米。分布全方，堆积近平。土质较硬，结构较致密。内含少量植物根系、红色砖渣、白灰颗粒。

第3层：灰褐色土。深0.84~0.86、厚0.36~0.4米。分布全方，堆积近平。土质较硬，结构较致密。内含少量炭粒、红烧土粒。本层出土遗物残片占探方出土遗物总数的100%，据该层内出土遗物残片统计，板瓦占75%，其中Cb1型占50%，Cc1型占25%。筒瓦占8.33%，均为Bc4型。陶片占16.67%，均为素面（表3.7）。

第4层：黄褐色土。深1.24~1.26、厚0.88~0.9米。分布全方，堆积近平。土质较软，结构较疏松。堆积较纯净，无包含物（图3.30）。

（二）东壁

第1层：浅灰色土。厚0.16~0.18米。分布全方，堆积近平。土质较软，结构疏松。内含大量

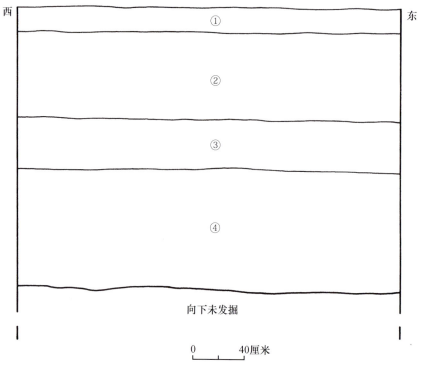

图3.30　T23北壁剖面图

图3.31　T23东壁剖面图

的植物根系、灰色瓦片残块、塑料。

第2层：浅黄色土。深0.16～0.18、厚0.62～0.68米。分布全方，堆积近平。土质较硬，结构较致密。内含少量植物根系、红色砖渣、白灰颗粒。

第3层：灰褐色土。深0.78～0.86、厚0.38～0.42米。分布全方，堆积近平。土质较硬，结构较致密。内含少量炭粒、红烧土粒。

第4层：黄褐色土。深1.2～1.24、厚0.9～0.96米。分布全方，堆积近平。土质较软，结构较疏松。堆积较纯净，无包含物（图3.31）。

（三）南壁

第1层：浅灰色土。厚0.16～0.2米。分布全方，堆积近平。土质较软，结构疏松。内含大量的植物根系、灰色瓦片残块、塑料。

第2层：浅黄色土。深0.16～0.2、厚0.8～0.82米。分布全方，堆积近平。土质较硬，结构较致密。内含少量植物根系、红色砖渣、白灰颗粒。

第3层：灰褐色土。深0.8～0.82、厚0.4～0.42

米。分布全方，堆积近平。土质较硬，结构较致密。内含少量炭粒、红烧土粒。

第4层：黄褐色土。深1.2～1.24、厚0.88～0.96米。分布全方，堆积近平。土质较软，结构较疏松。堆积较纯净，无包含物（图3.32）。

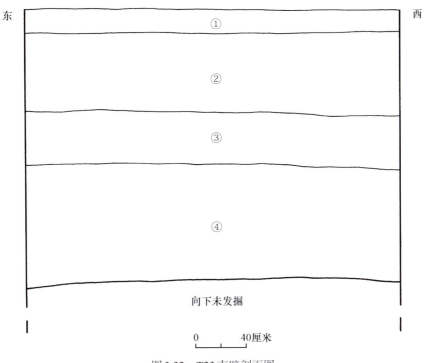

图3.32 T23南壁剖面图

（四）西壁

第1层：浅灰色土。厚0.16～0.18米。分布全方，堆积近平。土质较软，结构疏松。内含大量的植物根系、灰色瓦片残块、塑料。

第2层：浅黄色土。深0.16～0.18、厚0.65～0.66米。分布全方，堆积近平。土质较硬，结构较致密。内含少量植物根系、红色砖渣、白灰颗粒。

第3层：灰褐色土。深0.83～0.84、厚0.41～0.42米。分布全方，堆积近平。土质较硬，结构较致密。内含少量炭粒、红烧土粒。

第4层：黄褐色土。深1.24～1.25、厚0.88～0.9米。分布全方，堆积近平。土质较软，结构较疏松。堆积较纯净，无包含物（图3.33）。

二、出 土 遗 物

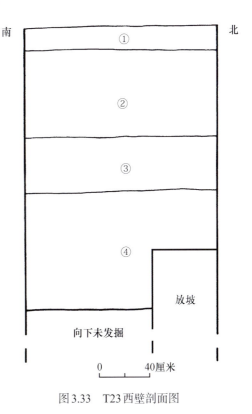

图3.33 T23西壁剖面图

出土标本3件，均为建筑材料。根据用途，有板瓦、筒瓦两种。分别介绍如下。

1. 板瓦

2件。均为弧形板瓦。据表面绳纹粗细，均属C型。

Ca3型　2件。表面饰粗交错绳纹，内面饰篦纹。

T23③：1，残。灰陶。残长11、残宽23.5、厚1.5厘米（图3.34、图3.35）。

图3.34　Ca3型板瓦（T23③：1）表、内面照片

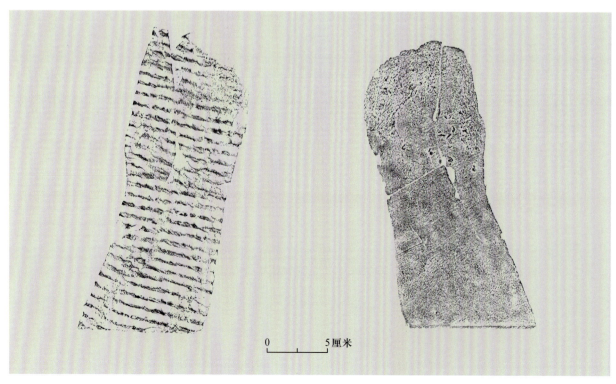

0　　　　5厘米

图3.35　Ca3型板瓦（T23③：1）表、内面拓片

T23③：2，残。灰陶。残长9.5、残宽7.5、厚1.4厘米（图3.36、图3.37）。

图3.36 Ca3型板瓦（T23③：2）表、内面照片

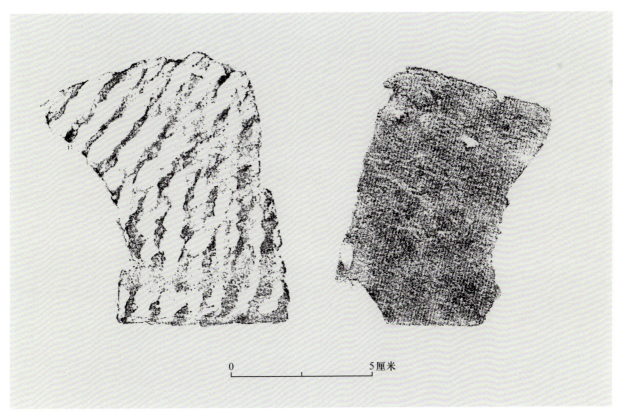

0　　　　　　　　　5厘米

图3.37 Ca3型板瓦（T23③：2）表、内面拓片

2. 筒瓦

1件。据表面绳纹粗细，为B型，属Bc4型。表面饰中粗直绳纹，内面饰布纹。T23③：3，残。灰陶。残长6、残径4.5、厚1.5厘米（图3.38、图3.39）。

图3.38　Bc4型筒瓦（T23③：3）表、内面照片

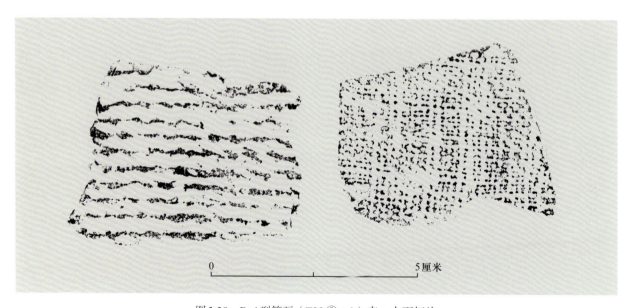

0　　　　　　　　　　　　　　5厘米

图3.39　Bc4型筒瓦（T23③：3）表、内面拓片

第二节　结　　语

从发掘情况看，本探方所在地点未发现古代遗存，但文化层中有一定数量的秦汉遗物，验证了考古勘探中对于遗存分布的相关认识。据勘探资料，本探方向西，文化层基本连续分布，向东则逐渐变薄至消失。探方所在地点，已接近于栎阳城遗址东部边缘。

第四部分

北

部

第八章　T22

T22位于西安市阎良区关山镇槐园村西南部，西距槐园村约40米。据勘探资料，此处位于栎阳城遗址范围的北部边缘，为验证勘探信息布设本探方。探方东西向，东西长3、南北宽1.5米。发掘工作从2014年6月28日上午开始，至2014年7月1日上午发掘结束（图4.1、图4.2）。

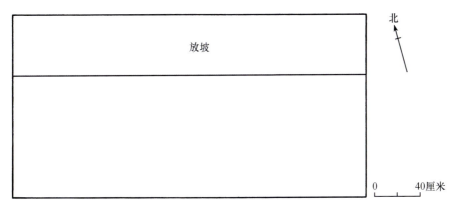

图4.1　T22总平面图

图4.2　T22全景照（西—东）

通过发掘，出土各类标本14件，分建筑材料、陶器两类（表4.1）。此外还出土遗物残片21块（建筑材料占28.57%、陶器占71.43%）（表4.2）。

表4.1 T22出土标本登记表

编号	名称	材质	保存情况	重量/千克	分型	规格/厘米		
						长	宽/径	厚
T22②：1	板瓦	陶	残	0.39	Ca3-2	16.6	13	1.5
T22②：2	板瓦	陶	残	0.45	Ca3	17	19	1.1～1.5
T22②：3	筒瓦	陶	残	0.25	Aa4	16	10	1.1
T22②：4	陶饼	陶	残	0.13	/	径8.4、厚1.6		
T22②：5	陶饼	陶	残	0.06	/	径5.9、厚1.4		
T22②：6	陶盆	陶	残	0.06	/	复原口径45.6、沿宽2.4、残长9、残宽3、残高4.3、厚1		
T22②：7	陶盆	陶	残	0.09	/	复原口径35.9、沿宽1.4、残长10.1、残宽2.3、残高8.8、厚1		
T22③：1	筒瓦	陶	残	0.05	Aa4	7	7	1.5
T22③：2	陶盆	陶	残	0.07	/	复原口径21.3、沿宽1.8、残长9.9、残宽5.6、残高6.7、厚1		
T22③：3	陶盆	陶	残	0.13	/	复原口径34.4、沿宽1.7、残长7.9、残宽2.8、残高11.9、厚0.9		
T22③：4	陶釜	陶	残	0.05	/	复原口径24.4、沿宽1、残长6.7、残宽2.4、残高6.6、厚0.9		
T22③：5	陶鬲	陶	残	0.14	/	复原口径36.4、沿宽1.5、残长10.1、残宽6.8、残高6.5、厚1.1		
T22④b：1	陶片	陶	残	0.05	/	残长8.7、残宽7.5、厚0.8		
T22④b：2	陶片	陶	残	0.12	/	残长12.8、残高6.7、厚0.7～1.3		

表4.2 T22出土遗物数量统计表

名称	分型	②/件	③/件	④b/件	合计	百分比/%	总百分比/%
		灰陶	灰陶	灰陶			
板瓦	Ca1	1	/	/	1	4.76	9.52
	Cb1	1	/	/	1	4.76	
筒瓦	D4	1	/	/	1	4.76	19.05
	Ac4	1	/	/	1	4.76	
	Aa4	1	/	/	1	4.76	
	Ba4	/	1	/	1	4.76	
陶片	素面	/	1	1	2	9.52	61.91
	绳纹	/	3	/	3	14.29	
	凹弦纹	/	1	/	1	4.76	
	间断绳纹	/	/	1	1	4.76	
	/	6	/	/	6	28.57	
陶饼	/	/	2	/	2	9.52	9.52
合计	/	13	6	2	21	100.00	
百分比/%	/	61.91	28.57	9.52			

第一节 地 层

　　根据土质、土色及包含物的不同，T22内地层堆积分为5层，地层堆积按四壁介绍，出土遗物以北壁统计介绍。

一、地 层 堆 积

（一）北壁

第1层：浅灰褐色土。厚0.14～0.16米。分布全方，堆积近平。土质较软，结构疏松。内含近现代杂物及大量植物根系。

第2层：浅黄褐色土。深0.14～0.16、厚0.64～0.72米。分布全方，堆积近平。土质较软，结构疏松。内含少量的炭粒、红烧土粒、陶器残片、瓦片。本层出土遗物残片占探方出土遗物总数的61.91%。据该层内出土遗物残片统计，板瓦占15.38%，其中Ca1型占7.69%，Cb1型7.69%。筒瓦占23.07%，其中D4型占7.69%，Ac4型占7.69%，Aa4型占7.69%。陶器占46.15%，均为素面。陶饼占15.39%（表4.3）。

表4.3　T22第2层出土遗物数量统计表

名称	分型	灰陶/件	百分比/%	总百分比/%
板瓦	Ca1	1	7.69	15.38
	Cb1	1	7.69	
筒瓦	D4	1	7.69	23.07
	Ac4	1	7.69	
	Aa4	1	7.69	
陶饼	/	2	15.39	15.39
陶片	/	6	46.14	46.15
合计	/	13	100.00	

第3层：浅黄灰色土。深0.78～0.86、厚0.32～0.48米。分布全方，堆积近平。土质较硬，结构较致密，内含少量的炭粒、红烧土粒、草木灰烬。本层出土遗物残片占探方出土遗物总数的28.57%。据该层内出土遗物残片统计，筒瓦占16.67%，均为Ba4型。陶片占83.34%，其中凹弦纹占16.67%，绳纹占50%，素面占16.67%（表4.4）。

表4.4　T22第3层出土遗物数量统计表

名称	分型	灰陶/件	百分比/%	总百分比/%
筒瓦	Ba4	1	16.67	16.67
陶片	素面	1	16.67	83.34
	绳纹	3	50.00	
	凹弦纹	1	16.67	
合计	/	6	100.00	

第4a层：浅黄色土。深1.16～1.18、厚0～0.12米。分布于探方东部，堆积近平。土质较软，结构较疏松。堆积较纯净，无包含物。

第4b层：浅黄色土。深1.22～1.3、厚0～0.64米。分布于探方东部，西高东低，呈坡状堆积。土质较软，结构较疏松。内含少量陶器残片。本层出土遗物残片占探方出土遗物总数的9.52%。

据该层内出土遗物残片统计，陶器残片占100%，间断绳纹占50%，素面占50%（表4.5）。

表4.5　T22第4b层出土遗物数量统计表

名称	分型	灰陶/件	百分比/%	总百分比/%
陶片	素面	1	50.00	100.00
	间断绳纹	1	50.00	
合计	/	2	100.00	

第5层：浅褐色土。深1.11～1.28、厚0～0.4米。分布于探方西部，堆积近平。土质较硬，结构较致密。内含少量的炭粒、红烧土粒（图4.3）。

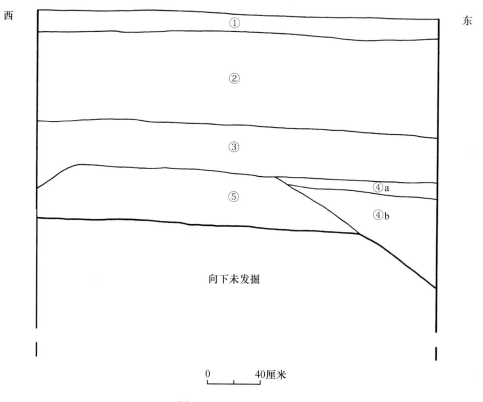

图4.3　T22北壁剖面图

（二）东壁

第1层：浅灰褐色土。厚0.14～0.15米。分布全方，堆积近平。土质较软，结构疏松。内含近现代杂物及大量植物根系。

第2层：浅黄褐色土。深0.14～0.56、厚0.66～0.72米。分布全方，堆积近平。土质较软，结构疏松。内含少量的炭粒、红烧土粒、陶器残片、瓦片。

第3层：浅黄灰色土。深0.8～0.86、厚0.32～0.4米。分布全方，堆积近平。土质较硬，结构较致密。内含少量的炭粒、红烧土粒、草木灰烬。

第4a层：浅黄色土。深1.14～1.2、厚0.1～0.12米。分布于探方东部，堆积近平。土质较软，结构较疏松。堆积较纯净，无包含物。

第4b层：浅黄色土。深1.29 ~ 1.31、厚0.6 ~ 0.64米。分布于探方东部，堆积近平。土质较软，结构较疏松。内含少量陶器残片（图4.4）。

（三）南壁

第1层：浅灰褐色土。厚0.1 ~ 0.16米。分布全方，堆积近平。土质较软，结构疏松。内含近现代杂物及大量植物根系。

第2层：浅黄褐色土。深0.1 ~ 0.16、厚0.64 ~ 0.68米。分布全方，堆积近平。土质较软，结构疏松。内含少量的炭粒、红烧土粒、陶器残片、瓦片。

第3层：浅黄灰色土。深0.78 ~ 0.82、厚0.3 ~ 0.48米。分布全方，堆积近平。土质较硬，结构较致密。内含少量的炭粒、红烧土粒、草木灰烬。

第4a层：浅黄色土。深1.18 ~ 1.2、厚0 ~ 0.1米。分布于探方东部，堆积近平。土质较软，结构较疏松。堆积较纯净，无包含物。

第4b层：浅黄色土。深1.18 ~ 1.3、厚0 ~ 0.6米。分布于探方东部，西高东低，呈坡状堆积。土质较软，结构较疏松。内含少量陶器残片。

第5层：浅褐色土。深1.1 ~ 1.24、厚0 ~ 0.38米。分布于探方西部，堆积近平。土质较硬，结构较致密。内含少量的炭粒、红烧土粒（图4.5）。

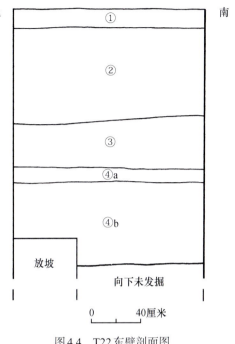

图4.4　T22东壁剖面图

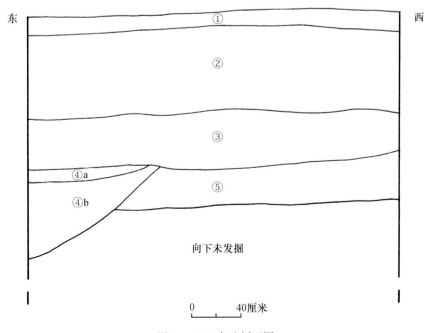

图4.5　T22南壁剖面图

（四）西壁

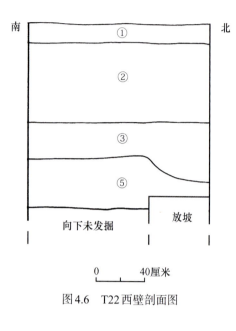

图 4.6　T22 西壁剖面图

第1层：浅灰褐色土。厚0.14～0.16米。分布全方，堆积近平。土质较软，结构疏松。内含近现代杂物及大量植物根系。

第2层：浅黄褐色土。深0.14～0.16、厚0.64～0.65米。分布全方，堆积近平。土质较软，结构疏松。内含少量的炭粒、红烧土粒、陶器残片、瓦片。

第3层：浅黄灰色土。深0.78～0.8、厚0.3～0.48米。分布全方，堆积近平。土质较硬，结构较致密。内含少量的炭粒、红烧土粒、草木灰烬。

第5层：浅褐色土。深1.07～1.28、厚0.22～0.42米。分布于探方西部，堆积近平。土质较硬，结构较致密。内含少量的炭粒、红烧土粒（图4.6）。在第5层清理后从平面向下钻探1米深，全是纯净的自然淤积土。

二、出土遗物

出土标本14件，分建筑材料、陶器两类。分别介绍如下。

（一）建筑材料

根据用途，有板瓦、筒瓦两种。分别介绍如下。

1. 板瓦

2件，均弧形板瓦。据表面绳纹粗细，均属C型，分两亚型。

Ca3型　1件。表面饰粗交错绳纹，内面饰篦纹。T22②：2，残。灰陶。残长17、残宽19、厚1.1～1.5厘米（图4.7、图4.8）。

Ca3-2型　1件。表面饰粗交错绳纹，内面饰篦纹、麻点纹。T22②：1，残。灰陶。残长16.6、残宽13、厚1.5厘米（图4.9、图4.10）。

2. 筒瓦

2件。据表面绳纹粗细，均属A型，属Aa4型。表面饰细交错绳纹，内面饰布纹。

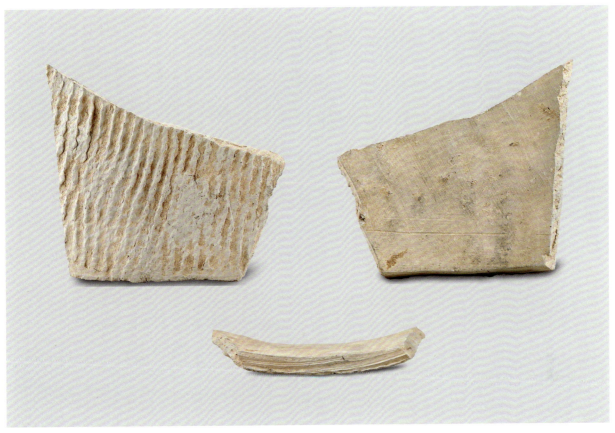

图4.7　Ca3型板瓦（T22②：2）表、内、侧面照片

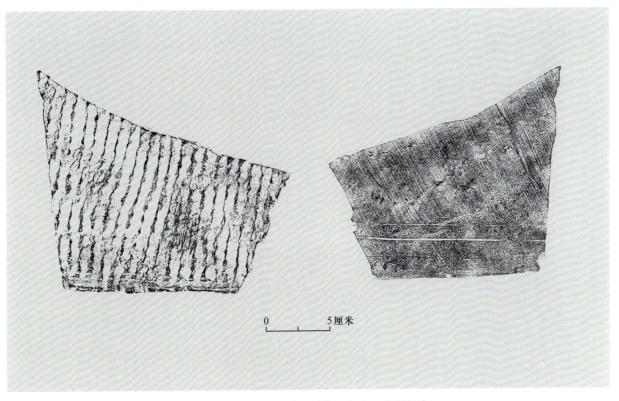

0　　　　　5厘米

图4.8　Ca3型板瓦（T22②：2）表、内面拓片

图4.9　Ca3-2型板瓦（T22②：1）表、内、侧面照片

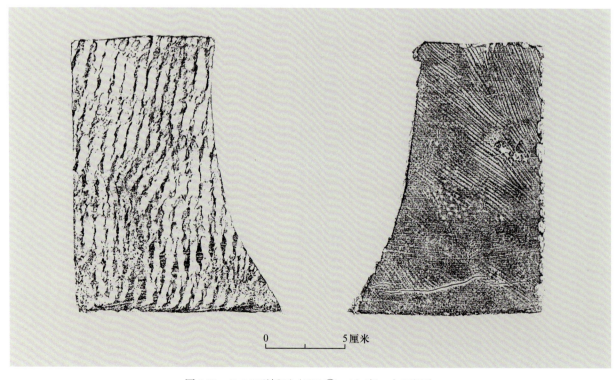

0　　　　　5厘米

图4.10　Ca3-2型板瓦（T22②：1）表、内面拓片

T22②：3，残。灰陶。绳纹抹平部分宽2.5厘米。残长16、残径10、厚1.1厘米（图4.11、图4.12）。

图4.11 Aa4型筒瓦（T22②：3）表、内面照片

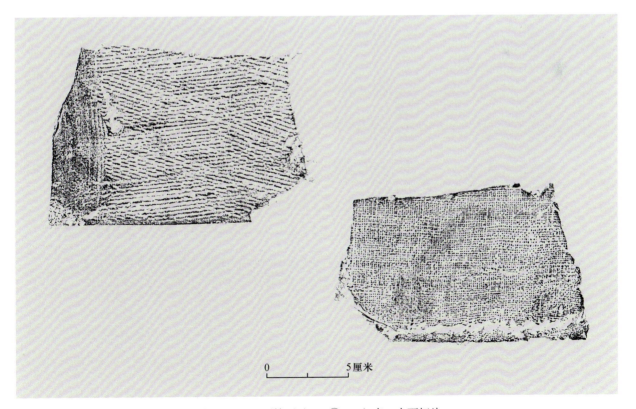

0   5厘米

图4.12 Aa4型筒瓦（T22②：3）表、内面拓片

T22③：1，残。灰陶。残长7、残径7、厚1.5厘米（图4.13、图4.14）。

（二）陶器

根据用途，有盆、鬲、釜、陶饼、陶片五种。分别介绍如下。

图4.13　Aa4型筒瓦（T22③：1）表、内面照片

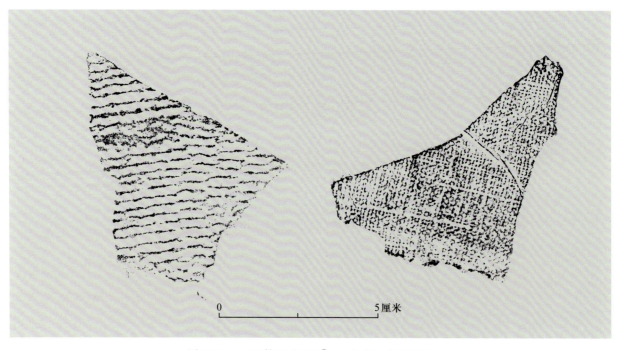

0　　　　　　　　5厘米

图4.14　Aa4型筒瓦（T22③：1）表、内面拓片

1. 盆

4件。

T22②：6，残。泥质灰陶。敛口，外折沿，方唇，斜弧腹，外面素面，内面有轮制痕迹。复原口径45.6、沿宽2.4、残长9、残宽3、残高4.3、厚1厘米（图4.15、图4.16；彩版51；图版51）。

图4.15　陶盆（T22②：6）外、内、侧面照片

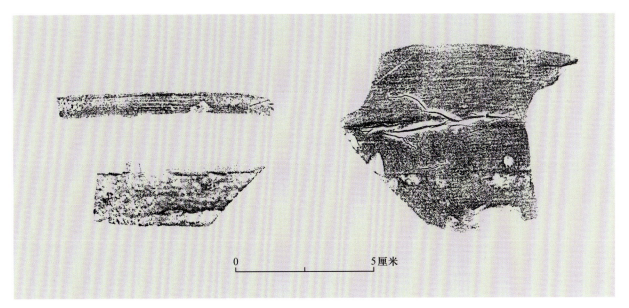

图4.16　陶盆（T22②：6）外、内面拓片

T22②：7，残。泥质灰陶。侈口，外折沿，卷唇，腹部微鼓，腹下斜内收，腹部饰一周柳叶状虫蛹形纹，柳叶状虫蛹形纹下饰一周凹弦纹，内面有轮制痕迹。复原口径35.9、沿宽1.4、残长10.1、残宽2.3、残高8.8、厚1厘米（图4.17、图4.18；彩版52；图版52）。

图4.17 陶盆（T22②：7）外、内、侧面照片

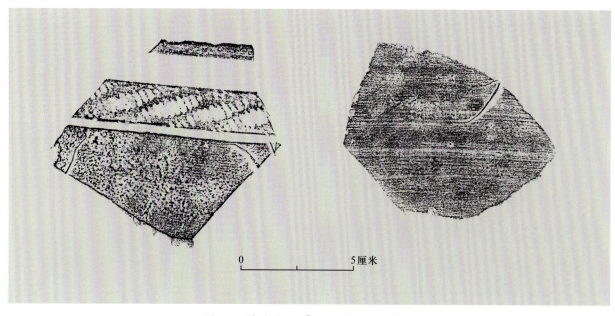

图4.18 陶盆（T22②：7）外、内面拓片

T22③：2，残。泥质灰陶。侈口，外折沿，尖唇，斜弧腹，外面素面，内面有轮制痕迹。复原口径21.3、沿宽1.8、残长9.9、残宽5.6、残高6.7、厚1厘米（图4.19、图4.20；彩版53；图版53）。

图4.19　陶盆（T22③：2）外、内、侧面照片

图4.20　陶盆（T22③：2）外、内面拓片

T22③：3，残。夹砂灰陶。侈口，外折平沿，方唇，腹部微鼓，腹下斜内收，唇下饰两周凸弦纹，腹部饰一周凸弦纹，内面有轮制痕迹。复原口径34.4、沿宽1.7、残长7.9、残宽2.8、残高11.9、厚0.9厘米（图4.21、图4.22；彩版54；图版54）。

图4.21　陶盆（T22③：3）外、内、侧面照片

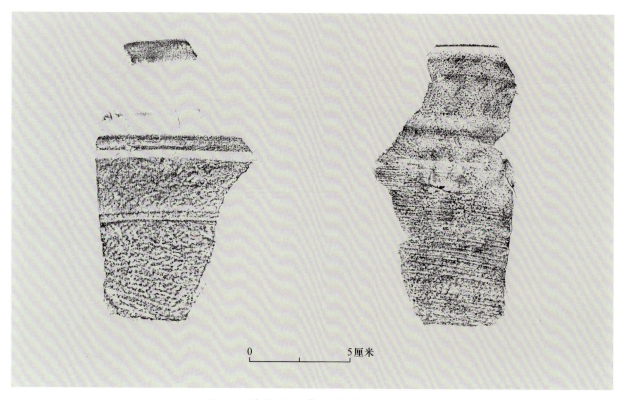

0　　　　　　　5厘米

图4.22　陶盆（T22③：3）外、内面拓片

2. 鬲

1件。T22③：5，残。夹砂灰陶。敛口，外折平沿，广肩，鼓腹，肩部、腹部饰细绳纹，内面有轮制痕迹。复原口径36.4、沿宽1.5、残长10.1、残宽6.8、残高6.5、厚1.1厘米（图4.23、图4.24；彩版55；图版55）。

图4.23　陶鬲（T22③：5）外、内、侧面照片

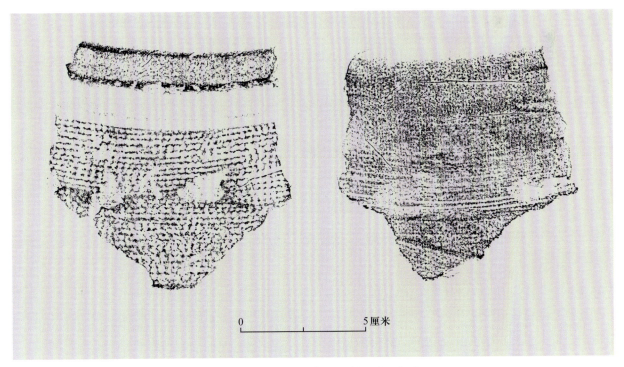

0　　　　　　　　5厘米

图4.24　陶鬲（T22③：5）外、内面拓片

3. 釜

1件。T22③：4，残。夹砂灰陶。敛口，圆唇，腹部微鼓，腹部饰斜绳纹、篮纹，内面有轮制痕迹。复原口径24.4、沿宽1、残长6.7、残宽2.4、残高6.6、厚0.9厘米（图4.25、图4.26；彩版56；图版56）。

图4.25　陶釜（T22③：4）外、内、侧面照片

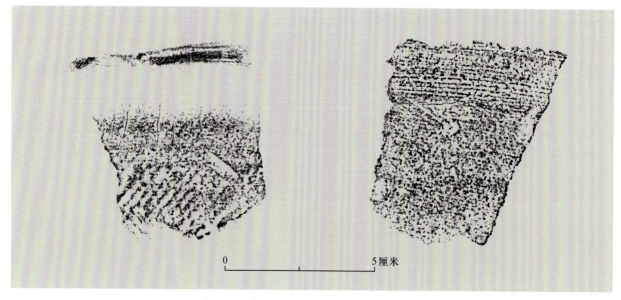

0　　　　　　　　　5厘米

图4.26　陶釜（T22③：4）外、内面拓片

4. 陶饼

2件。

T22②：4，残。灰色。圆形。一面饰中粗斜绳纹，另一面饰篦纹，为利用板瓦二次加工而成。径8.4、厚1.6厘米（图4.27、图4.28；彩版57；图版57）。

图4.27　陶饼（T22②：4）正、背面照片

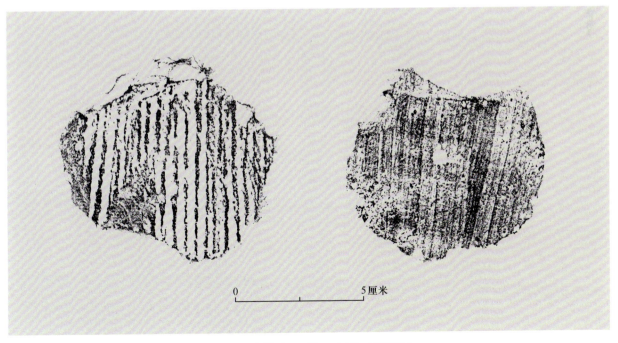

0　　　　　　　　5厘米

图4.28　陶饼（T22②：4）正、背面拓片

T22②：5，残。灰色。近圆形。一面饰中粗交错绳纹，另一面饰篦纹，为利用板瓦二次加工而成。径5.9、厚1.4厘米（图4.29、图4.30；彩版58；图版58）。

图4.29　陶饼（T22②：5）正、背面照片

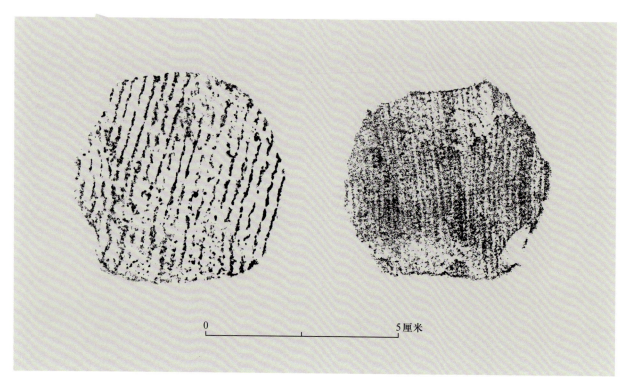

图4.30　陶饼（T22②：5）正、背面拓片

5. 陶片

2件。

T22④b：1，残。泥质灰陶。外面饰抹平绳纹，内面素面。残长8.7、残宽7.5、厚0.8厘米（图4.31、图4.32）。

图4.31　陶片（T22④b：1）外、内面照片

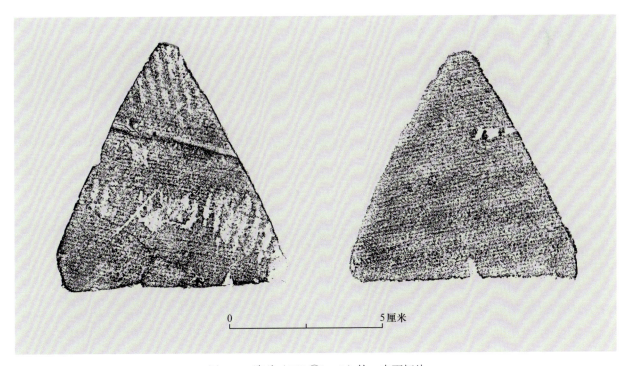

0　　　　　　　　5厘米

图4.32　陶片（T22④b：1）外、内面拓片

　　T22④b：2，残。泥质灰陶。陶器底部，外面素面，内面有轮制痕迹。残长12.8、残高6.7、厚0.7～1.3厘米（图4.33、图4.34）。

图4.33　陶片（T22④b：2）外、内、侧面照片

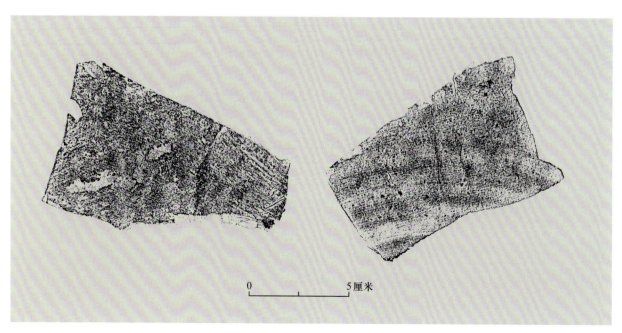

图4.34　陶片（T22④b：2）外、内面拓片

第二节　结　　语

　　从发掘情况看，本探方所在地点未发现古代遗存，但文化层中有一定数量的秦汉遗物，验证了考古勘探中对于遗存分布的相关认识。据勘探资料，本探方向南，文化层基本连续分布，向北则逐渐变薄至消失。探方所在地点，已接近于栎阳城遗址北部边缘。

后　记

在国家文物局、陕西省文物局、西安市文物局的大力支持下，在阎良区委区政府历届领导的大力支持下，由中国社会科学院考古研究所与西安市文物保护考古研究院联合组成的阿房宫与上林苑考古队从2013年重启栎阳城考古，不断取得重要发现，2018年春获得入选2017年全国十大考古新发现的殊荣。

2018年夏，西安市阎良区政府将三号古城核心区95亩土地集中流转，使三号古城核心区开展有计划的整体发掘有了可能。在这种情况下，考古队根据实际情况，修订了之前做出的栎阳考古计划，决定将今后一段时间的工作集中在三号古城，并决定尽快整理1980年到2018年底间开展考古工作获得的考古资料。

考虑到多年工作后积累的资料较多，而考古资料的整理和出版又需要一个较长的时间，因此考古队先把学界一直关注的瓦当和陶文进行整理，于2020年出版《栎阳瓦当》和《栎阳陶文》。在这个过程中，基本完成了1980～2018年所获器物的照相、拓片和绘图工作，按照体例逐步开展考古报告编写。

在整理出版《秦汉栎阳城：2012～2018年考古报告》（第一卷）后，考古队继续开展后续考古资料整理，本报告即是对2014年开展栎阳城遗址范围确定考古发掘8个探方的所获资料。

如我们在《秦汉栎阳城：1980～1981年考古报告》后记指出的（由于分卷出版，这些话还需不断重复下去），与以往报告有较大不同，从2018年开始，考古队开始与西安天穹测绘有限公司合作，大规模开展了出土器物的三维扫描。在尊重长期以来形成考古绘图标准的基础上，根据历史时期建筑遗址中出土遗物以古代各种建筑材料为主的实际情况，结合建筑制图和考古学科发展的情况，尝试性地开展了新形式的考古器物图绘制。

在大家所看到的考古报告中，对一些器物绘制了专门的前后左右上下的六面图，并制成专册。鉴于之前考古报告中各类器物的照相基本仅拍摄某一面、其他方向特征往往无法反映的实际情况，我们将三维制图之前形成的器物六面正射影像也制成专册一起出版。不过需说明的是，报告彩版的器物图像，均是通过三维建模而生成。与正文中器物照片相比，彩版中的器物颜色与实际情况存在差异，读者当以正文照片的色值为准。就如何消除正文与彩版中颜色差异的问题，我们还需继续摸索与努力。

当然，在通过三维制图后，由于技术进步，可获得更多更精确的测量数据，因此我们尽可能地从整体到细节将器物的各种尺寸进行了标注，而不再仅仅是大家习见报告中文字描述中部分所介绍的长宽高。希望需更多了解器物具体细节而一时无法"摩挲"实物的学者，能从中找到更多"有用"的信息。同时，基于三维制图后很容易得到的器物的体积数据（之前体积数据一般很难精确），再结合器物重量而方便得到的器物密度，我们也一并在图纸中进行标注。相信这一做法要是能延续下去并不断深化的话，在积累足够多资料后，细心的学者一定可以从中发现不少之前难以获得的信息。

由于此种方法的绘图尚在探索之中，因此在参考考古绘图和相关绘图规范的基础上，我们采取了不同的尝试。如有的器物绘制复原轮廓，有的未绘；有的做电子拓片，以便细心的读者可与报告提供的人工拓片有所比较，有的则未做；有些同类器物的摆放位置也有不同，等等。虽这样一来看上去并不统一，但我们想通过这种直观的方式，将不同绘法呈现出来，以收集对各绘法优劣的批评意见，为今后报告绘图的制作做一探索。希望审读报告的同仁不吝批评，以推进我们的相关努力可不断改进。

虽然上述所做工作无疑大大增加了整理和出版时的人力、时间和经费"成本"，但我们认为，作为资料学科的考古学而言，这大体应是一个有益的尝试。我们想，在进行野外的更多的"动手动脚找东西"（傅斯年先生语）的同时，对野外获得各种资料，在新技术支持下进行更多角度的记录和分析，应能对我们考古学科的发展有所助益。因此非常希望看到报告的学者，将阅读报告后的意见及时地反馈给我们，以便推进今后考古资料的整理、编写与出版。

感谢国家文物局、陕西省文物局、西安市文物局多年以来对栎阳考古工作的大力支持，感谢阎良区委、区政府、阎良区文体局、阎良区武屯、新兴街道和相关村委和阎良区人民对栎阳考古工作的大力支持。

感谢中国社会科学院考古研究所、西安市文物保护考古研究院各级领导对栎阳城考古工作和本书编写工作的大力支持。

感谢科学出版社孙莉、王琳玮女士的不懈努力，使本书及时出版。

2023年3月27日，栎阳考古最重要的参与者和保护者，著名考古学家李毓芳先生永远地离开了我们，离开了她念念不忘的栎阳城考古工地，离开了她曾经期待的栎阳城三号古城核心区宫殿建筑发掘。

我们感谢她、怀念她……

刘　瑞

2024年8月8日

彩版和图版

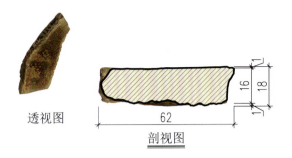

透视图

剖视图

16 18

62

139

18

左视图

135 139

主视图

124

剖视图

16 18

139

71

后视图

71

仰视图

10 7

编号	T12⑧：3	名称	Ba2型板瓦
残长	13.9厘米	残宽	7.1厘米	厚	1.6厘米
重量	0.16千克		
体积	90.58立方厘米	密度	1766.37千克/立方米

图例

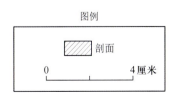

剖面

0   4厘米

Ba2型板瓦（T12⑧：3）正射影像图

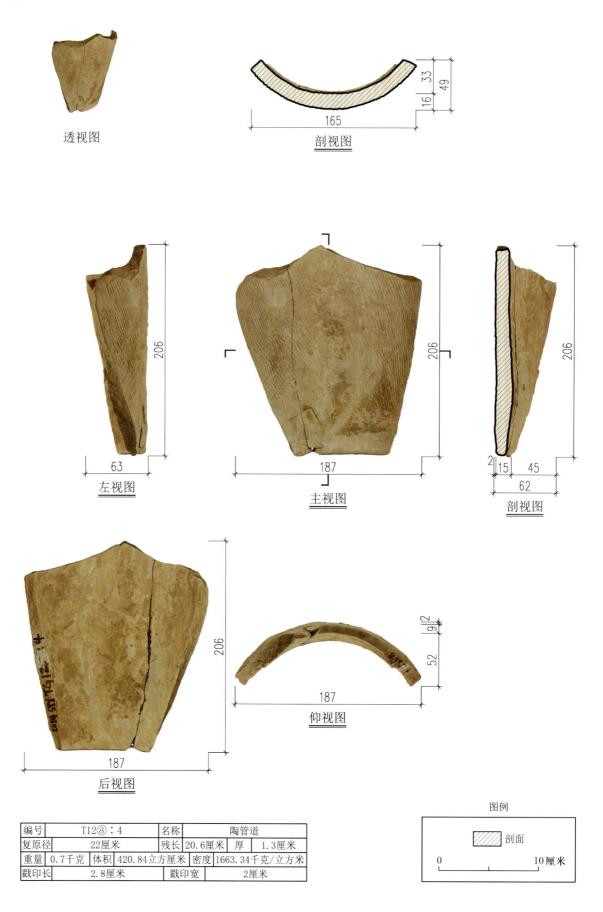

透视图

剖视图

左视图

主视图

剖视图

后视图

仰视图

编号	T12⑧：4	名称		陶管道	
复原径	22厘米	残长	20.6厘米	厚	1.3厘米
重量	0.7千克	体积	420.84立方厘米	密度	1663.34千克/立方米
戳印长	2.8厘米		戳印宽		2厘米

图例

[图例] 剖面

0   10厘米

陶管道（T12⑧：4）正射影像图

透视图

俯视图

左视图

主视图

剖视图

仰视图

图例

编号	T12⑦：1		名称	陶罐	
复原口径	11厘米	沿宽 0.8厘米		残长	9.9厘米
残宽	6.7厘米	残高 6.1厘米	厚 0.7厘米	重量	0.1千克
体积	50.43立方厘米		密度	1982.95千克/立方米	

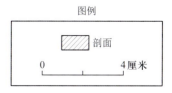

陶罐（T12⑦：1）正射影像图

透视图

俯视图

左视图

主视图

剖视图

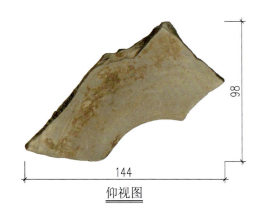

仰视图

编号	T12⑦：3		名称	陶罐	
残长	14.4厘米		残宽	9.8厘米	
残高	5.4厘米	厚	0.9厘米	重量	0.11千克
体积	62.92立方厘米	密度	1748.25千克/立方米		

图例

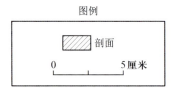

陶罐（T12⑦：3）正射影像图

透视图

俯视图

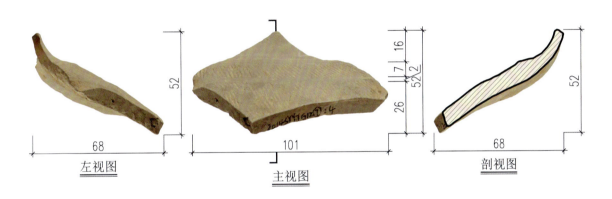

左视图

主视图

剖视图

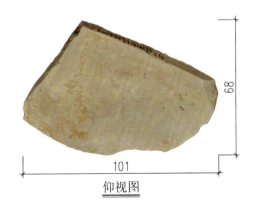

仰视图

编号	T12⑦：4	名称	陶罐		
残长	10.1厘米	残宽	6.8厘米		
残高	5.2厘米	厚	0.8厘米	重量	0.07千克
体积	42.41立方厘米	密度	1650.59千克/立方米		

图例

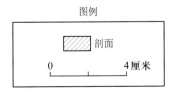

剖面

0   4厘米

陶罐（T12⑦：4）正射影像图

彩版6

透视图

俯视图

左视图　　　　　主视图　　　　　剖视图

仰视图

编号	T12⑧：1	名称	陶罐	
残长	8.1厘米	残宽	6.9厘米	
残高	5.5厘米	厚	0.6厘米	重量	0.07千克
体积	35.38立方厘米	密度	1978.69千克/立方米	
戳印长	2.2厘米	戳印宽	2厘米	

图例

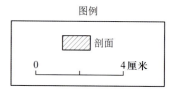

陶罐（T12⑧：1）正射影像图

透视图

俯视图

左视图　　　　主视图　　　　剖视图

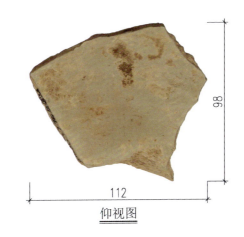

仰视图

编号	T12⑧：2	名称	陶罐		
残长	11.2厘米	残宽	9.8厘米		
残高	7.5厘米	厚	0.9厘米	重量	0.12千克
体积	66.63立方厘米	密度	1800.99千克/立方米		
戳印长	3.1厘米	戳印宽	2.4厘米		

图例

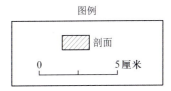

剖面

0　　　　　　5厘米

陶罐（T12⑧：2）正射影像图

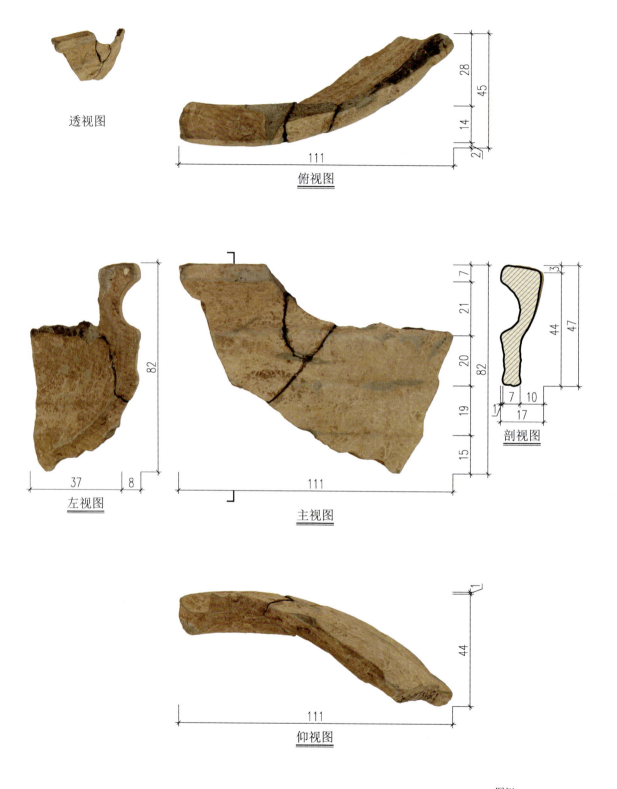

透视图

俯视图

左视图

主视图

剖视图

仰视图

编号	T16⑤：3		名称	陶盆	
复原口径	23厘米	沿宽	1.4厘米	残长	11.1厘米
残宽	4.5厘米	残高	8.2厘米	厚	0.7厘米	重量	0.06千克
体积	39.77立方厘米		密度	1508.67千克/立方米	

图例

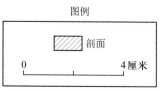 剖面

0   4厘米

陶盆（T16⑤：3）正射影像图

透视图

俯视图

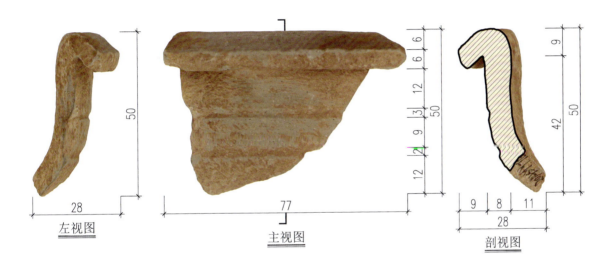

左视图   主视图   剖视图

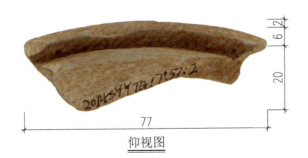

仰视图

编号	T17⑤：2		名称	陶盆	
复原口径	24.8厘米	沿宽	1.7厘米	残长	7.7厘米
残宽	2.8厘米	残高	5厘米	厚	0.8厘米	重量	0.03千克
体积	20.85立方厘米		密度	1438.85千克/立方米	

图例

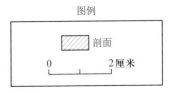

剖面

0   2厘米

陶盆（T17⑤：2）正射影像图

彩版10

透视图

俯视图

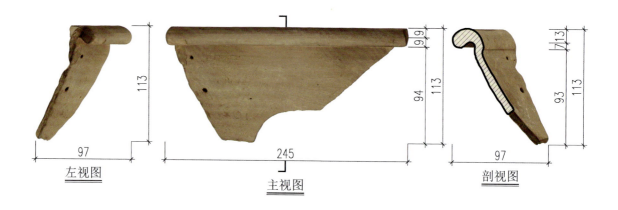

左视图　　　　　　　主视图　　　　　　　剖视图

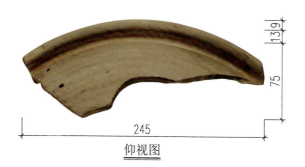

仰视图

编号	T18③：14		名称	陶盆	
复原口径	43.3厘米	沿宽	1.9厘米	残长	24.5厘米
残宽	9.7厘米	残高	11.3厘米	厚	0.8厘米	重量	0.38千克
体积	191.81立方厘米		密度	1981.13千克/立方米	

图例

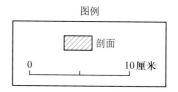

剖面

0　　　　　　　　　　10厘米

陶盆（T18③：14）正射影像图

透视图

俯视图

158

35

52

7 7

2

左视图

43

8

103

主视图

158

103

28

49

3

7.5 9

1

剖视图

12

40

52

103

仰视图

158

52

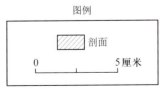

图例

▨ 剖面

0   5厘米

编号	T18④：13		名称		陶盆	
复原口径	31.5厘米	沿宽	0.7厘米	残长		15.8厘米
残宽	5.2厘米	残高	10.3厘米	厚	1.2厘米	重量	0.23千克
体积	132.84立方厘米		密度		1731.41千克/立方米	

陶盆（T18④：13）正射影像图

透视图   俯视图

左视图   主视图   剖视图

仰视图

编号	T18④：14			名称	陶盆	
复原口径	35.6厘米	沿宽	1.3厘米	残长	16.4厘米	
残宽	3.6厘米	残高	6.8厘米	厚	0.7厘米	重量	0.15千克
体积	84.63立方厘米		密度	1772.42千克/立方米		

图例

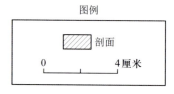

陶盆（T18④：14）正射影像图

透视图

俯视图

144

左视图

主视图

剖视图

144

20　19

144

12　10　17

39

仰视图

144

编号	T18④：15		名称		陶盆	
复原口径	44.3厘米	沿宽	2厘米	残长		14.4厘米
残宽	3.9厘米	残高	6.8厘米	厚	1厘米	重量	0.17千克
体积	92.32立方厘米		密度		1841.42千克/立方米

图例

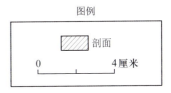

剖面

0　　　　　4厘米

陶盆（T18④：15）正射影像图

透视图

俯视图

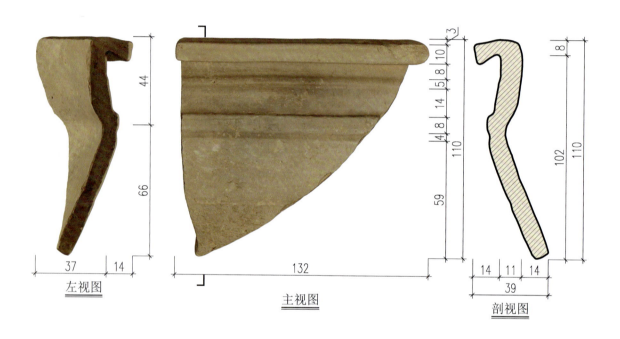

左视图

主视图

剖视图

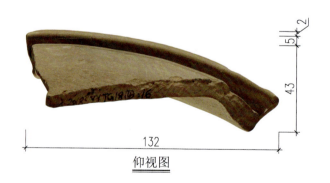

仰视图

图例

编号	T18④：16	名称	陶盆
复原口径 47.9厘米	沿宽 2.2厘米	残长	13.2厘米
残宽 5厘米	残高 11厘米	厚 1.1厘米	重量 0.19千克
体积 110.48立方厘米	密度	1719.77千克/立方米	

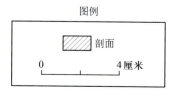

剖面

0   4厘米

陶盆（T18④：16）正射影像图

透视图

俯视图

197

26
43
17

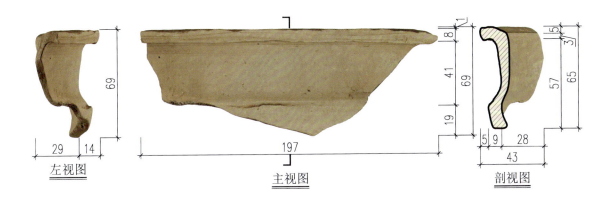

左视图

主视图

剖视图

69

29　14

197

1
8
41
69
19
5　9　28
43
57
65
5
3

仰视图

197

38
3/2

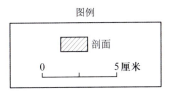

编号	T18④：17	名称	陶盆
复原口径	35.6厘米	沿宽	1.7厘米	残长	19.7厘米
残宽	4.3厘米	残高	6.9厘米	厚	0.9厘米	重量	0.13千克
体积	75.72立方厘米	密度	1716.85千克/立方米

图例

剖面

0　　　　　5厘米

陶盆（T18④：17）正射影像图

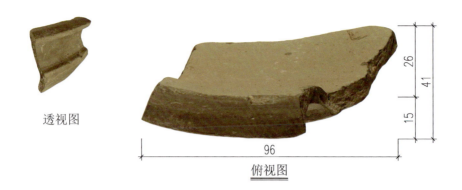

透视图

俯视图

左视图

主视图

剖视图

仰视图

图例

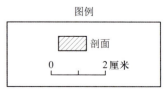
剖面

0   2厘米

编号	T18④：18		名称	陶盆	
复原口径	28.6厘米	沿宽	1.5厘米	残长	9.6厘米
残宽	4.1厘米	残高	7.8厘米	厚	0.8厘米	重量	0.08千克
体积	45.6立方厘米	密度	1754.39千克/立方米

陶盆（T18④：18）正射影像图

透视图

俯视图

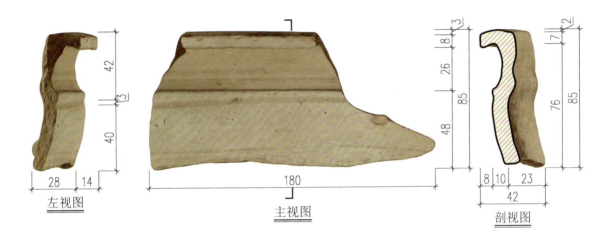

左视图

主视图

剖视图

仰视图

图例

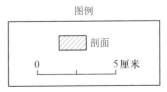

编号	T18⑤：15		名称	陶盆	
复原口径	38.6厘米	沿宽	2.1厘米	残长	18厘米
残宽	4.2厘米	残高	8.5厘米	厚	1厘米	重量	0.2千克
体积	118.43立方厘米		密度	1688.76千克/立方米	

0　　　　5厘米

陶盆（T18⑤：15）正射影像图

透视图   俯视图

左视图   主视图   剖视图

仰视图

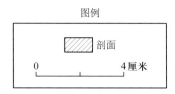

图例

编号	T18⑤：16		名称	陶盆	
复原口径	40.6厘米	沿宽	2.2厘米	残长	12.1厘米
残宽	3.5厘米	残高	10.6厘米	厚	0.9厘米	重量	0.14千克
体积	80.46立方厘米		密度	1740千克/立方米	

陶盆（T18⑤：16）正射影像图

透视图

俯视图

左视图

主视图

剖视图

仰视图

图例

| | 剖面 |

0   2厘米

编号	T18⑤：17		名称		陶盆	
复原口径	24.2厘米	沿宽	1.8厘米	残长	9.6厘米	
残宽	3.5厘米	残高	5.4厘米	厚	0.7厘米	重量 0.06千克
体积	33.06立方厘米		密度		1814.88千克/立方米	

陶盆（T18⑤：17）正射影像图

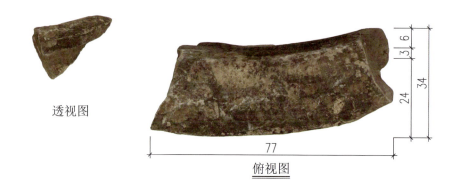

透视图

俯视图

左视图

主视图

剖视图

仰视图

图例

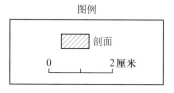

剖面

0   2厘米

编号	T18⑤：18		名称		陶盆	
复原口径	33.9厘米	沿宽	2.4厘米	残长		7.7厘米
残宽	3.4厘米	残高	4.3厘米	厚	0.8厘米	重量	0.05千克
体积	25.64立方厘米		密度		1950.08千克/立方米	

陶盆（T18⑤：18）正射影像图

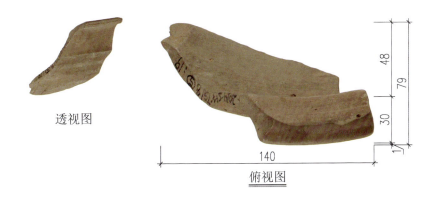

透视图

俯视图

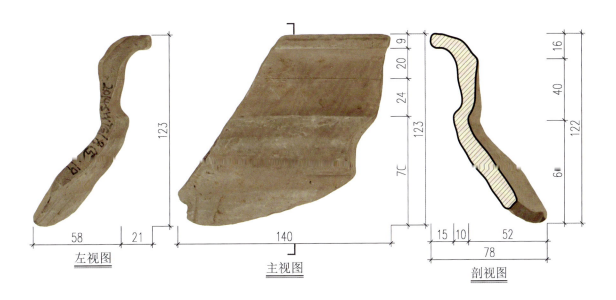

左视图

主视图

剖视图

仰视图

图例

编号	T18⑤：19	名称	陶盆
复原口径 40.9厘米	沿宽	3厘米	残长	14厘米
残宽	7.9厘米	残高	12.3厘米	厚	1厘米	重量	0.05千克
体积	27.81立方厘米	密度	1797.91千克/立方米

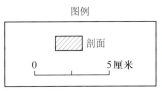

剖面

0   5厘米

陶盆（T18⑤：19）正射影像图

透视图

俯视图

左视图

主视图

剖视图

仰视图

图例

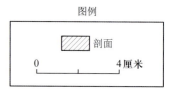

剖面

0　　　　　　　4厘米

编号	T18③：12		名称	陶罐		
复原口径	13.9厘米	沿宽	0.9厘米	残长	10.8厘米	
残宽	6.4厘米	残高	6.2厘米	厚	0.6厘米	重量	0.07千克
体积	39.91立方厘米	密度	1753.95千克/立方厘米			

陶罐（T18③：12）正射影像图

透视图

俯视图

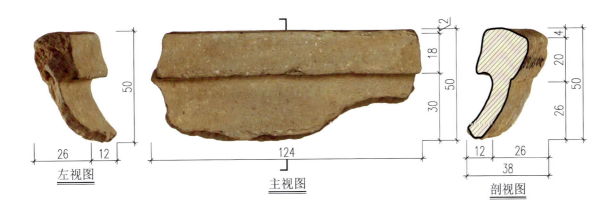

左视图

主视图

剖视图

仰视图

编号	T18③：13		名称		陶罐	
复原口径	26.4厘米	沿宽	2厘米	残长	12.4厘米	
残宽	3.8厘米	残高	5厘米	厚	0.8厘米	重量	0.14千克
体积	69.87立方厘米		密度		2003.72千克/立方米	

图例

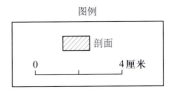

剖面

0   4厘米

陶罐（T18③：13）正射影像图

透视图

俯视图

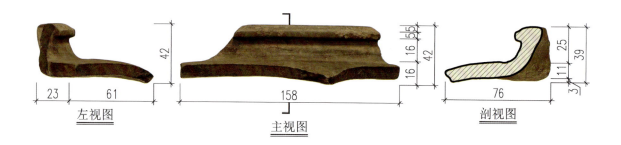

左视图

主视图

剖视图

仰视图

编号	T18④：11		名称	陶罐	
复原口径	22.9厘米	沿宽	1.9厘米	残长	15.8厘米
残宽	8.4厘米	残高	4.2厘米	厚	1.1厘米	重量	0.19千克
体积	96.45立方厘米		密度	1969.93千克/立方米	

图例

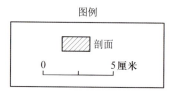
剖面

0   5厘米

陶罐（T18④：11）正射影像图

透视图

俯视图

左视图　　　　　主视图　　　　　剖视图

仰视图

编号	T18⑤：20		名称	陶钵	
复原口径	15.2厘米	沿宽	1厘米	残长	7.1厘米
残宽	2.8厘米	残高	4厘米	厚	0.7厘米	重量	0.02千克
体积	13.87立方厘米		密度	1441.96千克/立方米	

图例

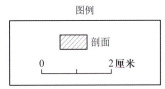
剖面

0　　　　　　2厘米

陶钵（T18⑤：20）正射影像图

彩版26

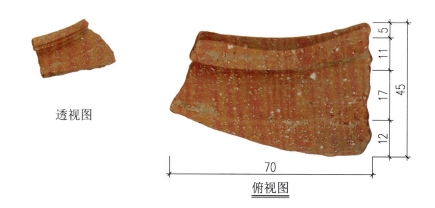

透视图

俯视图

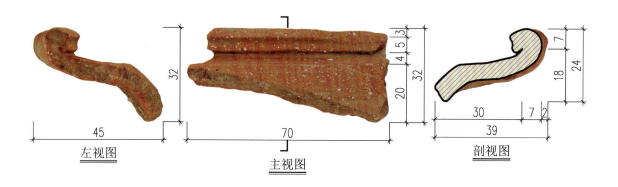

左视图　　　　　主视图　　　　　剖视图

仰视图

编号	T18③：15		名称		陶釜
复原口径	20.1厘米	沿宽	1.1厘米	残长	7厘米
残宽	4.5厘米	残高	3.2厘米	厚	0.7厘米	重量	0.03千克
体积	17.88立方厘米		密度		1677.85千克/立方米

图例

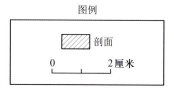

剖面

0　　　　　2厘米

陶釜（T18③：15）正射影像图

透视图

俯视图

左视图

主视图

剖视图

仰视图

编号	T18④：12		名称		陶釜	
复原口径	27厘米	沿宽	0.8厘米	残长		17.3厘米
残宽	6.6厘米	残高	6.9厘米	厚	1厘米	重量	0.18千克
体积	101.3立方厘米		密度		1776.9千克/立方米	

陶釜（T18④：12）正射影像图

透视图

俯视图

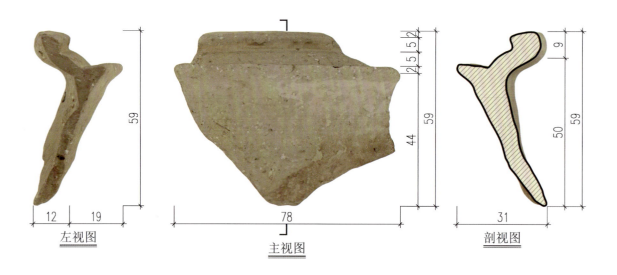

左视图

主视图

剖视图

仰视图

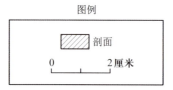

图例

[///] 剖面

0　　　　2厘米

编号	T18④：19		名称		陶釜	
复原口径	27.7厘米	沿宽	1厘米	残长		7.8厘米
残宽	3.1厘米	残高	5.9厘米	厚	0.8厘米	重量	0.05千克
体积	27.16立方厘米		密度		1840.94千克/立方米	

陶釜（T18④：19）正射影像图

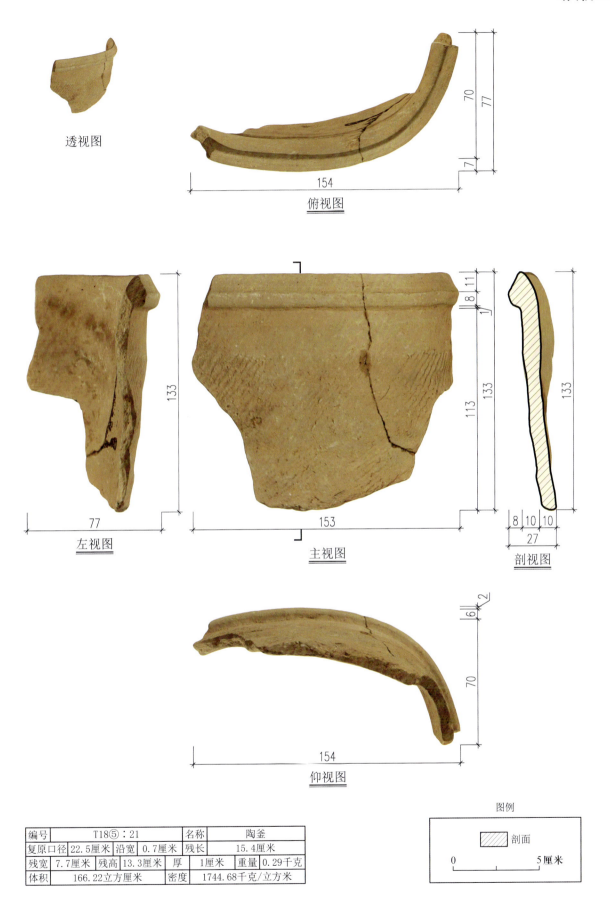

透视图

俯视图

左视图

主视图

剖视图

仰视图

图例

▨ 剖面

0　　　　5厘米

编号	T18⑤：21		名称	陶釜	
复原口径	22.5厘米	沿宽	0.7厘米	残长	15.4厘米
残宽	7.7厘米	残高	13.3厘米	厚	1厘米	重量	0.29千克
体积	166.22立方厘米	密度	1744.68千克/立方米		

陶釜（T18⑤：21）正射影像图

透视图

俯视图

左视图

主视图

剖视图

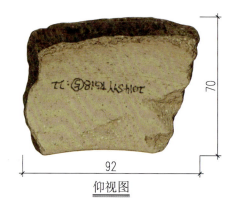

仰视图

编号	T18⑤：22		名称		陶釜	
复原口径	34.3厘米	沿宽	1.8厘米	残长		9.2厘米
残宽	7厘米	残高	4.6厘米	厚	1.7厘米	重量	0.16千克
体积	93.2立方厘米		密度		1716.74千克/立方米	

图例

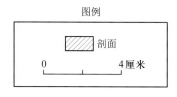
剖面

0   4厘米

陶釜（T18⑤：22）正射影像图

透视图

俯视图

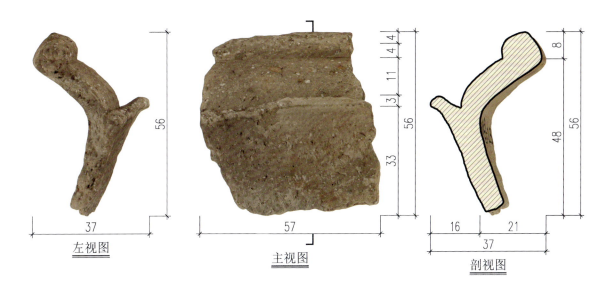

左视图

主视图

剖视图

仰视图

编号	T18⑤：23		名称	陶釜	
复原口径	39厘米	沿宽	0.8厘米	残长	5.7厘米
残宽	3.7厘米	残高	5.6厘米	厚	0.8厘米	重量	0.05千克
体积	25.21立方厘米	密度		1983.34千克/立方米	

陶釜（T18⑤：23）正射影像图

透视图

俯视图

左视图

主视图

剖视图

后视图

图例

编号		T18③：1		名称	陶饼
径	4.1厘米	厚	0.9厘米	重量	0.02千克
体积	10.39立方厘米		密度	1024.93千克/立方米	

陶饼（T18③：1）正射影像图

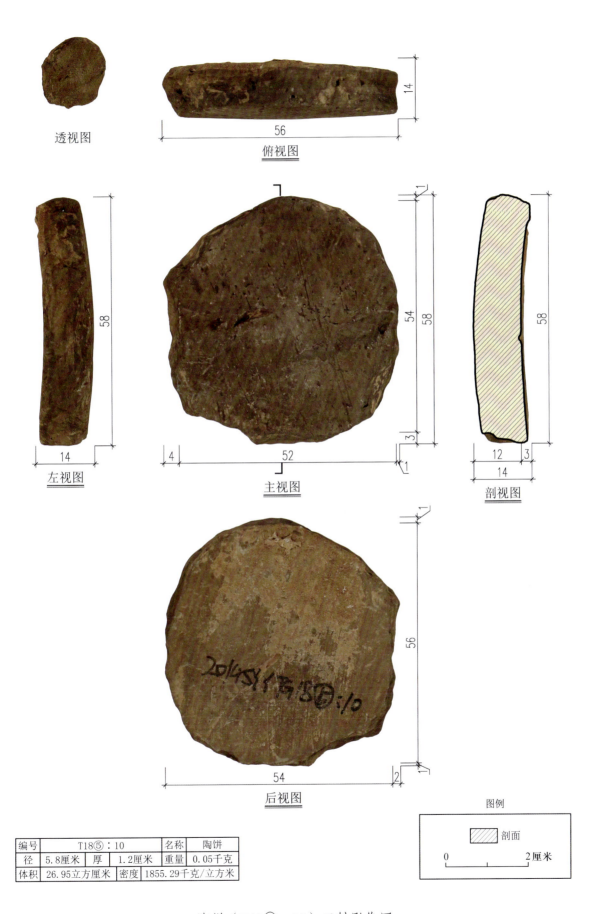

透视图

俯视图

左视图

主视图

剖视图

后视图

图例

剖面

0   2厘米

编号	T18⑤:10		名称	陶饼
径	5.8厘米	厚	1.2厘米	重量	0.05千克
体积	26.95立方厘米	密度	1855.29千克/立方米		

陶饼（T18⑤:10）正射影像图

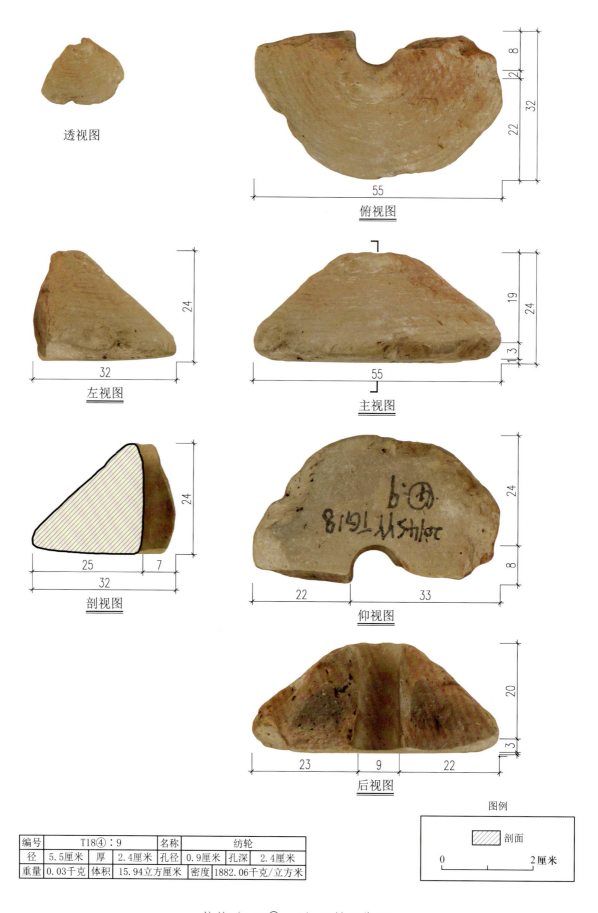

透视图

俯视图

左视图

主视图

剖视图

仰视图

后视图

图例

▨	剖面

0   2厘米

编号	T18④：9		名称		纺轮	
径	5.5厘米	厚	2.4厘米	孔径	0.9厘米	孔深	2.4厘米
重量	0.03千克	体积	15.94立方厘米	密度	1882.06千克/立方米

纺轮（T18④：9）正射影像图

彩版35

透视图

俯视图

左视图

主视图

剖视图

后视图

图例

▨ 剖面

0　　　　　4厘米

编号	T18④：10		名称		纺轮	
径	10.9厘米	厚	1厘米	孔径	0.8厘米	
重量	0.13千克	体积	79立方厘米	密度	1645.57千克/立方米	

纺轮（T18④：10）正射影像图

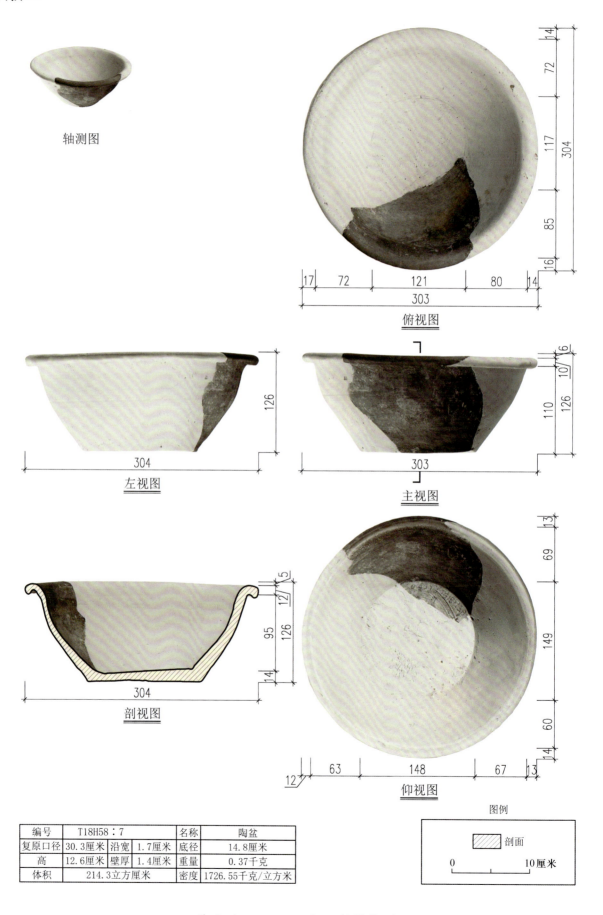

轴测图

俯视图

左视图

主视图

剖视图

仰视图

图例

剖面

0   10厘米

编号	T18H58：7		名称	陶盆
复原口径	30.3厘米	沿宽	1.7厘米	底径	14.8厘米
高	12.6厘米	壁厚	1.4厘米	重量	0.37千克
体积	214.3立方厘米		密度	1726.55千克/立方米

陶盆（T18H58：7）正射影像图

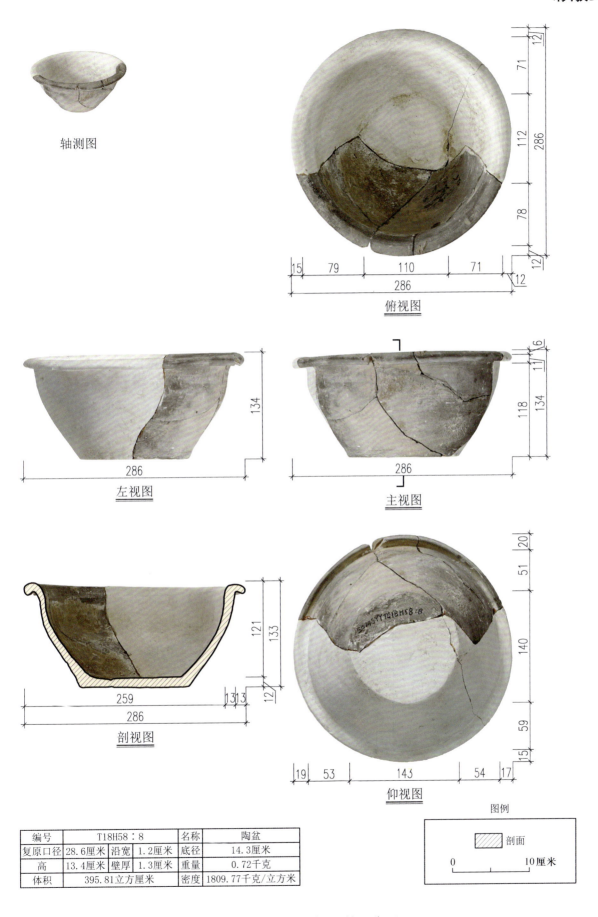

轴测图

俯视图

左视图

主视图

剖视图

仰视图

图例

剖面

0   10厘米

编号	T18H58：8		名称	陶盆
复原口径	28.6厘米	沿宽 1.2厘米	底径	14.3厘米
高	13.4厘米	壁厚 1.3厘米	重量	0.72千克
体积	395.81立方厘米		密度	1809.77千克/立方米

陶盆（T18H58：8）正射影像图

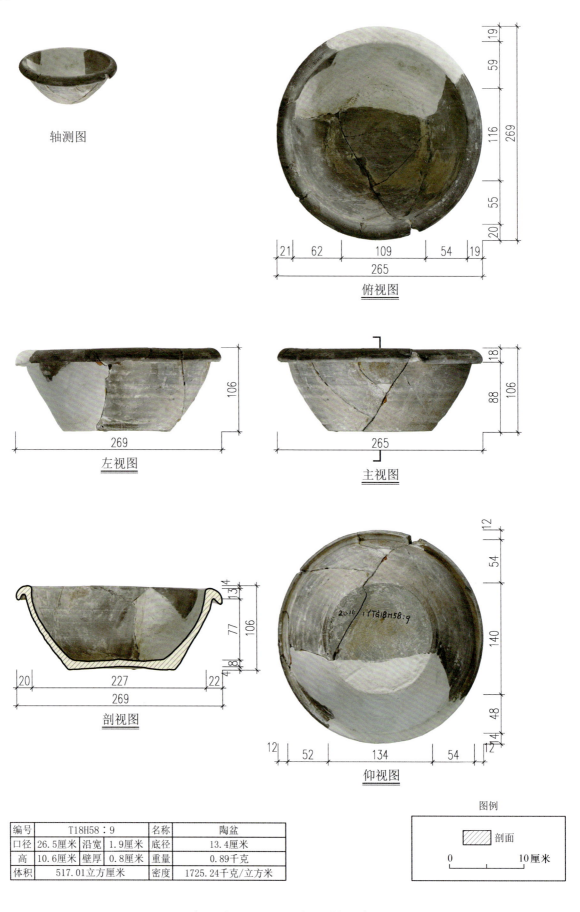

轴测图

俯视图

左视图

主视图

剖视图

仰视图

图例

剖面

0   10厘米

编号	T18H58:9		名称	陶盆
口径	26.5厘米	沿宽	1.9厘米	底径	13.4厘米
高	10.6厘米	壁厚	0.8厘米	重量	0.89千克
体积	517.01立方厘米		密度	1725.24千克/立方米

陶盆 (T18H58:9) 正射影像图

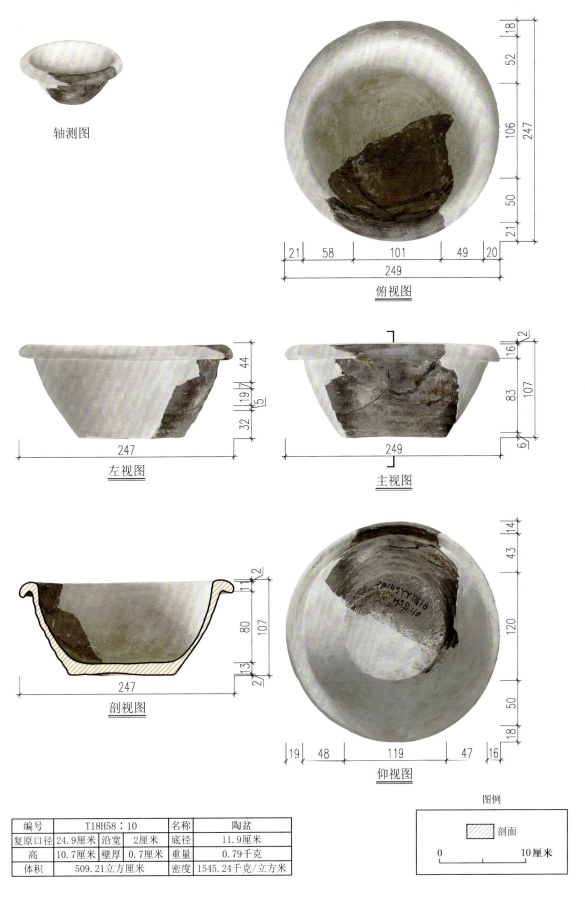

轴测图

俯视图

左视图

主视图

剖视图

仰视图

图例

▨ 剖面

0   10厘米

编号	T18H58：10		名称	陶盆	
复原口径	24.9厘米	沿宽	2厘米	底径	11.9厘米
高	10.7厘米	壁厚	0.7厘米	重量	0.79千克
体积	509.21立方厘米		密度	1545.24千克/立方米	

陶盆（T18H58：10）正射影像图

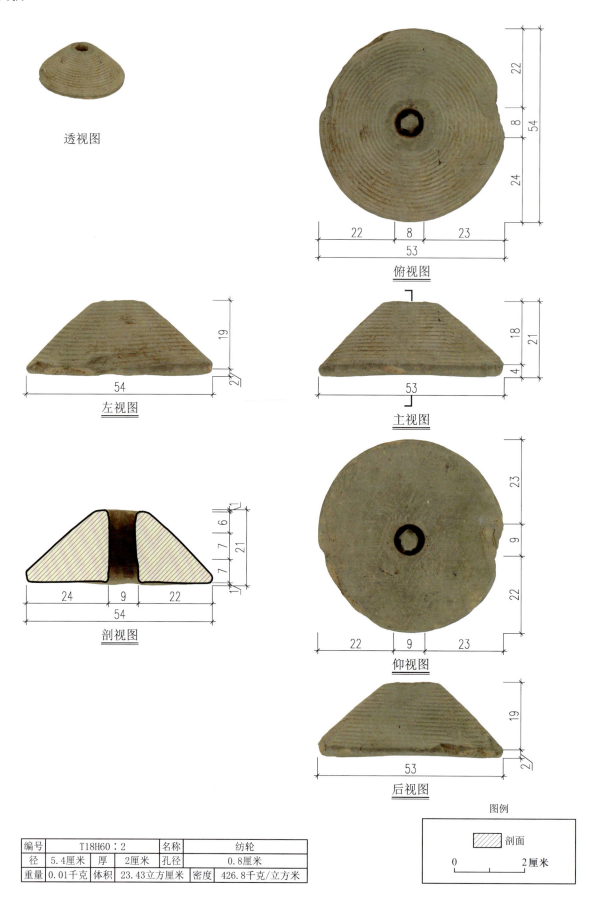

透视图

俯视图

左视图

土视图

剖视图

仰视图

后视图

图例

剖面

0   2厘米

编号	T18H60：2		名称	纺轮	
径	5.4厘米	厚	2厘米	孔径	0.8厘米
重量	0.01千克	体积	23.43立方厘米	密度	426.8千克/立方米

纺轮（T18H60：2）正射影像图

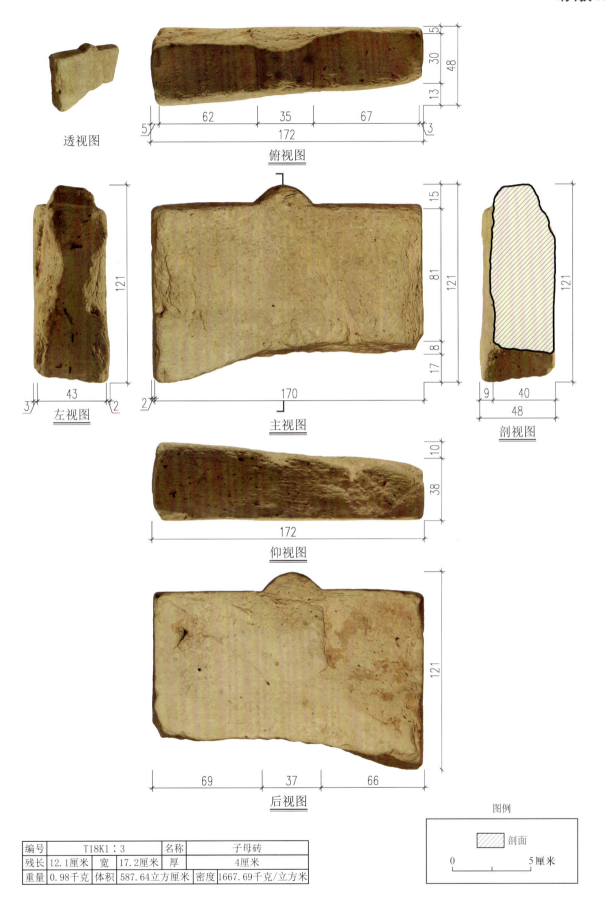

透视图

俯视图

左视图

主视图

剖视图

仰视图

后视图

图例

剖面

0   5厘米

编号	T18K1：3		名称		子母砖	
残长	12.1厘米	宽	17.2厘米	厚		4厘米
重量	0.98千克	体积	587.64立方厘米	密度	1667.69千克/立方米	

子母砖（T18K1：3）正射影像图

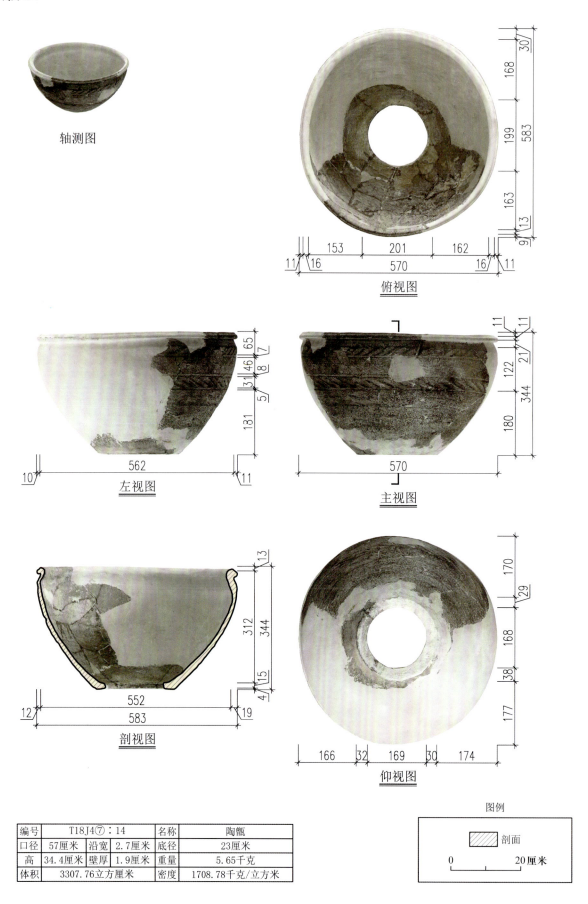

轴测图

俯视图

左视图

主视图

剖视图

仰视图

图例

剖面

0   20厘米

编号	T18J4⑦：14		名称	陶甑
口径	57厘米	沿宽 2.7厘米	底径	23厘米
高	34.4厘米	壁厚 1.9厘米	重量	5.65千克
体积	3307.76立方厘米		密度	1708.78千克/立方米

陶甑（T18J4⑦：14）正射影像图

透视图

俯视图

左视图

主视图

剖视图

仰视图

图例

剖面

0 ____ 5厘米

编号	T18J4④：1		名称	陶罐	
口径	5.9厘米	沿宽	0.6厘米	腹径	9.6厘米	底径	4.2厘米
高	11.9厘米	壁厚	0.6厘米	重量	0.39千克		
体积	147.69立方厘米		密度	2640.67千克/立方米		

陶罐（T18J4④：1）正射影像图

彩版44

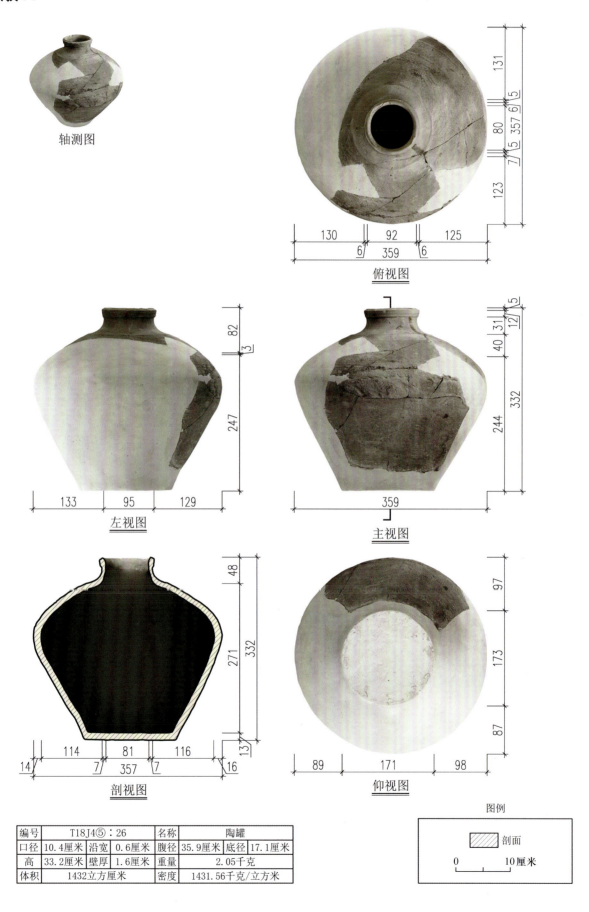

编号	T18J4⑤：26		名称		陶罐	
口径	10.4厘米	沿宽	0.6厘米	腹径	35.9厘米	底径	17.1厘米
高	33.2厘米	壁厚	1.6厘米	重量		2.05千克
体积	1432立方厘米		密度		1431.56千克/立方米

陶罐（T18J4⑤：26）正射影像图

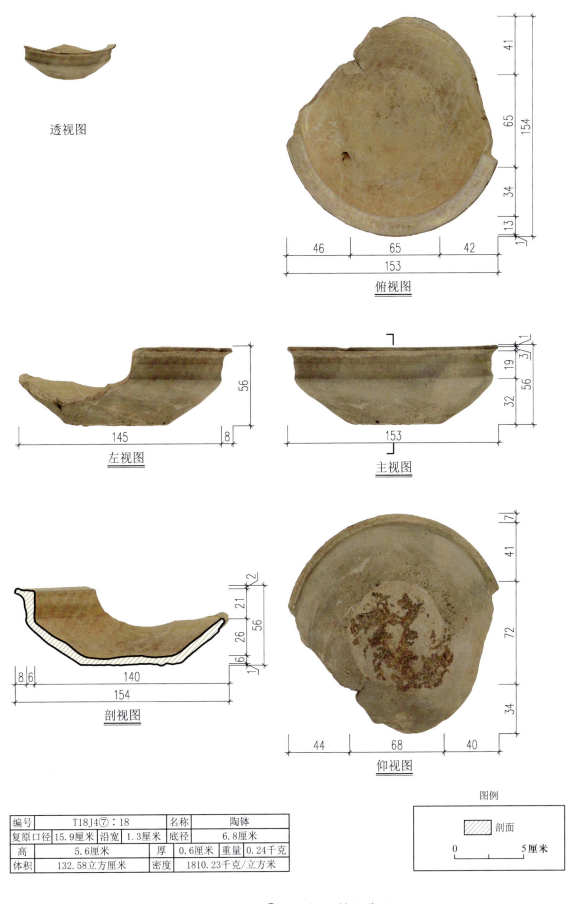

透视图

俯视图

左视图

主视图

剖视图

仰视图

图例

▨ 剖面

0   5厘米

编号	T18J4⑦：18		名称	陶钵	
复原口径	15.9厘米	沿宽	1.3厘米	底径	6.8厘米
高	5.6厘米	厚	0.6厘米	重量	0.24千克
体积	132.58立方厘米	密度	1810.23千克/立方米		

陶钵（T18J4⑦：18）正射影像图

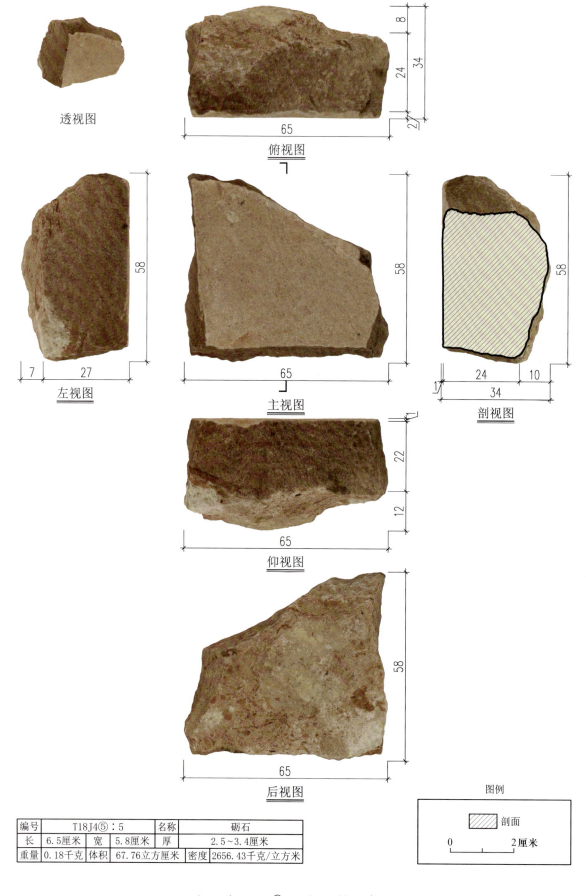

透视图

俯视图

左视图

主视图

剖视图

仰视图

后视图

图例

剖面

0 　 2厘米

编号	T18J4⑤：5		名称	砺石	
长	6.5厘米	宽	5.8厘米	厚	2.5~3.4厘米
重量	0.18千克	体积	67.76立方厘米	密度	2656.43千克/立方米

砺石（T18J4⑤：5）正射影像图

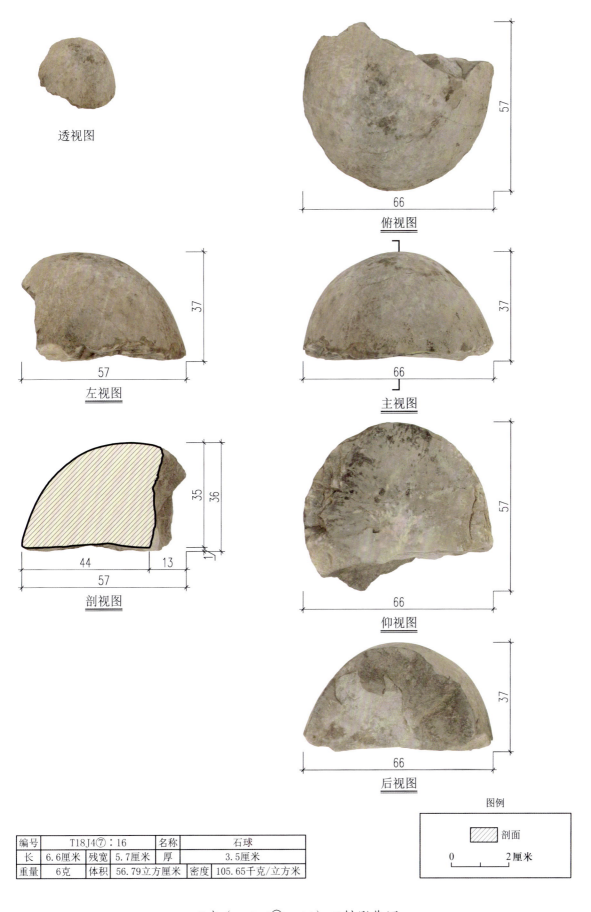

透视图

俯视图

57

66

左视图

57

37

主视图

66

37

剖视图

35

36

44 13

57

仰视图

66

57

后视图

66

37

图例

▨ 剖面

0   2厘米

编号	T18J4⑦:16	名称		石球	
长	6.6厘米	残宽	5.7厘米	厚	3.5厘米
重量	6克	体积	56.79立方厘米	密度	105.65千克/立方米

石球（T18J4⑦：16）正射影像图

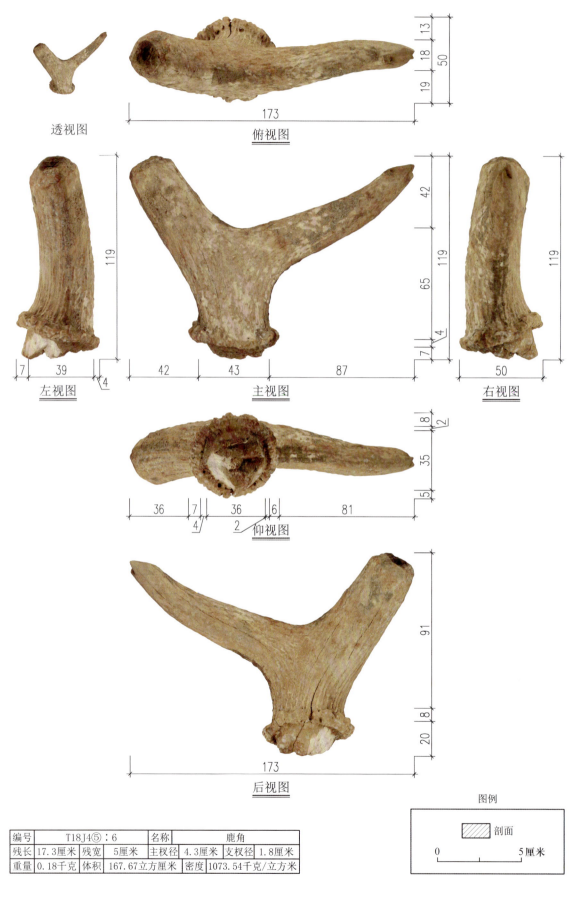

透视图

俯视图

左视图

主视图

右视图

仰视图

后视图

图例

剪面

0   5厘米

编号	T18J4⑤：6	名称		鹿角	
残长	17.3厘米	残宽	5厘米	主权径	4.3厘米	支权径	1.8厘米
重量	0.18千克	体积	167.67立方厘米	密度	1073.54千克/立方米

鹿角（T18J4⑤：6）正射影像图

透视图   俯视图

左视图   主视图   剖视图

仰视图

图例

编号	T21⑤：3		名称	陶钵	
复原口径	22.6厘米	沿宽 1.3厘米	残长	14.4厘米	
残宽	3.6厘米	残高 7.8厘米	厚	0.7厘米	重量 0.1千克
体积	61.56立方厘米		密度	1624.43千克/立方米	

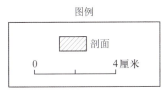

▨ 剖面

0   4厘米

陶钵（T21⑤：3）正射影像图

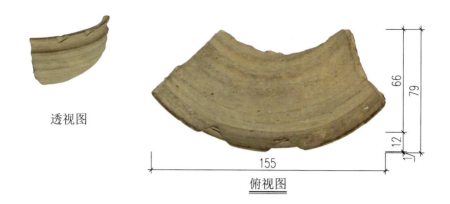

透视图

俯视图

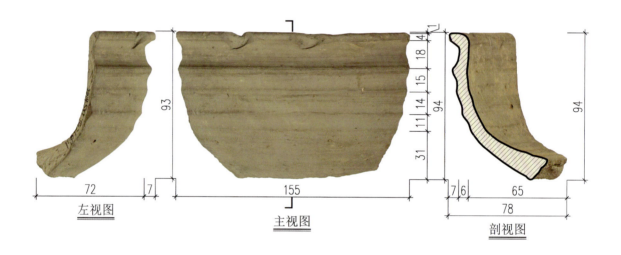

左视图　　　　　　　主视图　　　　　　　剖视图

仰视图

编号	T21⑥：1		名称	陶钵	
复原口径	20.9厘米	沿宽	1.2厘米	残长	15.5厘米
残宽	7.9厘米	残高	9.4厘米	厚	0.6厘米	重量	0.24千克
体积	141.3立方厘米	密度	1698.51千克/立方米		

图例

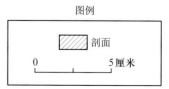

陶钵（T21⑥：1）正射影像图

透视图

俯视图

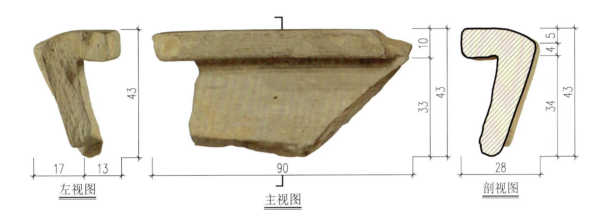

左视图

主视图

剖视图

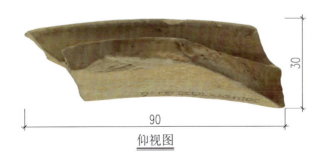

仰视图

编号	T22②：6		名称	陶盆	
复原口径	45.6厘米	沿宽	2.4厘米	残长	9厘米
残宽	3厘米	残高	4.3厘米	厚	1厘米	重量	0.06千克
体积	33.37立方厘米		密度	1798.02千克/立方米	

图例

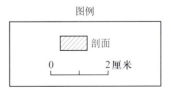

陶盆（T22②：6）正射影像图

彩版52

透视图   俯视图

左视图   主视图   剖视图

仰视图

图例

▨	剖面

0   2厘米

编号	T22②：7		名称		陶盆
复原口径	35.9厘米	沿宽	1.4厘米	残长	10.1厘米
残宽	2.3厘米	残高	8.8厘米	厚	1厘米	重量	0.09千克
体积	53.06立方厘米		密度		1696.19千克/立方米

陶盆（T22②：7）正射影像图

透视图

俯视图

左视图

主视图

剖视图

仰视图

编号	T22③：2		名称		陶盆	
复原口径	21.3厘米	沿宽	1.8厘米	残长		9.9厘米
残宽	5.6厘米	残高	6.7厘米	厚	1厘米	重量	0.07千克
体积	46.11立方厘米		密度	1518.11千克/立方米		

图例

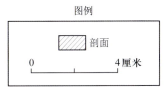

剖面

0　　　　　　　4厘米

陶盆（T22③：2）正射影像图

透视图

俯视图

左视图

主视图

剖视图

仰视图

编号	T22③：3		名称	陶盆		
复原口径	34.4厘米	沿宽	1.7厘米	残长	7.9厘米	
残宽	2.8厘米	残高	11.9厘米	厚	0.9厘米	重量 0.13千克
体积	59.22立方厘米		密度	2195.2千克/立方米		

图例

▨ 剖面

0   2厘米

陶盆（T22③：3）正射影像图

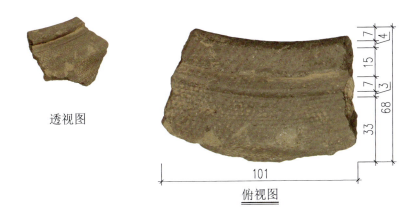

透视图

俯视图

左视图

主视图

剖视图

仰视图

图例

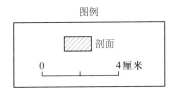

剖面

0   4厘米

编号	T22③：5		名称	陶鬲	
复原口径	36.4厘米	沿宽	1.5厘米	残长	10.1厘米
残宽	6.8厘米	残高	6.5厘米	厚	1.1厘米	重量	0.14千克
体积	76.84立方厘米		密度	1821.97千克/立方米	

陶鬲（T22③：5）正射影像图

彩版56

透视图

俯视图

左视图

主视图

剖视图

仰视图

编号	T22③：4		名称		陶釜	
复原口径	24.4厘米	沿宽	1厘米	残长		6.7厘米
残宽	2.4厘米	残高	6.6厘米	厚	0.9厘米	重量	0.05千克
体积	30.9立方厘米		密度		1618.12千克/立方米	

图例

▨ 剖面

0　　　　　2厘米

陶釜（T22③：4）正射影像图

透视图

俯视图

左视图

主视图

剖视图

后视图

图例

编号	T22②：4	名称	陶饼

编号	T22②：4		名称	陶饼
径	8.4厘米	厚	1.6厘米	重量	0.13千克
体积	72立方厘米	密度	1805.56千克/立方米	

剖面

0   2厘米

陶饼（T22②：4）正射影像图

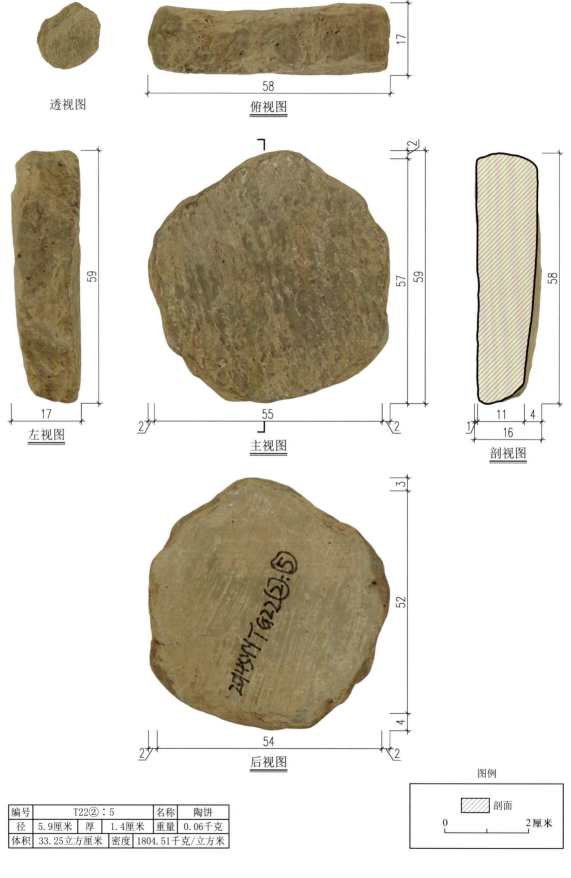

透视图

俯视图

左视图

主视图

剖视图

后视图

图例

剖面

0   2厘米

编号	T22②：5		名称	陶饼
径	5.9厘米	厚	1.4厘米	重量	0.06千克
体积	33.25立方厘米	密度	1804.51千克/立方米		

陶饼（T22②：5）正射影像图

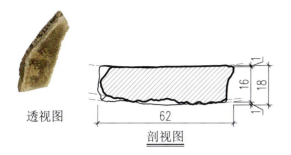

透视图

剖视图

62

16
18
1

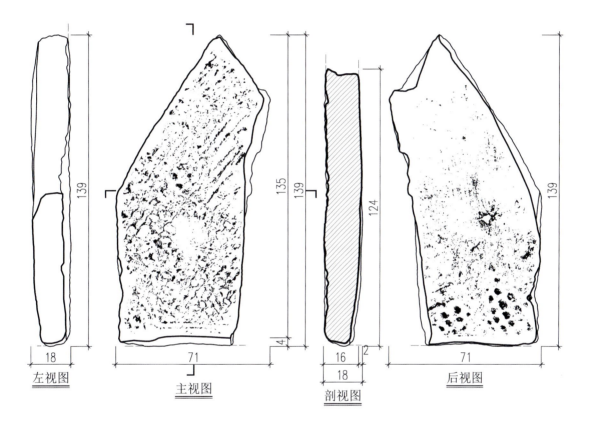

左视图
18
139

主视图
71
135
139

剖视图
16
18
124
2

后视图
71
139

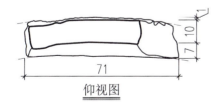

仰视图
71
10
7
1

编号	T12⑧：3	名称	Ba2型板瓦	
残长	13.9厘米	残宽	7.1厘米	厚	1.6厘米
重量	0.16千克			
体积	90.58立方厘米	密度	1766.37千克/立方米	

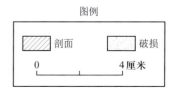

图例

剖面　破损

0　　　　4厘米

Ba2型板瓦（T12⑧：3）线图

图版2

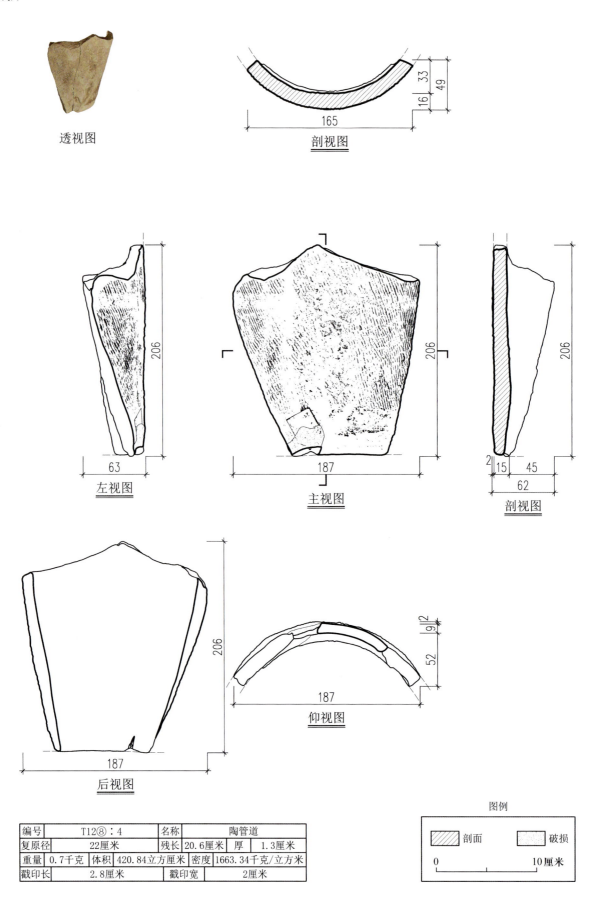

透视图

剖视图

左视图

主视图

剖视图

后视图

仰视图

图例

▨ 剖面		▨ 破损	

0   10厘米

编号	T12⑧：4	名称		陶管道	
复原径	22厘米	残长	20.6厘米	厚	1.3厘米
重量	0.7千克	体积	420.84立方厘米	密度	1663.34千克/立方米
戳印长	2.8厘米	戳印宽	2厘米		

陶管道（T12⑧：4）线图

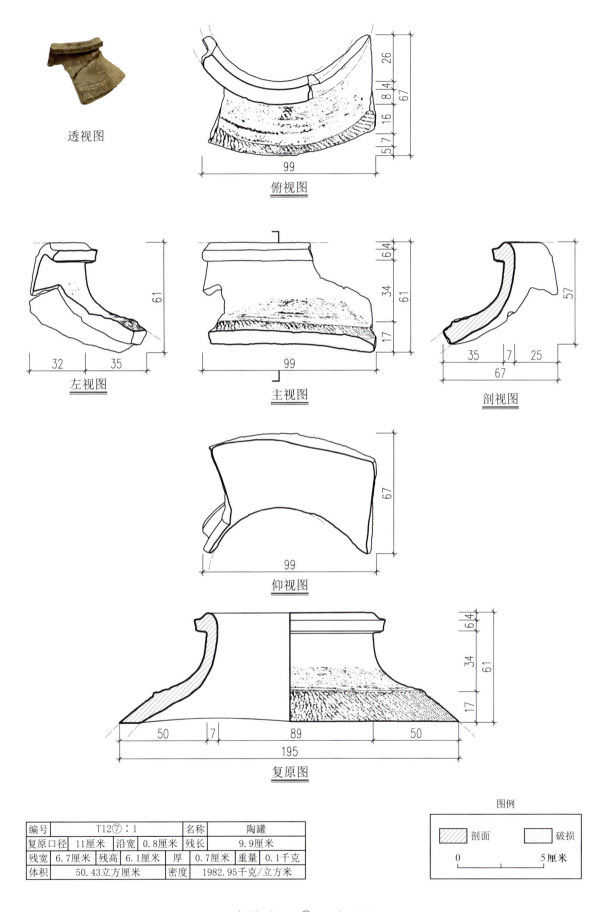

透视图

俯视图

左视图

主视图

剖视图

仰视图

复原图

图例

剖面		破损

0 ————— 5厘米

编号	T12⑦：1		名称	陶罐	
复原口径	11厘米	沿宽 0.8厘米	残长	9.9厘米	
残宽	6.7厘米	残高 6.1厘米	厚 0.7厘米	重量	0.1千克
体积	50.43立方厘米	密度	1982.95千克/立方米		

陶罐（T12⑦：1）线图

图版4

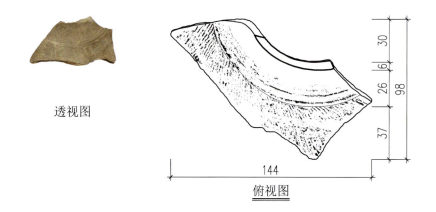

透视图

俯视图

左视图　　　　　主视图　　　　　剖视图

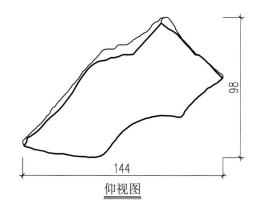

仰视图

编号	T12⑦：3	名称	陶罐	
残长	14.4厘米	残宽	9.8厘米	
残高	5.4厘米	厚	0.9厘米	重量	0.11千克
体积	62.92立方厘米	密度	1748.25千克/立方米	

图例

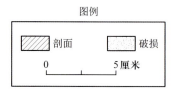

陶罐（T12⑦：3）线图

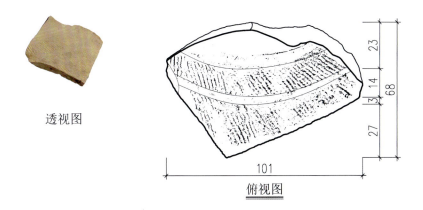

透视图

俯视图

左视图

主视图

剖视图

仰视图

编号	T12⑦：4	名称		陶罐	
残长	10.1厘米	残宽		6.8厘米	
残高	5.2厘米	厚	0.8厘米	重量	0.07千克
体积	42.41立方厘米	密度	1650.59千克/立方米		

图例

剖面   破损

0 ────── 4厘米

陶罐（T12⑦：4）线图

图版6

透视图

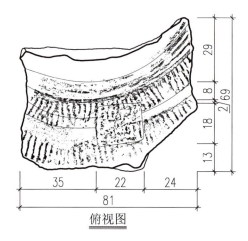

俯视图

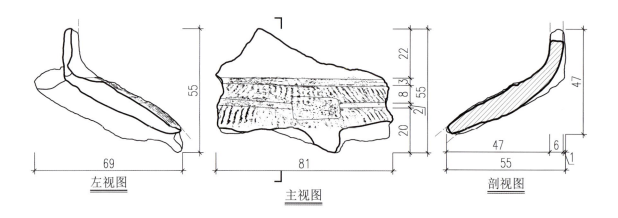

左视图　　　　　　　主视图　　　　　　　剖视图

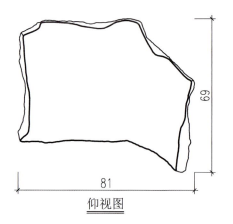

仰视图

编号	T12⑧：1	名称	陶罐	
残长	8.1厘米	残宽	6.9厘米	
残高	5.5厘米	厚	0.6厘米	重量	0.07千克
体积	35.38立方厘米	密度	1978.69千克/立方米	
戳印长	2.2厘米	戳印宽	2厘米	

图例

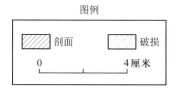

陶罐（T12⑧：1）线图

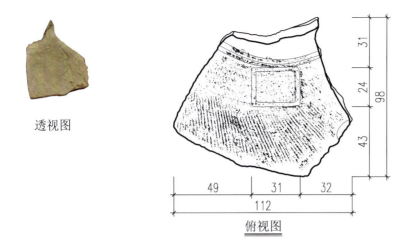

透视图

俯视图

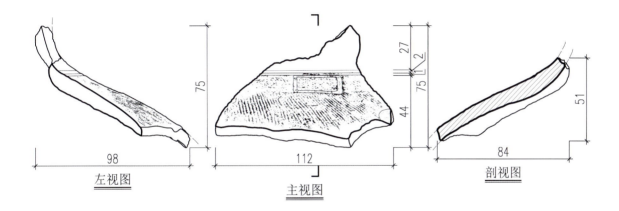

左视图　　　　　　　　主视图　　　　　　　　剖视图

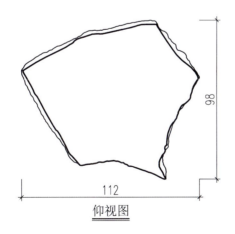

仰视图

编号	T12⑧：2	名称		陶罐	
残长	11.2厘米	残宽		9.8厘米	
残高	7.5厘米	厚	0.9厘米	重量	0.12千克
体积	66.63立方厘米	密度		1800.99千克/立方米	
戳印长	3.1厘米	戳印宽		2.4厘米	

图例

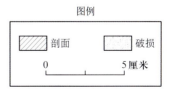

陶罐（T12⑧：2）线图

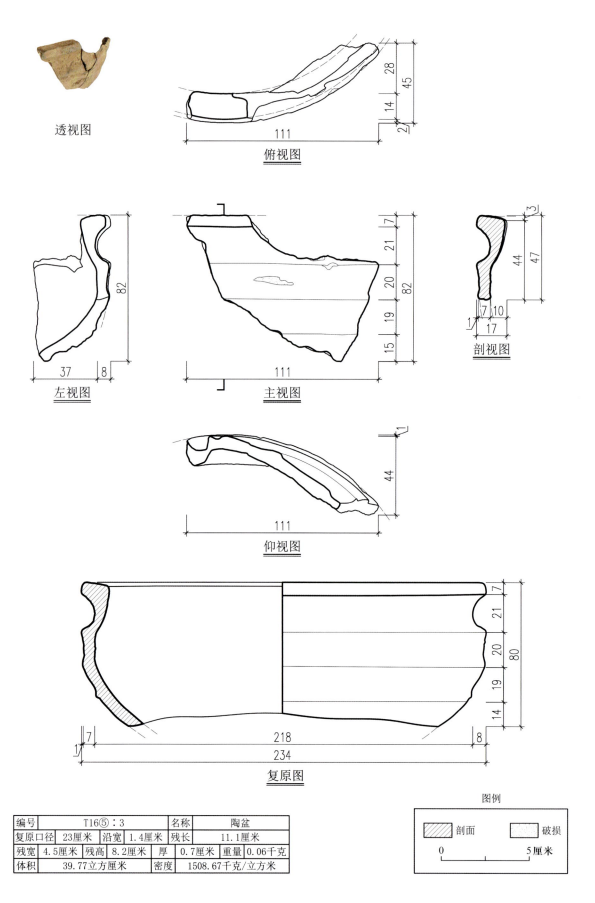

透视图

俯视图

左视图

主视图

剖视图

仰视图

复原图

编号	T16⑤：3		名称	陶盆	
复原口径	23厘米	沿宽	1.4厘米	残长	11.1厘米
残宽	4.5厘米	残高	8.2厘米	厚	0.7厘米	重量	0.06千克
体积	39.77立方厘米		密度	1508.67千克/立方米	

图例

剖面　　破损

0　　　　5厘米

陶盆（T16⑤：3）线图

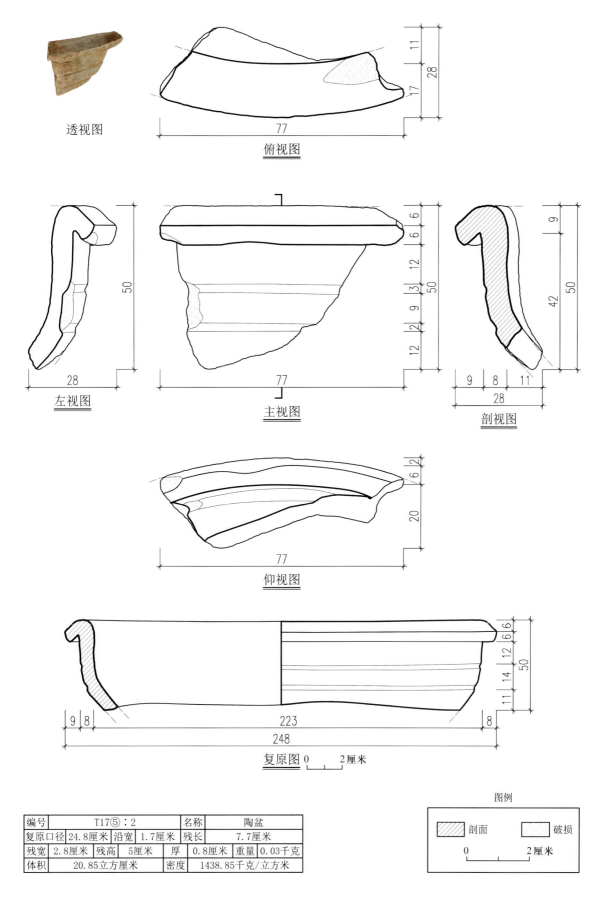

透视图

俯视图

左视图

主视图

剖视图

仰视图

复原图

图例

编号	T17⑤：2		名称	陶盆	
复原口径	24.8厘米	沿宽	1.7厘米	残长	7.7厘米
残宽	2.8厘米	残高	5厘米	厚	0.8厘米	重量	0.03千克
体积	20.85立方厘米		密度	1438.85千克/立方米	

陶盆（T17⑤：2）线图

图版10

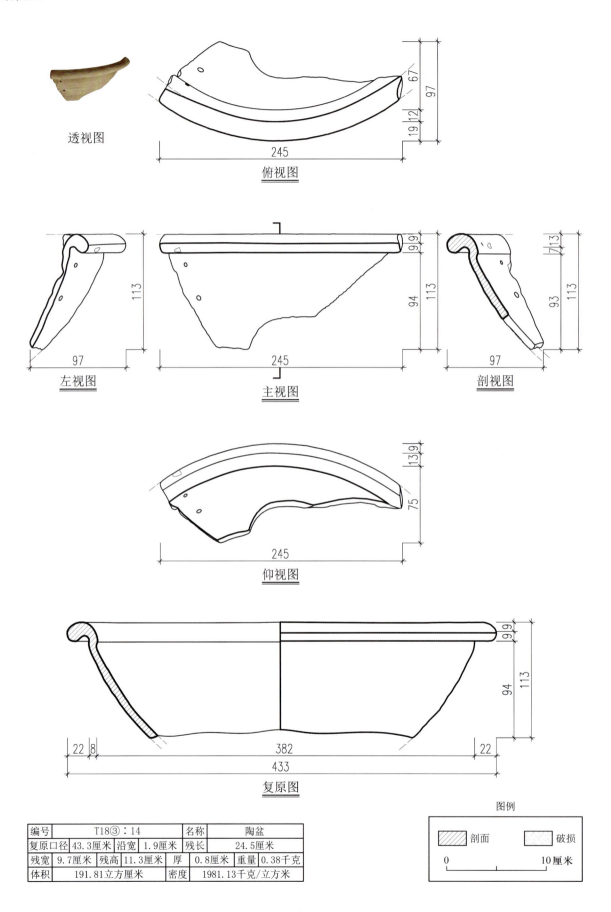

透视图

俯视图

左视图

主视图

剖视图

仰视图

复原图

编号	T18③：14		名称	陶盆	
复原口径	43.3厘米	沿宽	1.9厘米	残长	24.5厘米
残宽	9.7厘米	残高	11.3厘米	厚	0.8厘米	重量	0.38千克
体积	191.81立方厘米		密度	1981.13千克/立方厘米	

图例

剖面　　破损

0　　　　　　　10厘米

陶盆（T18③：14）线图

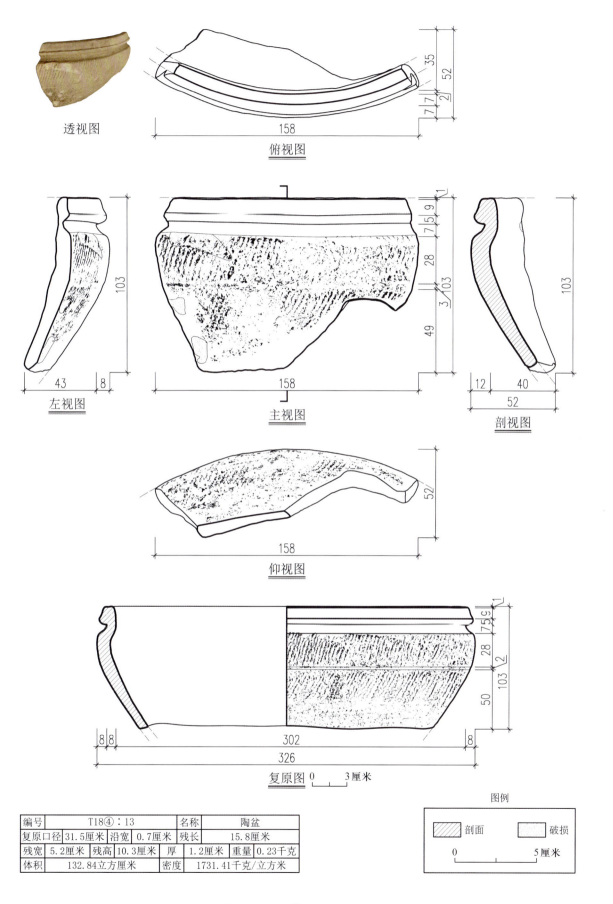

透视图

俯视图

左视图

主视图

剖视图

仰视图

复原图　0　　3厘米

图例

剖面		破损

0　　　　　　　5厘米

编号	T18④：13		名称		陶盆	
复原口径	31.5厘米	沿宽	0.7厘米	残长	15.8厘米	
残宽	5.2厘米	残高	10.3厘米	厚	1.2厘米	重量	0.23千克
体积	132.84立方厘米		密度		1731.41千克/立方米	

陶盆（T18④：13）线图

图版12

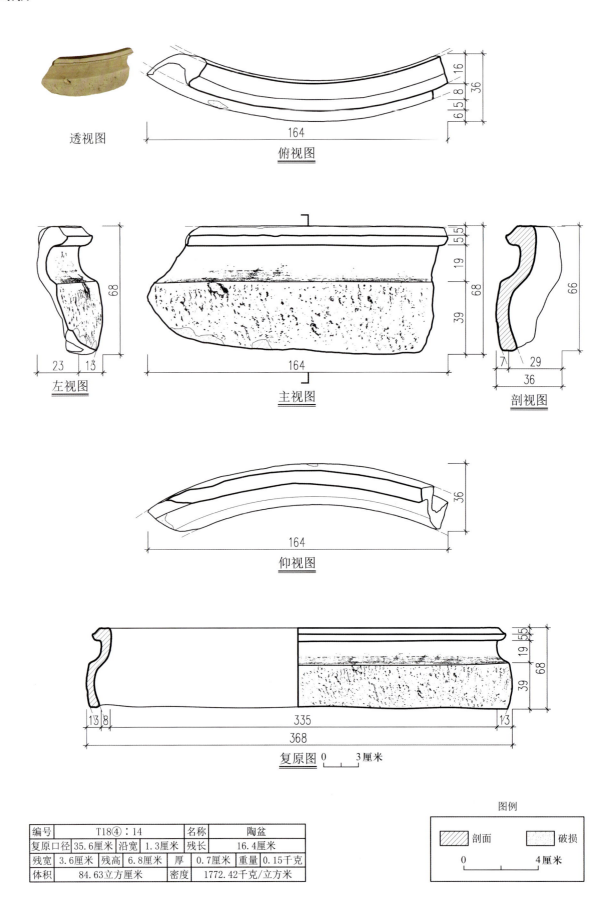

透视图

俯视图

164

左视图

主视图

164

剖视图

仰视图

164

复原图　0　　3厘米

编号	T18④：14		名称	陶盆	
复原口径	35.6厘米	沿宽	1.3厘米	残长	16.4厘米
残宽	3.6厘米	残高	6.8厘米	厚	0.7厘米	重量	0.15千克
体积	84.63立方厘米	密度	1772.42千克/立方米		

图例

▨ 剖面　　▨ 破损

0　　　　　4厘米

陶盆（T18④：14）线图

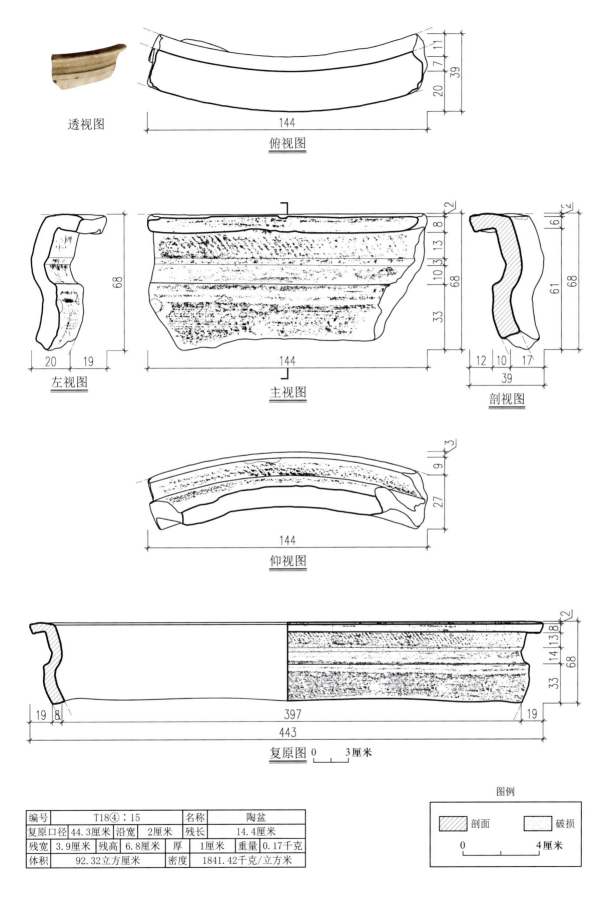

透视图

俯视图

左视图

主视图

剖视图

仰视图

复原图　0　　3厘米

编号	T18④：15		名称	陶盆	
复原口径	44.3厘米	沿宽 2厘米	残长	14.4厘米	
残宽	3.9厘米	残高 6.8厘米	厚	1厘米	重量 0.17千克
体积	92.32立方厘米	密度	1841.42千克/立方米		

图例

剖面		破损

0　　　　　4厘米

陶盆（T18④：15）线图

图版14

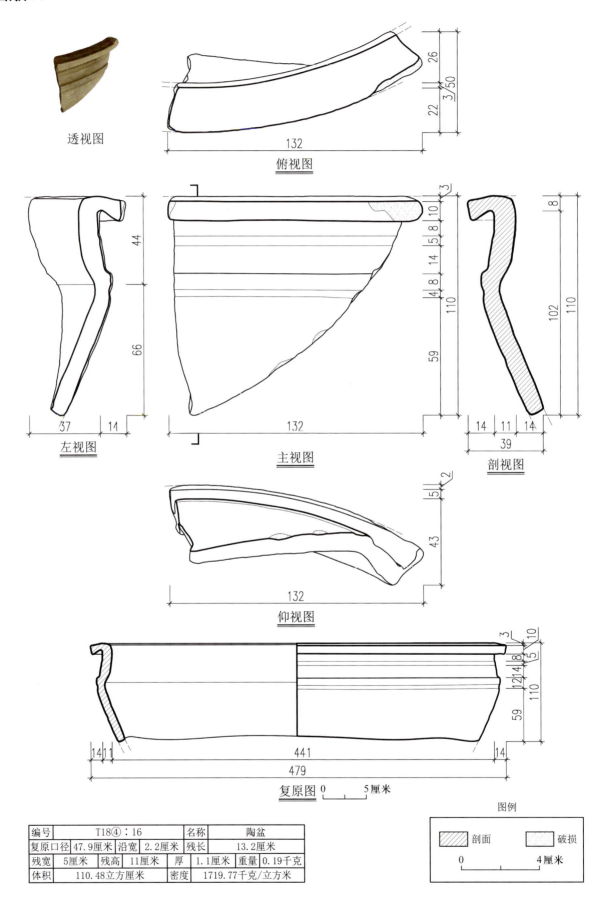

透视图

俯视图

左视图

主视图

剖视图

仰视图

复原图   0 ___ 5厘米

图例

	剖面		破损

0 ___ 4厘米

编号	T18④：16	名称	陶盆
复原口径	47.9厘米	沿宽 2.2厘米	残长 13.2厘米
残宽 5厘米	残高 11厘米	厚 1.1厘米	重量 0.19千克
体积	110.48立方厘米	密度	1719.77千克/立方米

陶盆（T18④：16）线图

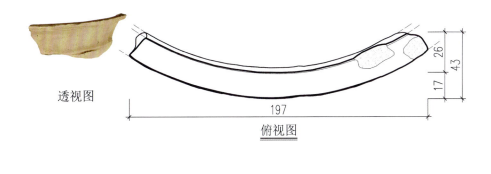

透视图

俯视图

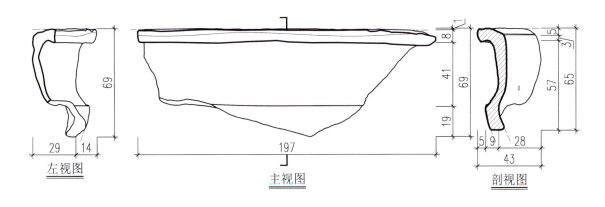

左视图　　　　　　　　　主视图　　　　　　　　　剖视图

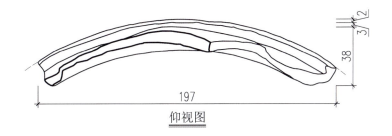

仰视图

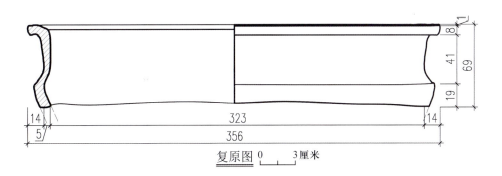

复原图　　0　　　3厘米

编号	T18④：17		名称		陶盆	
复原口径	35.6厘米	沿宽	1.7厘米	残长		19.7厘米
残宽	4.3厘米	残高	6.9厘米	厚	0.9厘米	重量	0.13千克
体积	75.72立方厘米		密度		1716.85千克/立方米	

图例

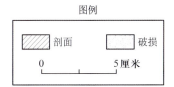

剖面　　　　破损

0　　　　　　　5厘米

陶盆（T18④：17）线图

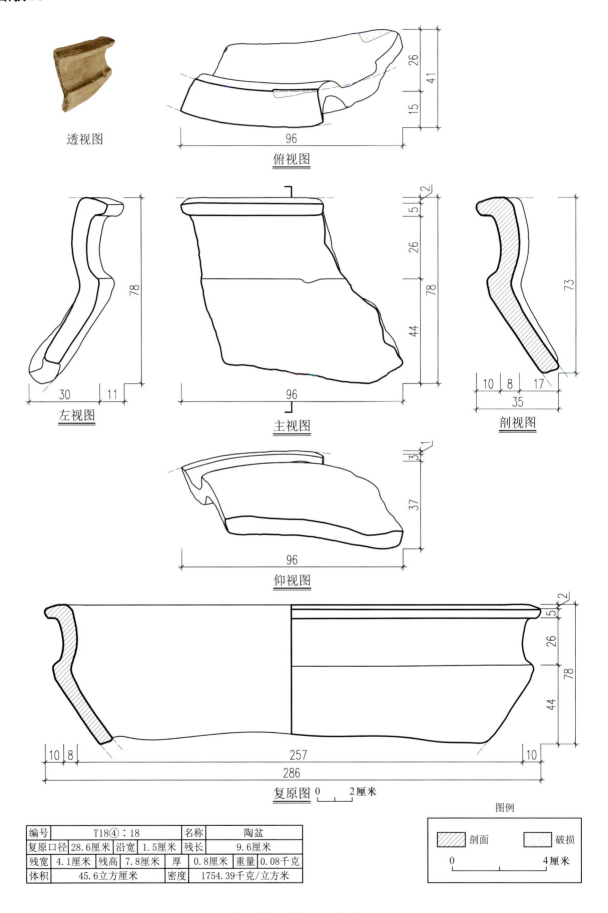

透视图

俯视图

左视图

主视图

剖视图

仰视图

复原图　0　　2厘米

图例

| 剖面 | | 破损 |

0　　　4厘米

编号	T18④：18		名称		陶盆	
复原口径	28.6厘米	沿宽	1.5厘米	残长	9.6厘米	
残宽	4.1厘米	残高	7.8厘米	厚	0.8厘米	重量	0.08千克
体积	45.6立方厘米		密度	1754.39千克/立方米		

陶盆（T18④：18）线图

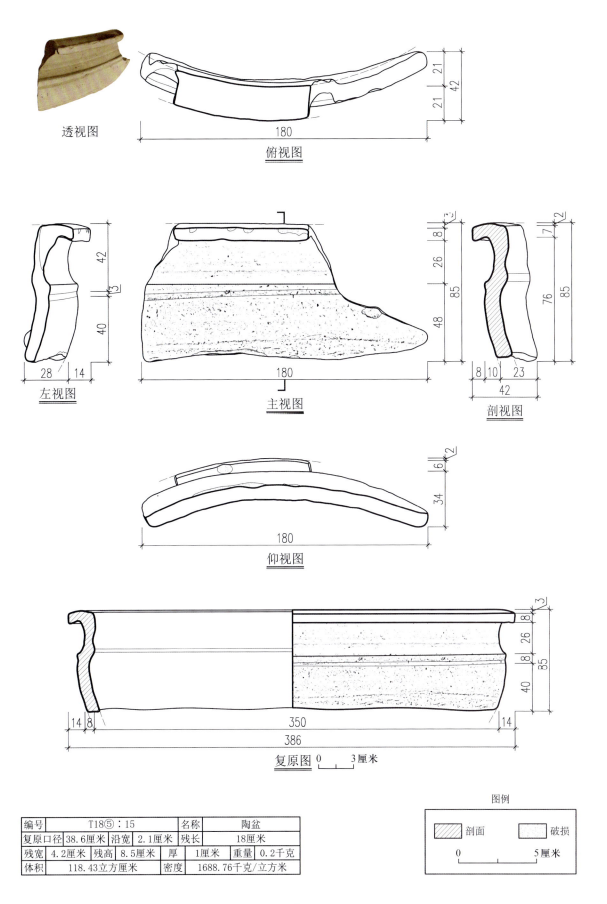

透视图

俯视图

左视图

主视图

剖视图

仰视图

复原图   0   3厘米

编号	T18⑤：15			名称	陶盆	
复原口径	38.6厘米	沿宽	2.1厘米	残长	18厘米	
残宽	4.2厘米	残高	8.5厘米	厚	1厘米	重量	0.2千克
体积	118.43立方厘米		密度	1688.76千克/立方米		

图例

▨ 剖面   ▨ 破损

0   5厘米

陶盆（T18⑤：15）线图

图版18

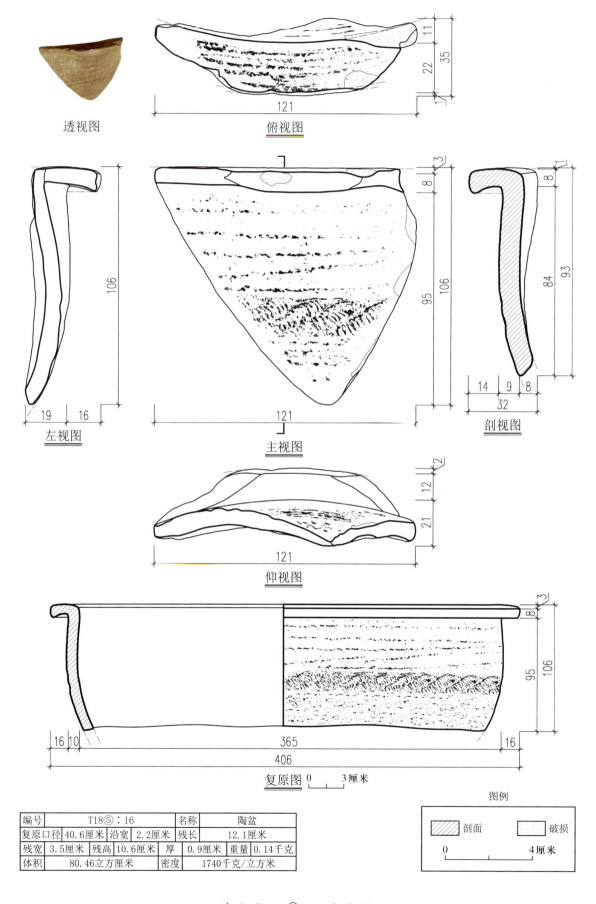

透视图

俯视图

左视图

主视图

剖视图

仰视图

复原图   0 ___ 3厘米

编号	T18⑤：16		名称		陶盆	
复原口径	40.6厘米	沿宽	2.2厘米	残长	12.1厘米	
残宽	3.5厘米	残高	10.6厘米	厚	0.9厘米	重量	0.14千克
体积	80.46立方厘米	密度	1740千克/立方米			

图例

▨ 剖面   □ 破损

0 ___ 4厘米

陶盆（T18⑤：16）线图

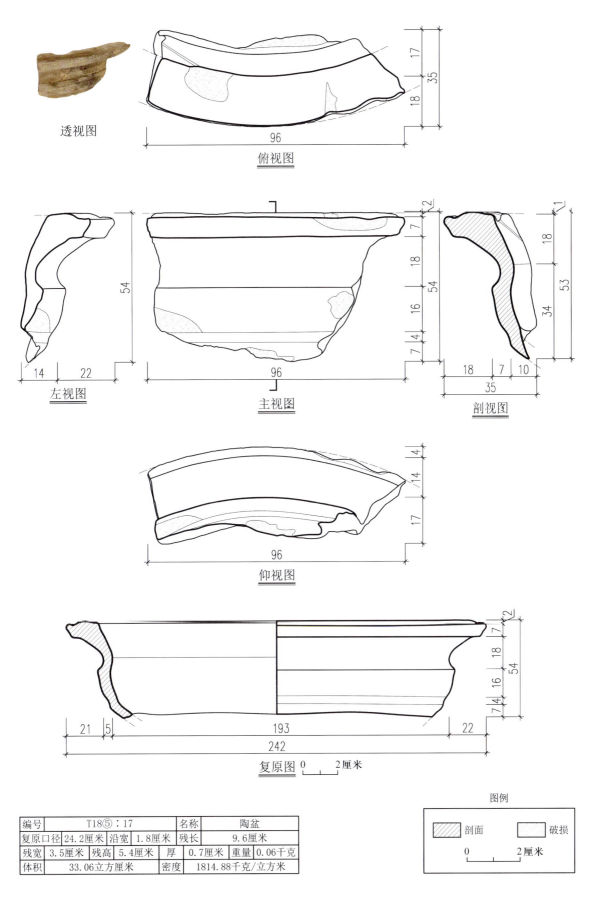

透视图

俯视图

左视图

主视图

剖视图

仰视图

复原图　0 ⊢—⊣ 2厘米

图例

| 剖面 | 破损 |

0 ⊢——⊣ 2厘米

编号	T18⑤：17		名称	陶盆	
复原口径	24.2厘米	沿宽 1.8厘米	残长	9.6厘米	
残宽	3.5厘米	残高 5.4厘米	厚 0.7厘米	重量	0.06千克
体积	33.06立方厘米		密度	1814.88千克/立方米	

陶盆（T18⑤：17）线图

图版20

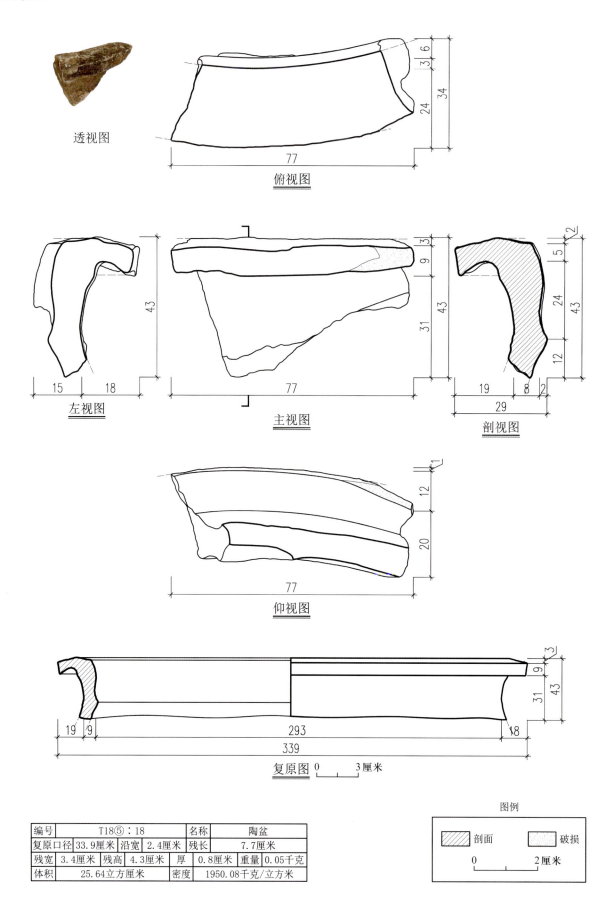

透视图

俯视图

左视图

主视图

剖视图

仰视图

复原图　0　　　3厘米

图例

剖面　　　破损

0　　　2厘米

编号	T18⑤：18		名称	陶盆	
复原口径	33.9厘米	沿宽	2.4厘米	残长	7.7厘米
残宽	3.4厘米	残高	4.3厘米	厚	0.8厘米	重量	0.05千克
体积	25.64立方厘米	密度	1950.08千克/立方米		

陶盆（T18⑤：18）线图

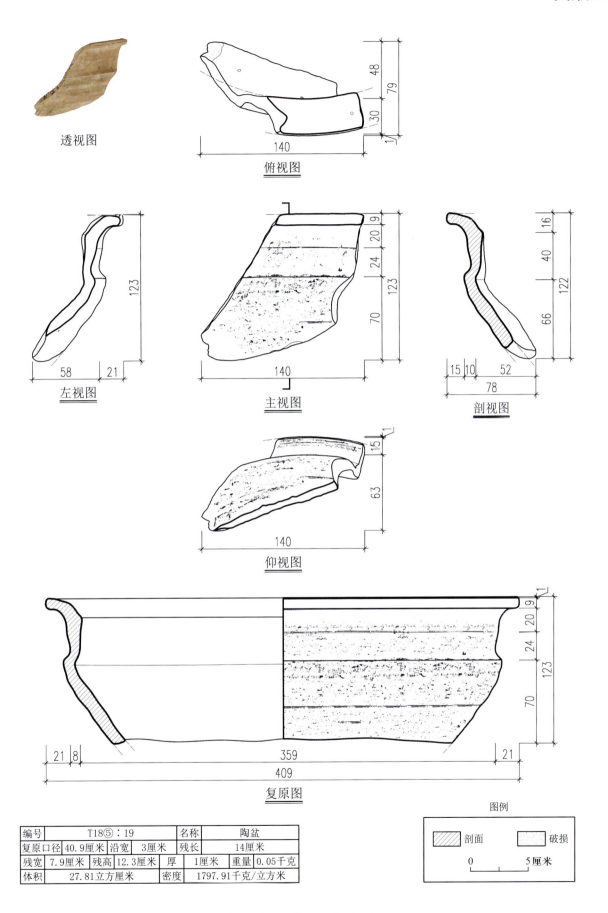

透视图

俯视图

左视图

主视图

剖视图

仰视图

复原图

图例

编号	T18⑤：19		名称	陶盆	
复原口径	40.9厘米	沿宽	3厘米	残长	14厘米
残宽	7.9厘米	残高	12.3厘米	厚	1厘米	重量	0.05千克
体积	27.81立方厘米		密度	1797.91千克/立方米	

剖面　　破损

0　　　　5厘米

陶盆（T18⑤：19）线图

图版22

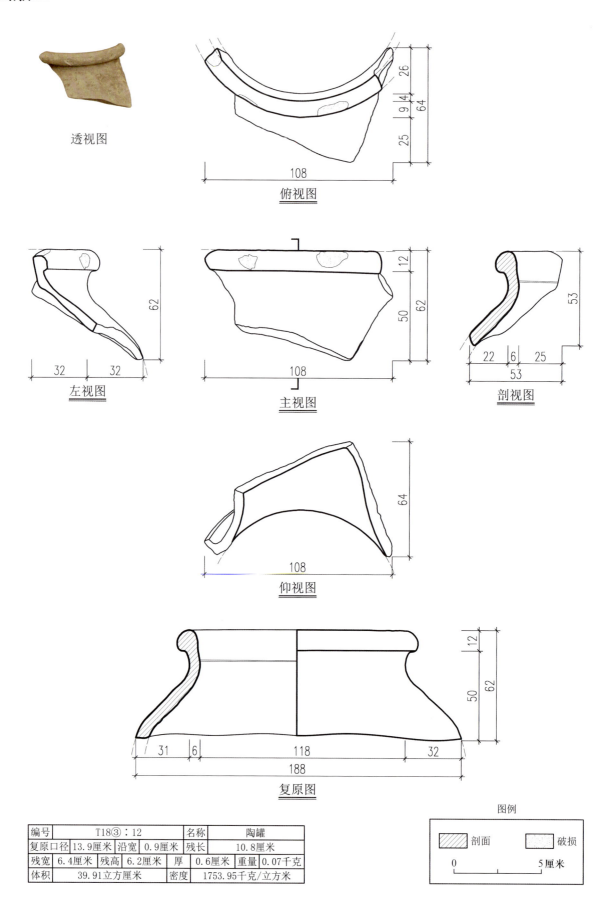

透视图

俯视图

左视图

主视图

剖视图

仰视图

复原图

编号	T18③：12		名称		陶罐
复原口径	13.9厘米	沿宽	0.9厘米	残长	10.8厘米
残宽	6.4厘米	残高	6.2厘米	厚	0.6厘米	重量	0.07千克
体积	39.91立方厘米		密度		1753.95千克/立方厘米

图例

▨ 剖面   ▨ 破损

0 ⸺⸺⸺ 5厘米

陶罐（T18③：12）线图

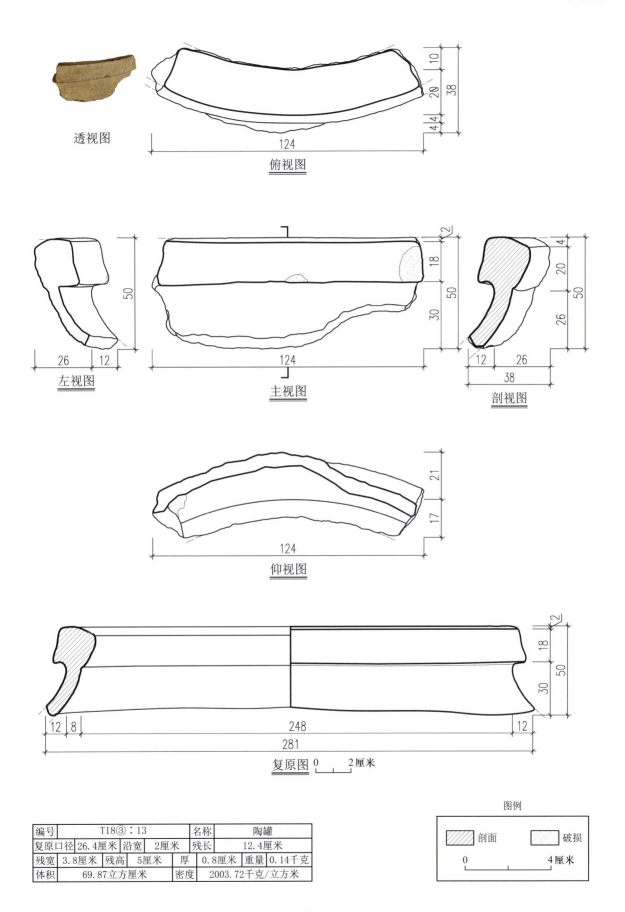

透视图

俯视图

左视图

主视图

剖视图

仰视图

复原图　0 ⌐———⌐ 2厘米

编号	T18③：13		名称	陶罐	
复原口径	26.4厘米	沿宽	2厘米	残长	12.4厘米
残宽	3.8厘米	残高	5厘米	厚	0.8厘米	重量	0.14千克
体积	69.87立方厘米		密度	2003.72千克/立方米	

图例

▨ 剖面　　▨ 破损

0 ⌐———⌐ 4厘米

陶罐（T18③：13）线图

图版24

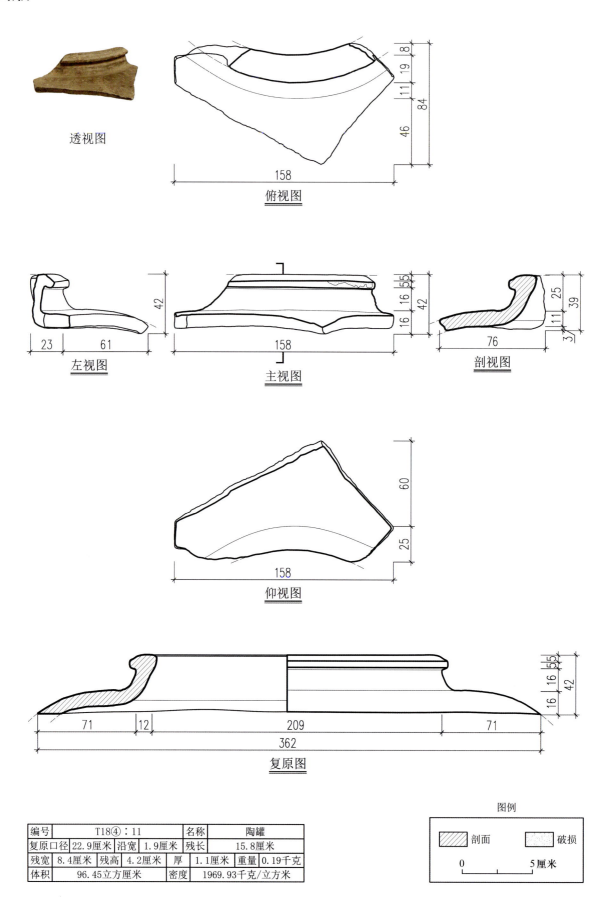

透视图

俯视图

左视图

主视图

剖视图

仰视图

复原图

编号	T18④：11		名称	陶罐
复原口径	22.9厘米	沿宽 1.9厘米	残长	15.8厘米
残宽	8.4厘米	残高 4.2厘米	厚 1.1厘米	重量 0.19千克
体积	96.45立方厘米	密度	1969.93千克/立方米	

图例

▨ 剖面   破损

0   5厘米

陶罐（T18④：11）线图

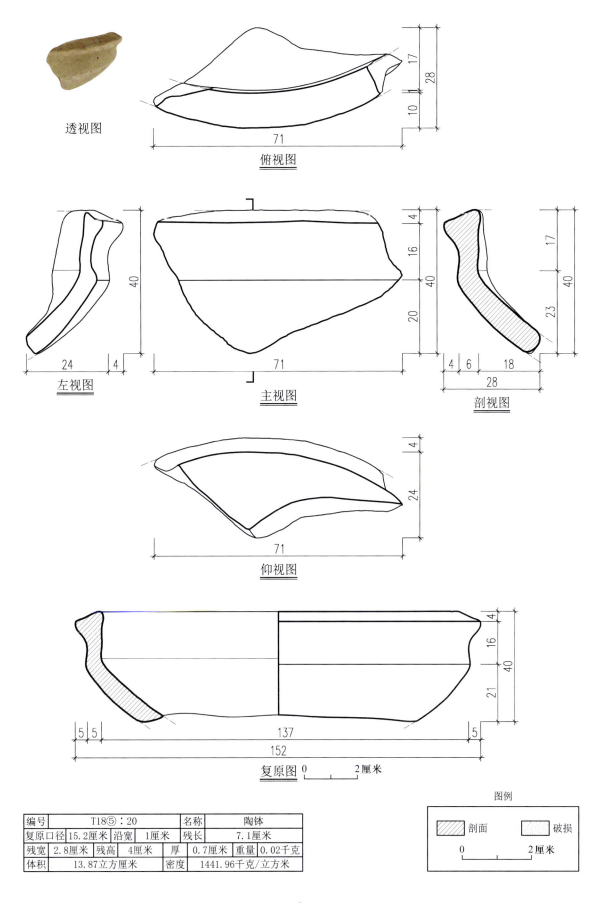

透视图

俯视图

左视图

主视图

剖视图

仰视图

复原图　　0　　　2厘米

图例

剖面		破损

0　　　2厘米

编号	T18⑤：20		名称	陶钵	
复原口径	15.2厘米	沿宽	1厘米	残长	7.1厘米
残宽	2.8厘米	残高	4厘米	厚 0.7厘米	重量 0.02千克
体积	13.87立方厘米	密度	1441.96千克/立方米		

陶钵（T18⑤：20）线图

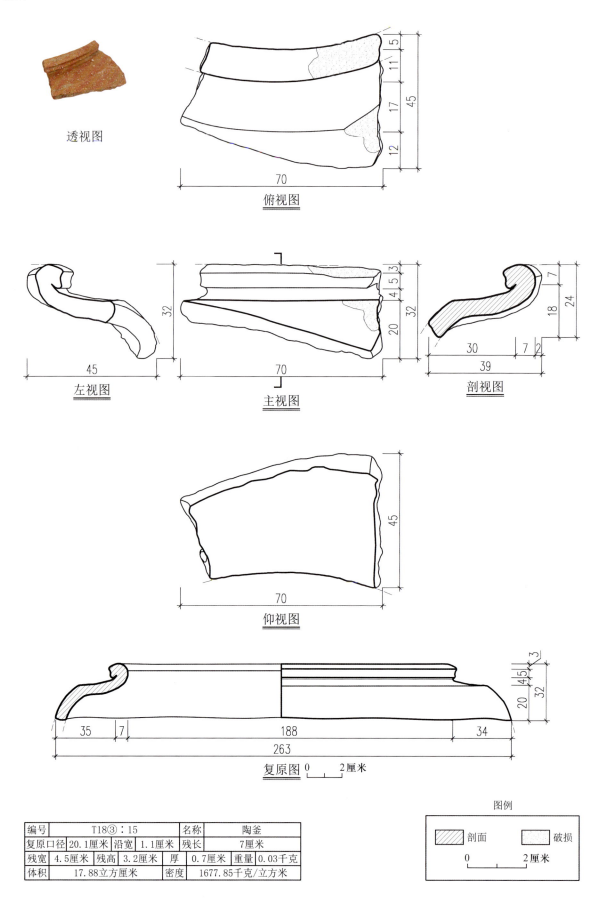

透视图

俯视图

左视图

主视图

剖视图

仰视图

复原图 0 2厘米

图例

剖面		破损	

0 2厘米

编号	T18③:15	名称	陶釜	
复原口径	20.1厘米	沿宽	1.1厘米	残长	7厘米
残宽	4.5厘米	残高	3.2厘米	厚	0.7厘米	重量	0.03千克
体积	17.88立方厘米	密度	1677.85千克/立方米	

陶釜（T18③:15）线图

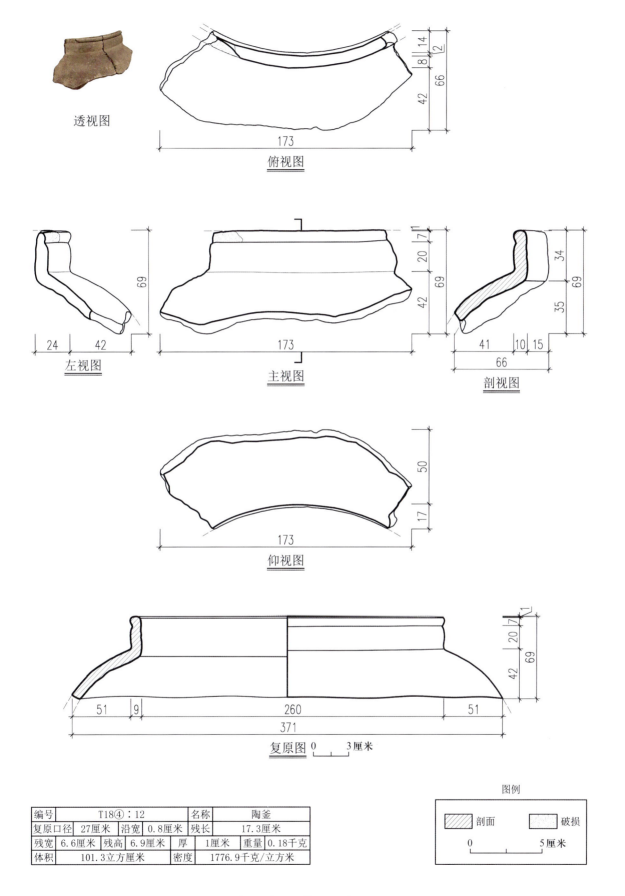

透视图

俯视图

左视图

主视图

剖视图

仰视图

复原图 0 ___ 3厘米

图例

编号	T18④：12		名称		陶釜	
复原口径	27厘米	沿宽	0.8厘米	残长		17.3厘米
残宽	6.6厘米	残高	6.9厘米	厚	1厘米	重量	0.18千克
体积	101.3立方厘米		密度		1776.9千克/立方米	

剖面　破损

0 ___ 5厘米

陶釜（T18④：12）线图

图版28

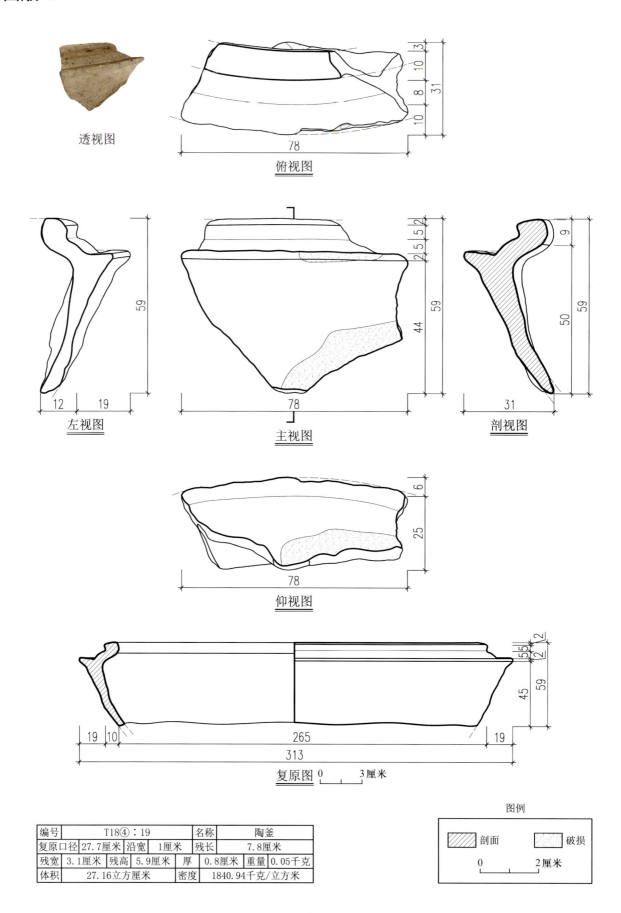

透视图

俯视图

左视图

主视图

剖视图

仰视图

复原图　0 ⊢—————⊣ 3厘米

图例

☒ 剖面　　☐ 破损

0 ⊢—————⊣ 2厘米

编号	T18④：19		名称	陶釜
复原口径	27.7厘米	沿宽	1厘米	残长	7.8厘米
残宽	3.1厘米	残高	5.9厘米	厚	0.8厘米	重量	0.05千克
体积	27.16立方厘米	密度	1840.94千克/立方米

陶釜（T18④：19）线图

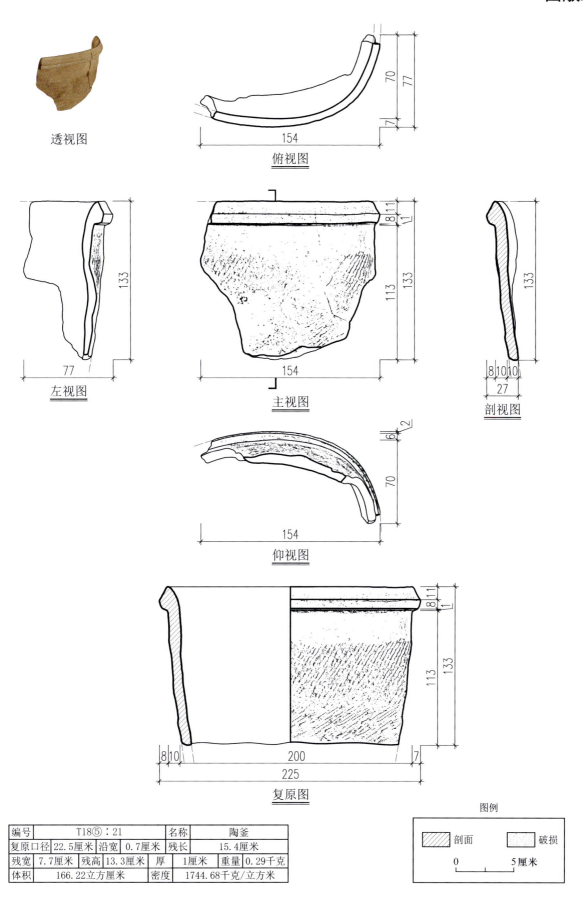

透视图

俯视图

左视图

主视图

剖视图

仰视图

复原图

图例

剖面	破损

0   5厘米

编号	T18⑤：21		名称	陶釜	
复原口径	22.5厘米	沿宽 0.7厘米	残长	15.4厘米	
残宽	7.7厘米	残高 13.3厘米	厚 1厘米	重量	0.29千克
体积	166.22立方厘米	密度	1744.68千克/立方米		

陶釜（T18⑤：21）线图

图版30

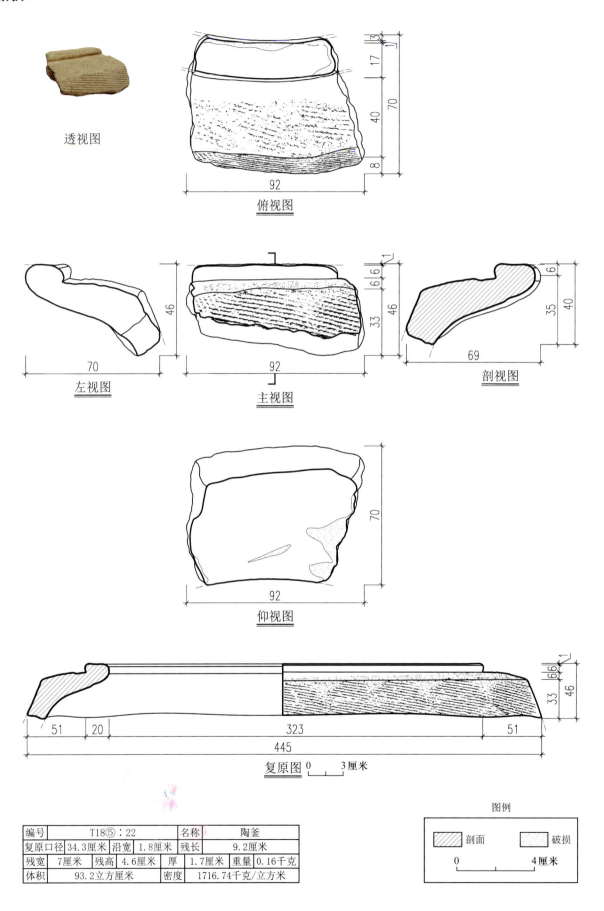

透视图

俯视图

左视图

主视图

剖视图

仰视图

复原图 0 3厘米

图例

剖面   破损

0   4厘米

编号	T18⑤：22		名称	陶釜		
复原口径	34.3厘米	沿宽	1.8厘米	残长	9.2厘米	
残宽	7厘米	残高	4.6厘米	厚	1.7厘米	重量	0.16千克
体积	93.2立方厘米	密度	1716.74千克/立方米			

陶釜（T18⑤：22）线图

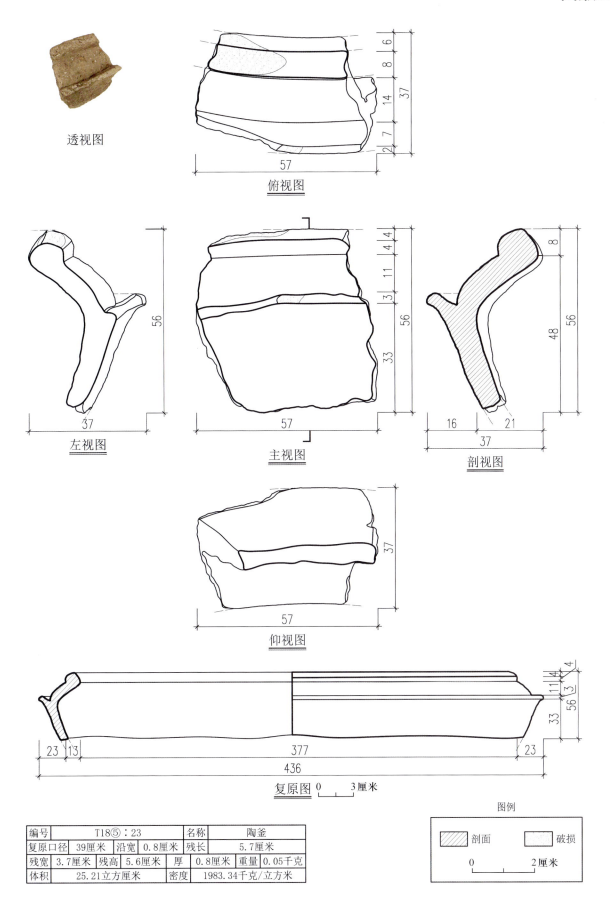

透视图

俯视图

左视图

主视图

剖视图

仰视图

图例

复原图　0 ___ 3厘米

编号	T18⑤：23		名称		陶釜	
复原口径	39厘米	沿宽	0.8厘米	残长	5.7厘米	
残宽	3.7厘米	残高	5.6厘米	厚	0.8厘米	重量	0.05千克
体积	25.21立方厘米	密度	1983.34千克/立方米			

陶釜（T18⑤：23）线图

图版32

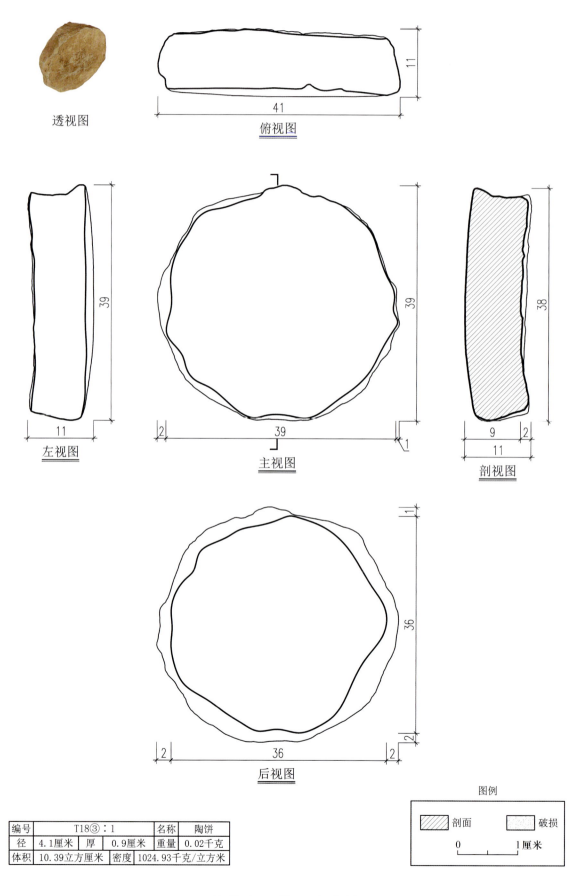

透视图

俯视图

左视图

主视图

剖视图

后视图

图例

| 剖面 | 破损 |

0   1厘米

编号	T18③：1		名称	陶饼
径	4.1厘米	厚　0.9厘米	重量	0.02千克
体积	10.39立方厘米	密度	1024.93千克/立方米	

陶饼（T18③：1）线图

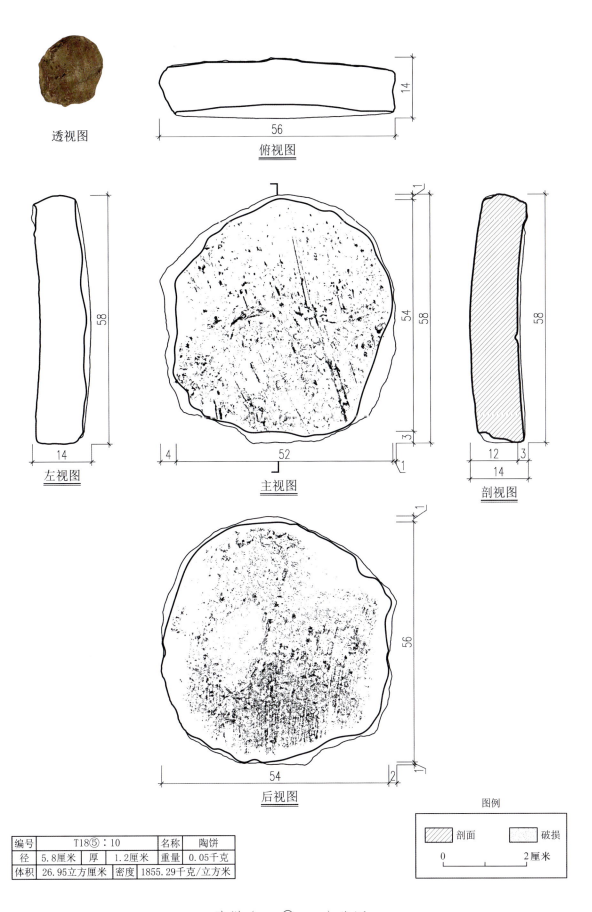

透视图

俯视图

左视图

主视图

剖视图

后视图

图例

| | 剖面 | | 破损 |

0　　　　2厘米

编号	T18⑤：10		名称	陶饼
径	5.8厘米	厚	1.2厘米	重量	0.05千克
体积	26.95立方厘米	密度	1855.29千克/立方米

陶饼（T18⑤：10）线图

图版34

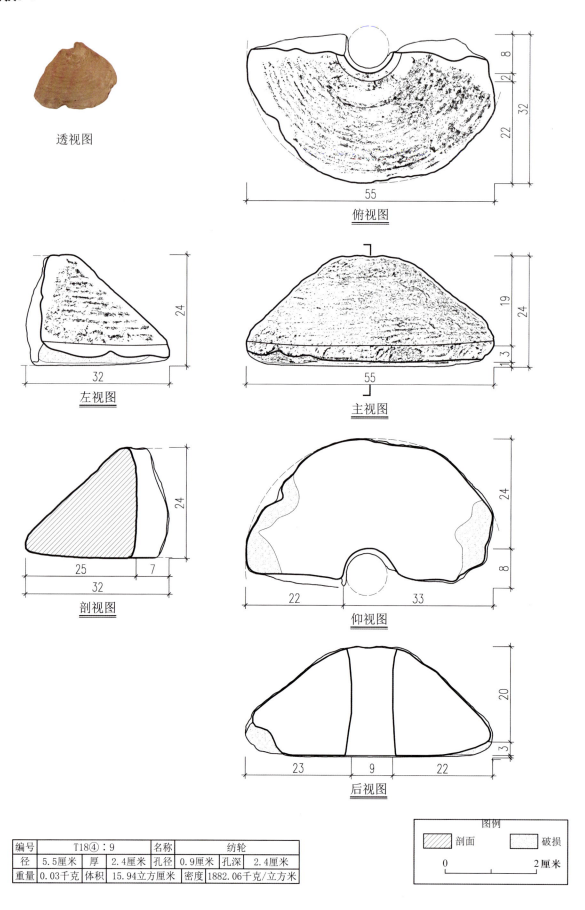

透视图

俯视图

左视图

主视图

剖视图

仰视图

后视图

图例

| | 剖面 | | 破损 |

0   2厘米

编号	T18④：9		名称		纺轮	
径	5.5厘米	厚	2.4厘米	孔径	0.9厘米	孔深	2.4厘米
重量	0.03千克	体积	15.94立方厘米	密度	1882.06千克/立方米	

纺轮（T18④：9）线图

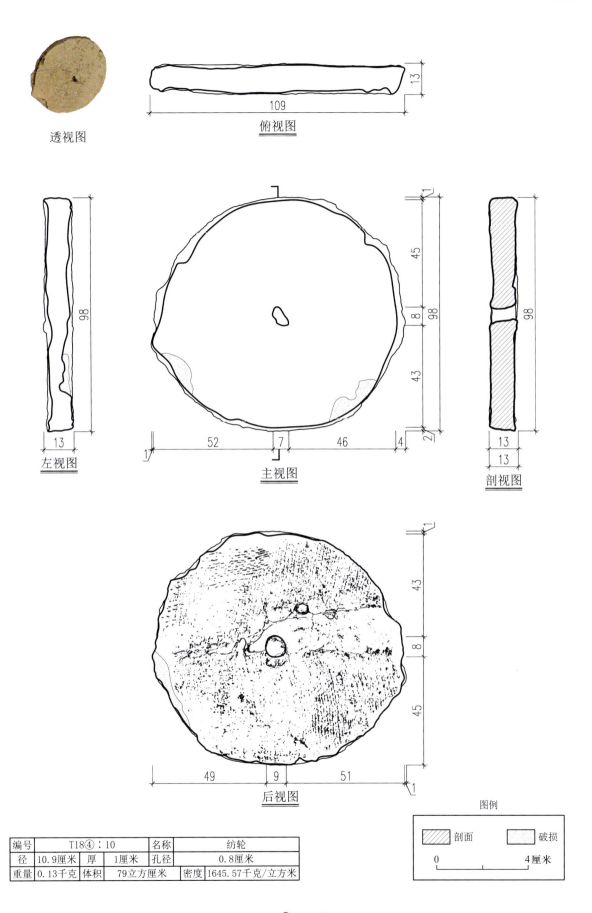

透视图

俯视图

109

13

左视图

98

13

主视图

52 7 46 4

45 8 43

98

剖视图

98

13
13

后视图

49 9 51

43 8 45

图例

| | 剖面 | | 破损 |

0　　　　　　　　4厘米

编号	T18④：10	名称	纺轮
径	10.9厘米	厚	1厘米	孔径	0.8厘米
重量	0.13千克	体积	79立方厘米	密度	1645.57千克/立方米

纺轮（T18④：10）线图

图版36

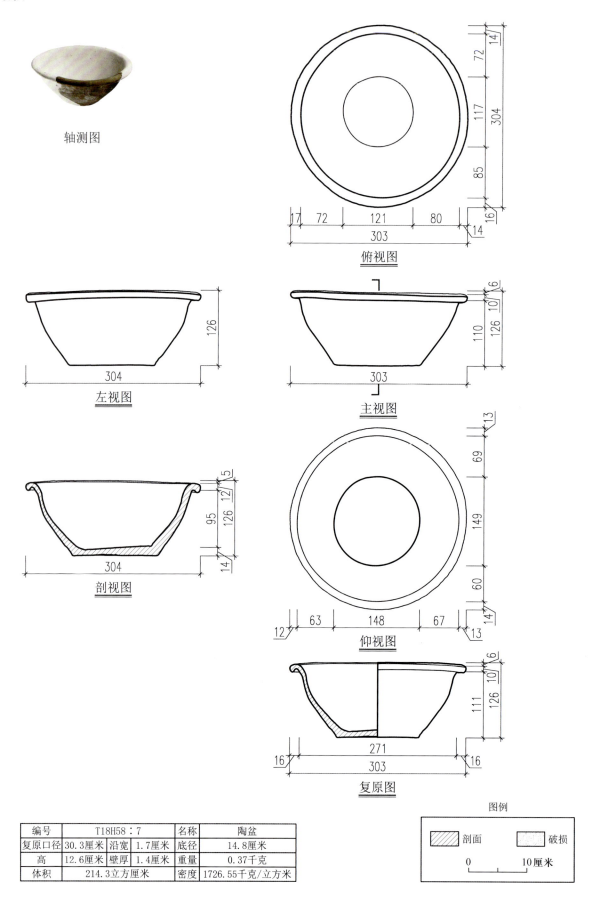

轴测图

俯视图

左视图

主视图

剖视图

仰视图

复原图

图例

▨ 剖面		▨ 破损

0   10厘米

编号	T18H58：7	名称	陶盆
复原口径	30.3厘米	沿宽 1.7厘米	底径	14.8厘米
高	12.6厘米	壁厚 1.4厘米	重量	0.37千克
体积	214.3立方厘米	密度	1726.55千克/立方米

陶盆（T18H58：7）线图

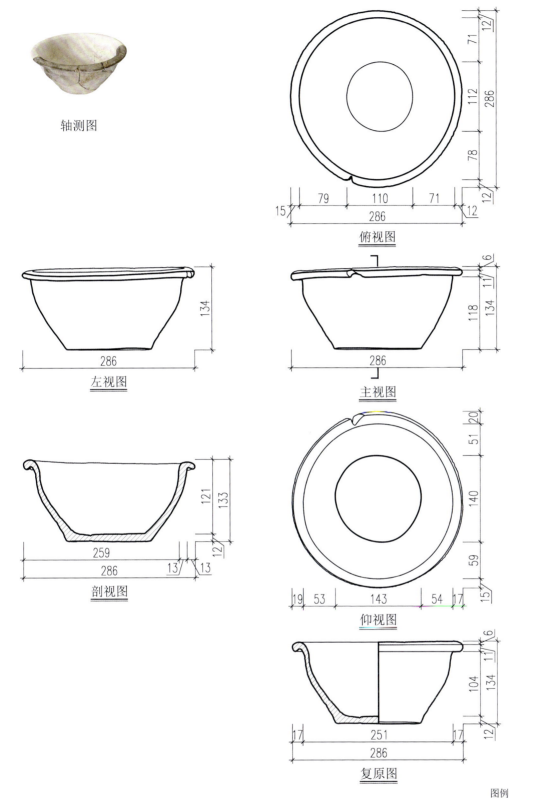

轴测图

俯视图

左视图

主视图

剖视图

仰视图

复原图

编号	T18H58：8		名称	陶盆
复原口径	28.6厘米	沿宽 1.2厘米	底径	14.3厘米
高	13.4厘米	壁厚 1.3厘米	重量	0.72千克
体积	395.81立方厘米		密度	1809.77千克/立方米

陶盆（T18H58：8）线图

图版38

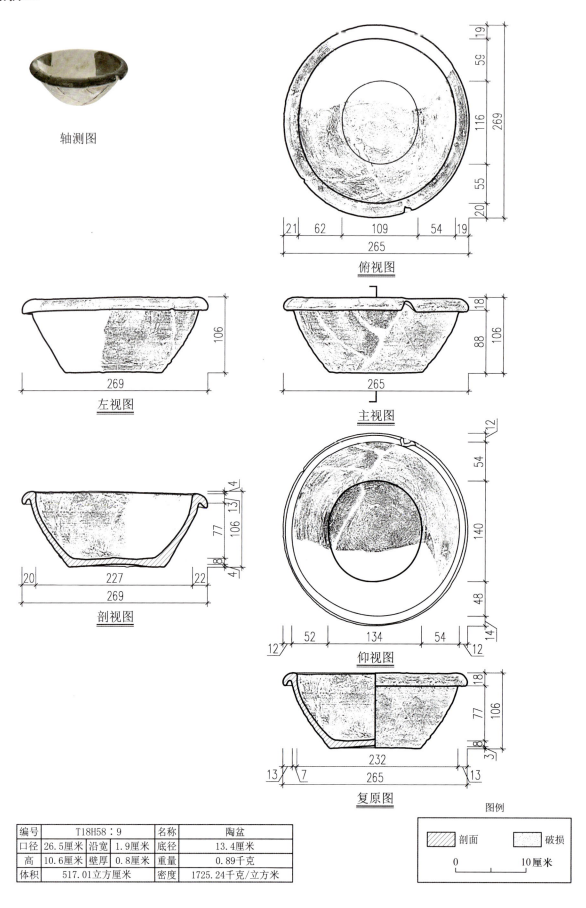

轴测图

俯视图

左视图

主视图

剖视图

仰视图

复原图

编号	T18H58：9		名称	陶盆
口径	26.5厘米	沿宽	1.9厘米	底径	13.4厘米
高	10.6厘米	壁厚	0.8厘米	重量	0.89千克
体积	517.01立方厘米		密度	1725.24千克/立方米

图例

剖面　　破损

0　　　　10厘米

陶盆（T18H58：9）线图

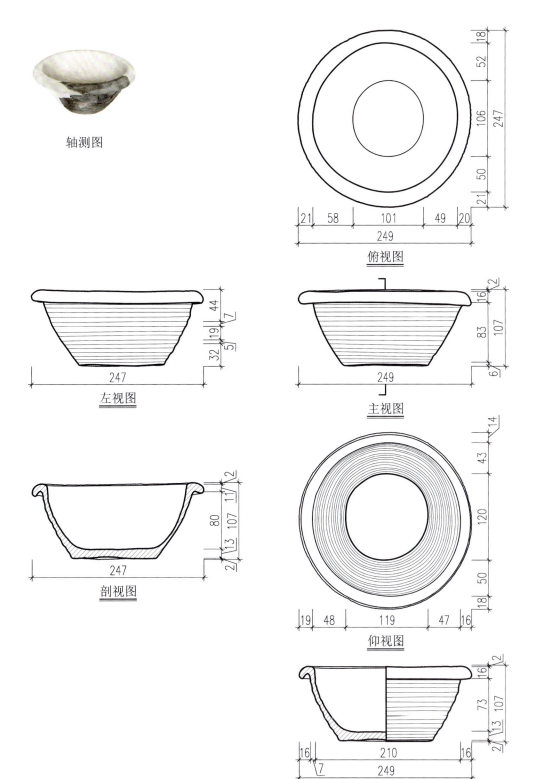

轴测图

俯视图

左视图

主视图

剖视图

仰视图

复原图

编号	T18H58：10	名称	陶盆
复原口径	24.9厘米	沿宽	2厘米	底径	11.9厘米
高	10.7厘米	壁厚	0.7厘米	重量	0.79千克
体积	509.21立方厘米	密度	1545.24千克/立方米

图例

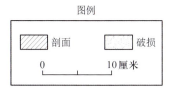

剖面　　破损

0　　　　10厘米

陶盆（T18H58：10）线图

图版40

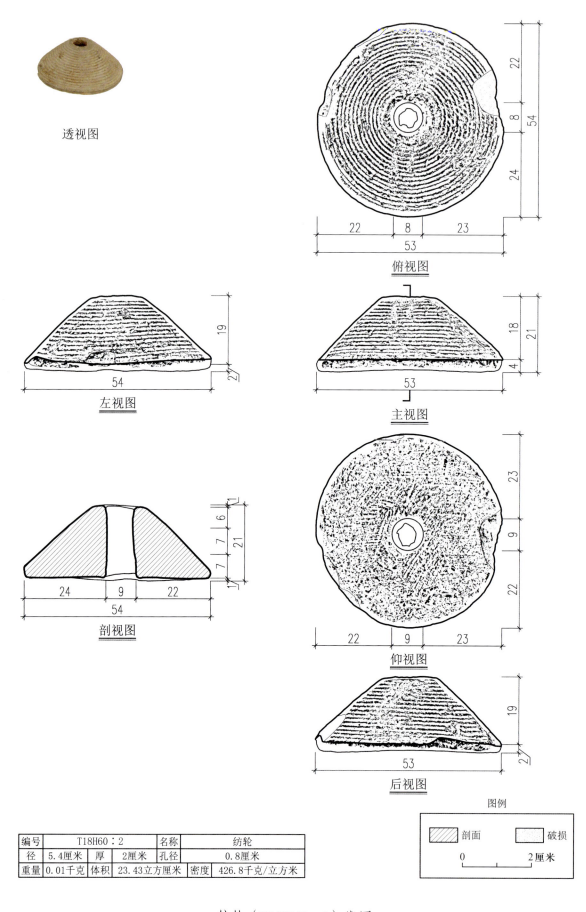

透视图

俯视图

左视图

主视图

剖视图

仰视图

后视图

图例

	剖面		破损

0   2厘米

编号	T18H60:2	名称	纺轮
径	5.4厘米	厚 2厘米	孔径	0.8厘米
重量	0.01千克	体积 23.43立方厘米	密度	426.8千克/立方米

纺轮（T18H60:2）线图

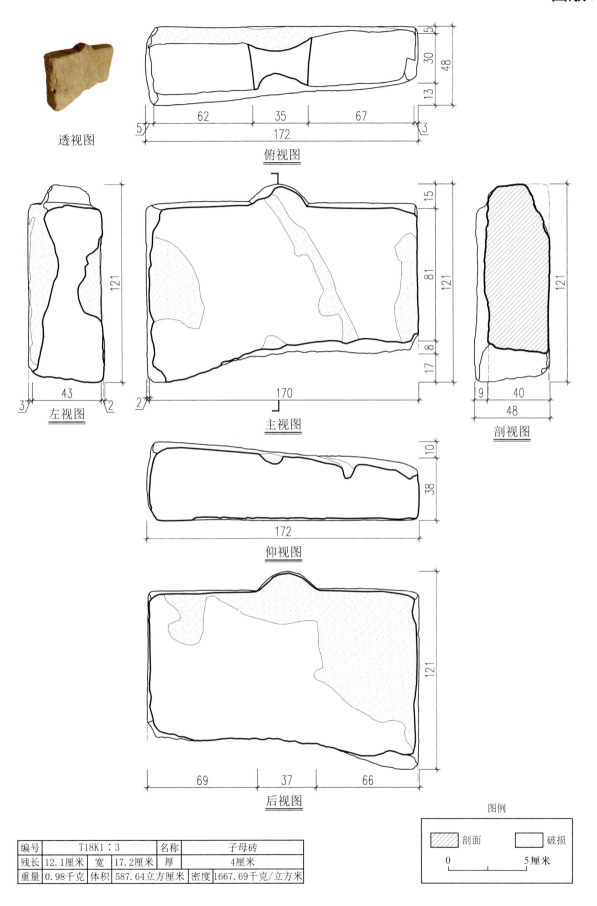

透视图

俯视图

左视图

主视图

剖视图

仰视图

后视图

图例

| | 剖面 | | 破损 |

0　　　　5厘米

编号	T18K1：3		名称	子母砖
残长	12.1厘米	宽 17.2厘米	厚	4厘米
重量	0.98千克	体积 587.64立方厘米	密度	1667.69千克/立方米

子母砖（T18K1：3）线图

图版42

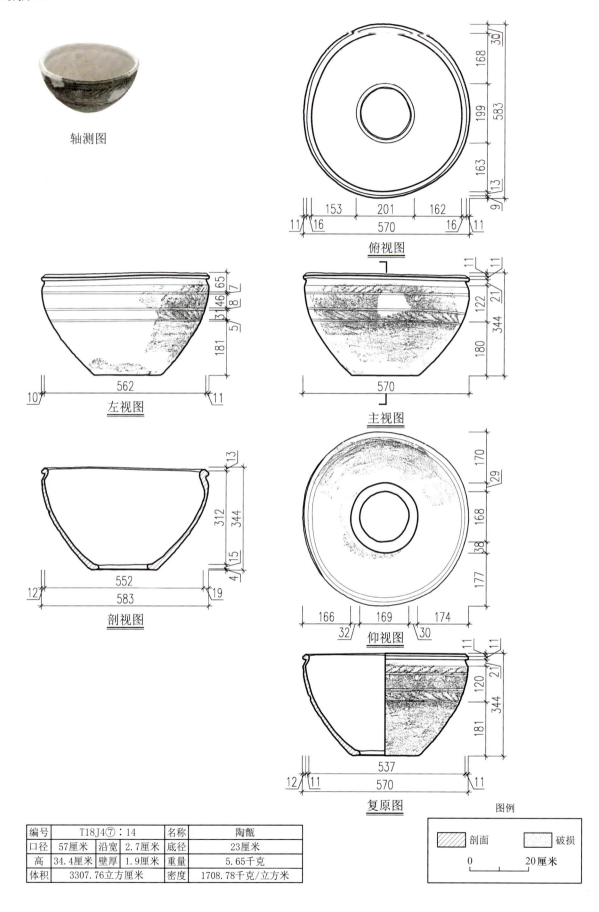

轴测图

俯视图

左视图

主视图

剖视图

仰视图

复原图

图例

	剖面		破损

0　　　　　　　20厘米

编号	T18J4⑦：14	名称	陶甑
口径	57厘米	沿宽	2.7厘米	底径	23厘米
高	34.4厘米	壁厚	1.9厘米	重量	5.65千克
体积	3307.76立方厘米	密度	1708.78千克/立方米

陶甑（T18J4⑦：14）线图

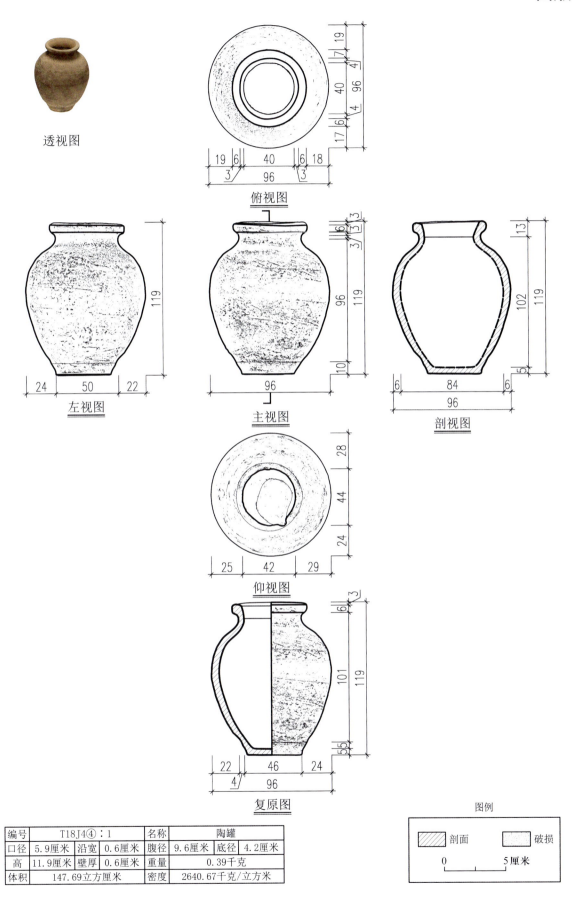

透视图

俯视图

左视图

主视图

剖视图

仰视图

复原图

图例

剖面		破损

0　　　　5厘米

编号	T18J4④：1		名称		陶罐	
口径	5.9厘米	沿宽	0.6厘米	腹径	9.6厘米	底径	4.2厘米
高	11.9厘米	壁厚	0.6厘米	重量		0.39千克	
体积	147.69立方厘米		密度		2640.67千克/立方米	

陶罐（T18J4④：1）线图

图版44

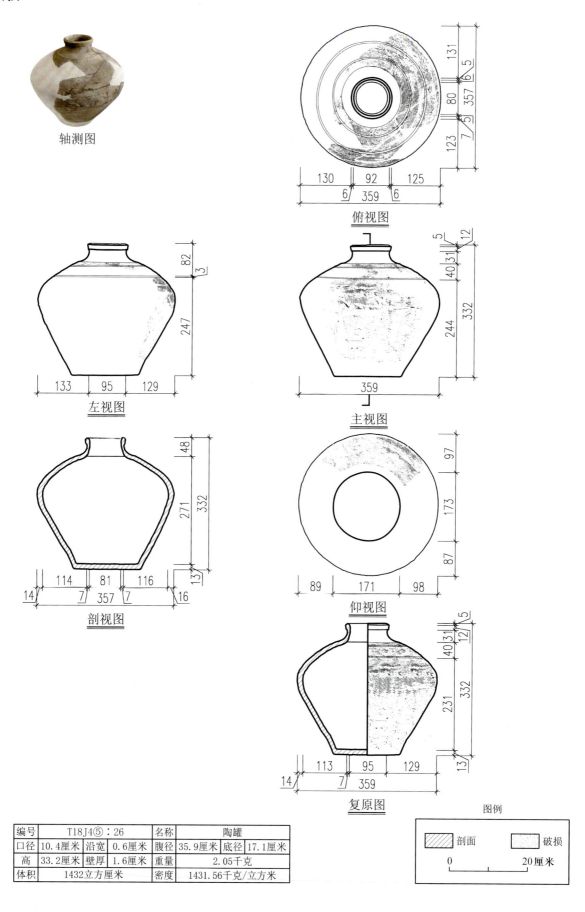

轴测图

俯视图

左视图

主视图

剖视图

仰视图

复原图

编号	T18J4⑤：26		名称		陶罐	
口径	10.4厘米	沿宽	0.6厘米	腹径	35.9厘米	底径	17.1厘米
高	33.2厘米	壁厚	1.6厘米	重量		2.05千克	
体积	1432立方厘米		密度		1431.56千克/立方米	

图例

剖面　　破损

0　　　　　20厘米

陶罐（T18J4⑤：26）线图

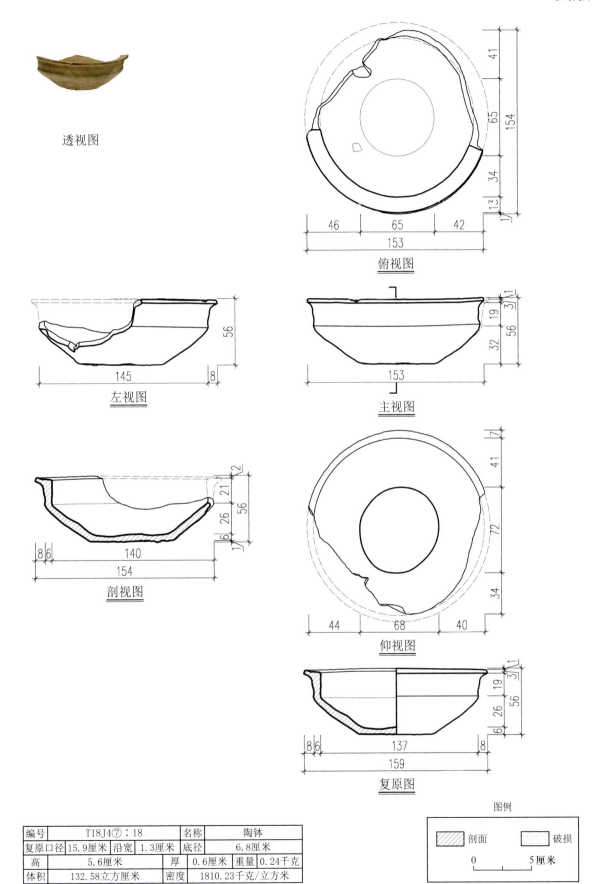

透视图

俯视图

左视图

主视图

剖视图

仰视图

复原图

图例

图例		
剖面		破损

0　　　　　5厘米

编号	T18J4⑦：18		名称	陶钵	
复原口径	15.9厘米	沿宽	1.3厘米	底径	6.8厘米
高	5.6厘米	厚	0.6厘米	重量	0.24千克
体积	132.58立方厘米	密度	1810.23千克/立方米		

陶钵（T18J4⑦：18）线图

图版46

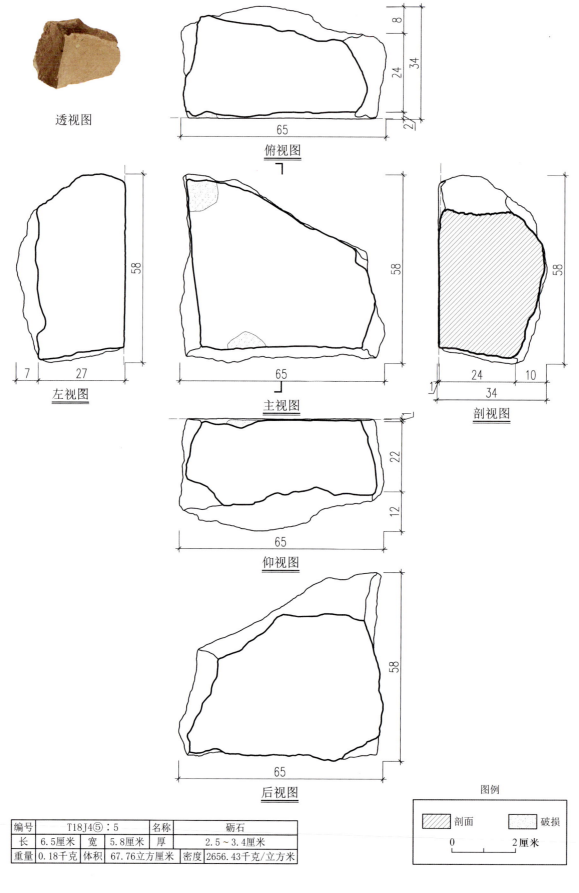

透视图

俯视图

左视图

主视图

剖视图

仰视图

后视图

编号	T18J4⑤：5		名称	砺石
长	6.5厘米	宽	5.8厘米	厚	2.5～3.4厘米
重量	0.18千克	体积	67.76立方厘米	密度	2656.43千克/立方米

图例

剖面 破损

0 2厘米

砺石（T18J4⑤：5）线图

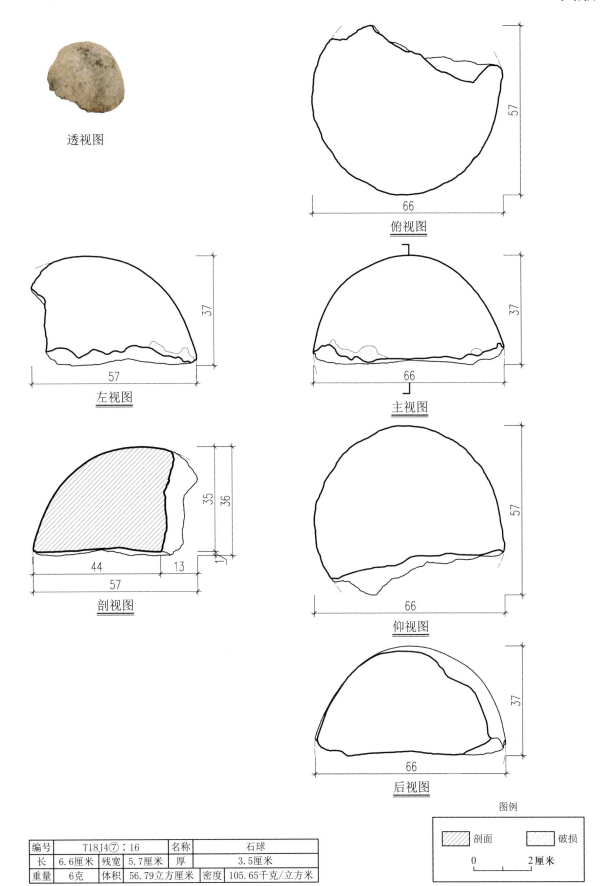

透视图

俯视图

左视图

主视图

剖视图

仰视图

后视图

图例

	剖面		破损

0 　　　　 2厘米

编号	T18J4⑦：16		名称	石球	
长	6.6厘米	残宽	5.7厘米	厚	3.5厘米
重量	6克	体积	56.79立方厘米	密度	105.65千克/立方米

石球（T18J4⑦：16）线图

图版48

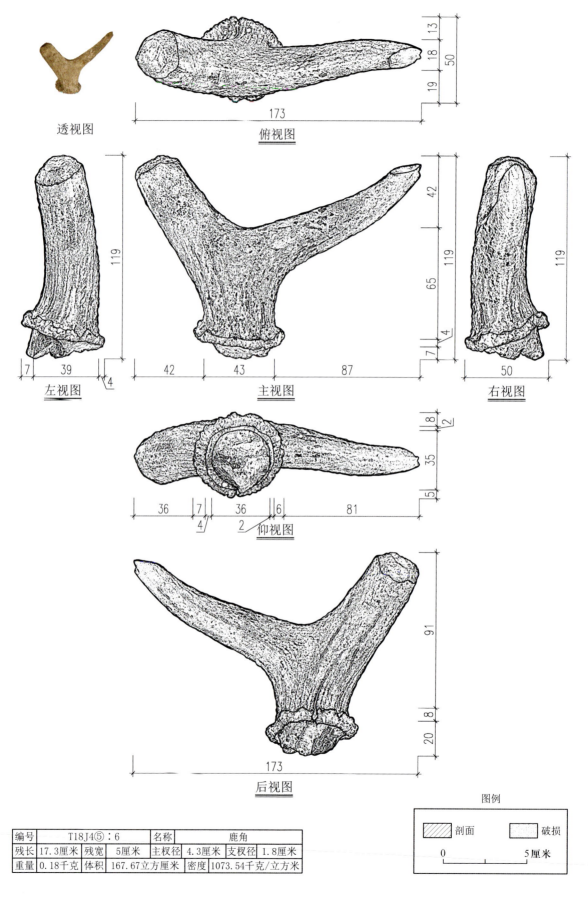

透视图

俯视图

左视图

主视图

右视图

仰视图

后视图

图例

	剖面		破损

0   5厘米

编号	T18J4⑤：6	名称		鹿角	
残长	17.3厘米	残宽	5厘米	主杈径	4.3厘米	支杈径	1.8厘米
重量	0.18千克	体积	167.67立方厘米	密度	1073.54千克/立方米

鹿角（T18J4⑤：6）线图

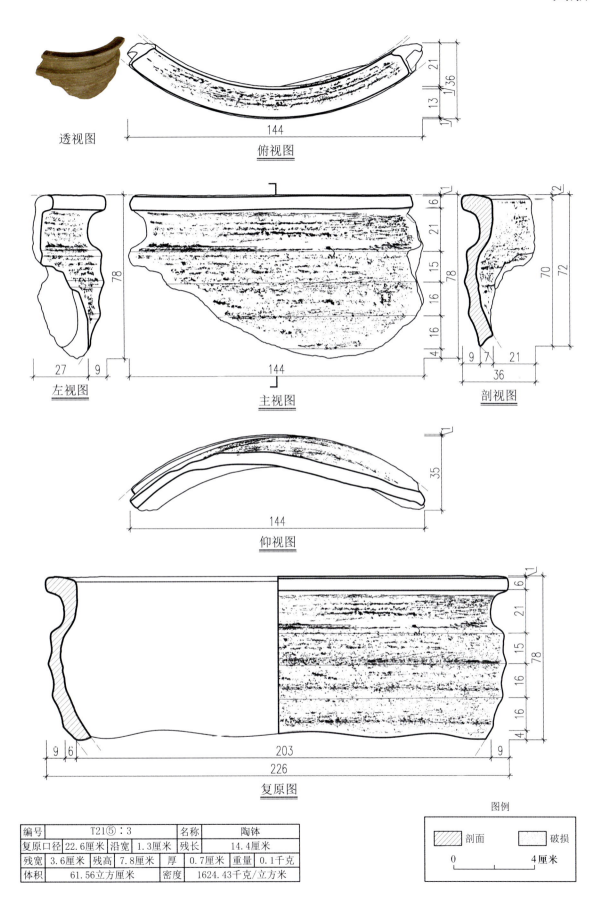

透视图

俯视图

左视图

主视图

剖视图

仰视图

复原图

图例

| 剖面 | | 破损 |

0   4厘米

编号	T21⑤：3		名称	陶钵	
复原口径	22.6厘米	沿宽	1.3厘米	残长	14.4厘米
残宽	3.6厘米	残高	7.8厘米	厚	0.7厘米	重量	0.1千克
体积	61.56立方厘米	密度	1624.43千克/立方米		

陶钵（T21⑤：3）线图

图版50

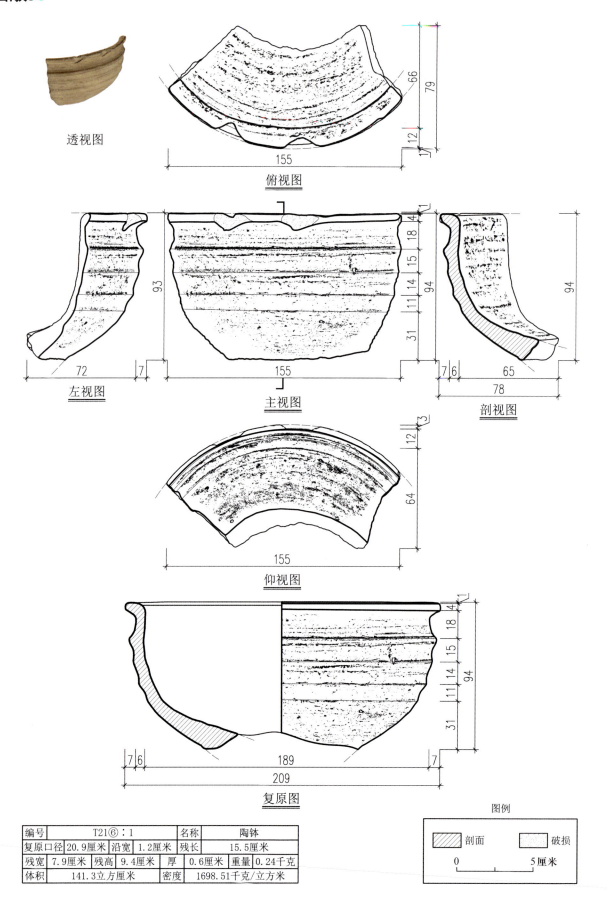

透视图

俯视图

左视图

主视图

剖视图

仰视图

复原图

图例

剖面		破损	

0　　　5厘米

编号	T21⑥：1		名称	陶钵		
复原口径	20.9厘米	沿宽	1.2厘米	残长	15.5厘米	
残宽	7.9厘米	残高	9.4厘米	厚	0.6厘米	重量 0.24千克
体积	141.3立方厘米	密度		1698.51千克/立方米		

陶钵（T21⑥：1）线图

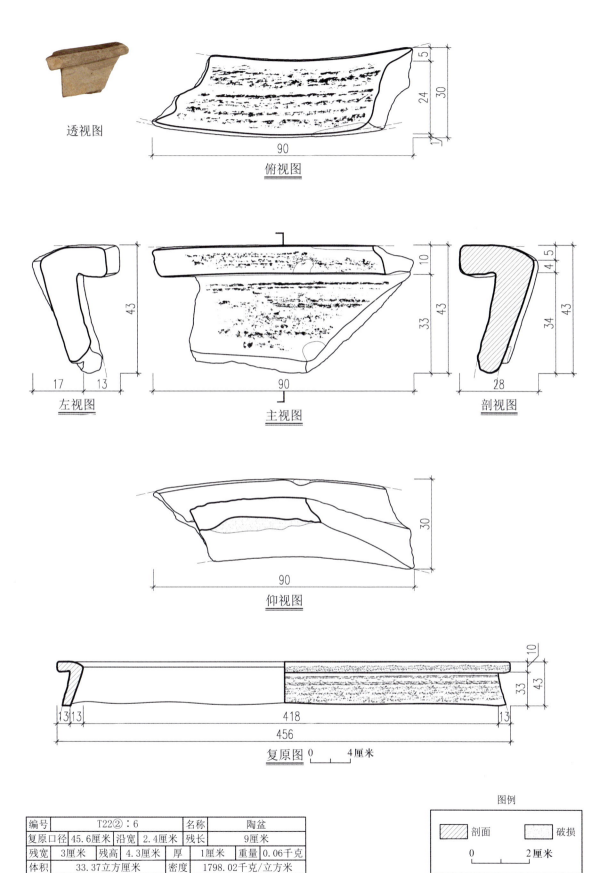

透视图

俯视图

左视图

主视图

剖视图

仰视图

复原图　0　　4厘米

图例

| | 剖面 | | 破损 |

0　　　　2厘米

编号	T22②：6		名称		陶盆	
复原口径	45.6厘米	沿宽	2.4厘米	残长		9厘米
残宽	3厘米	残高	4.3厘米	厚	1厘米	重量	0.06千克
体积	33.37立方厘米		密度		1798.02千克/立方米	

陶盆（T22②：6）线图

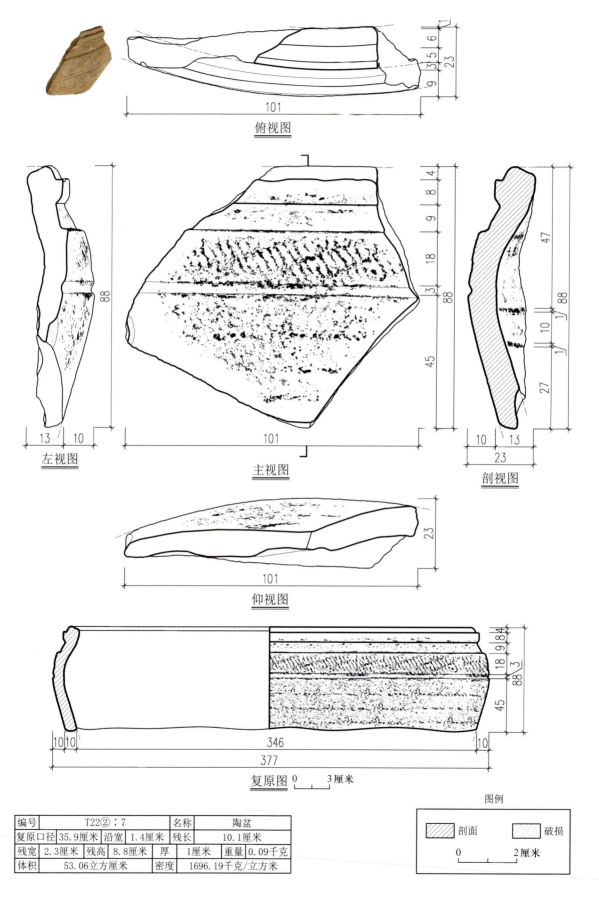

俯视图

左视图

主视图

剖视图

仰视图

复原图 0 ⊢—⊣ 3厘米

图例

⊠ 剖面	☐ 破损

0 ⊢——⊣ 2厘米

编号	T22②∶7		名称	陶盆	
复原口径	35.9厘米	沿宽 1.4厘米	残长		10.1厘米
残宽	2.3厘米	残高 8.8厘米	厚	1厘米	重量 0.09千克
体积	53.06立方厘米		密度	1696.19千克/立方米	

陶盆（T22②∶7）线图

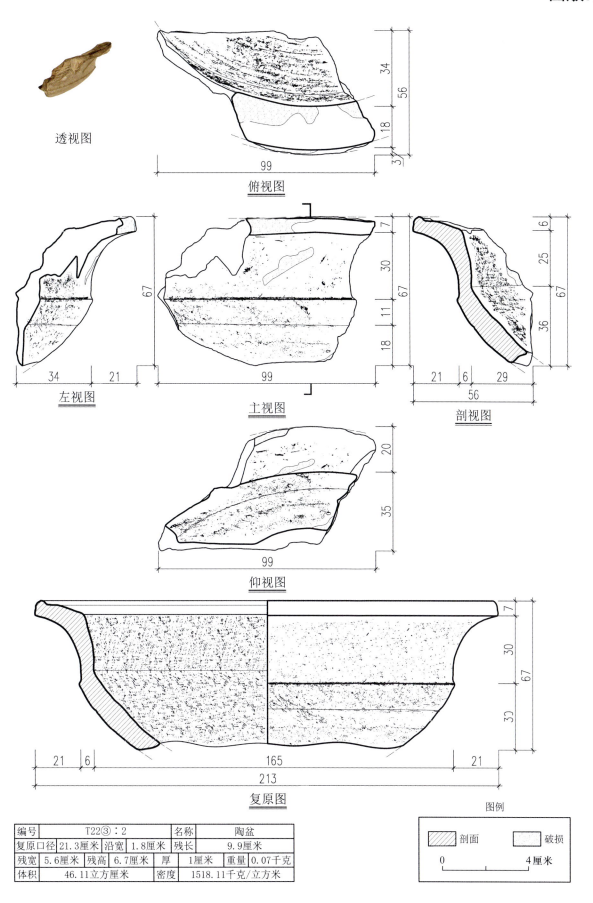

透视图

俯视图

左视图

土视图

剖视图

仰视图

复原图

图例

▨ 剖面		▨ 破损	

0 ———— 4厘米

编号	T22③：2		名称		陶盆	
复原口径	21.3厘米	沿宽	1.8厘米	残长		9.9厘米
残宽	5.6厘米	残高	6.7厘米	厚	1厘米	重量	0.07千克
体积	46.11立方厘米	密度		1518.11千克/立方米		

陶盆（T22③：2）线图

图版54

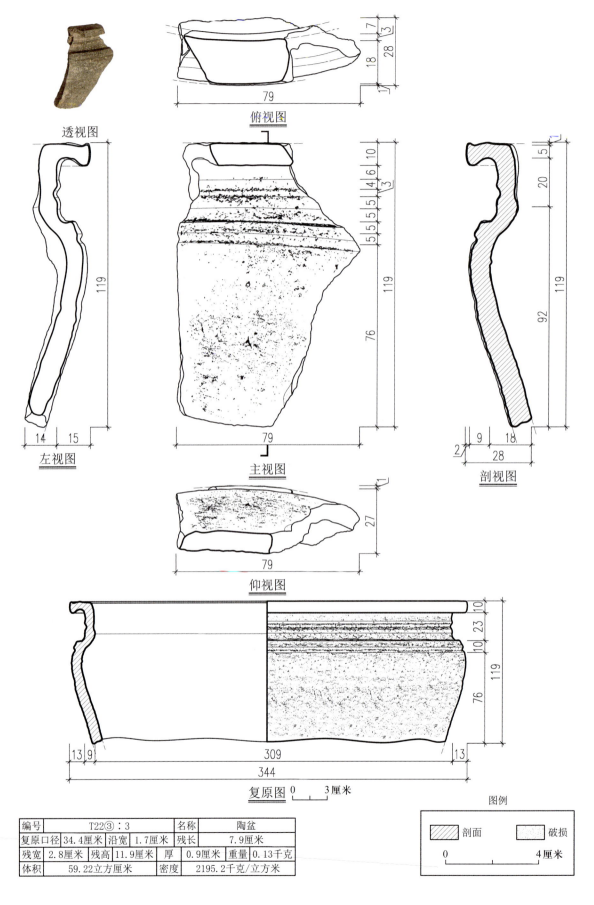

透视图

俯视图

左视图

主视图

剖视图

仰视图

复原图 0 ____ 3厘米

图例

| ▨ 剖面 | ░ 破损 |

0 ____ 4厘米

编号	T22③：3		名称	陶盆	
复原口径	34.4厘米	沿宽	1.7厘米	残长	7.9厘米
残宽	2.8厘米	残高	11.9厘米	厚	0.9厘米	重量	0.13千克
体积	59.22立方厘米	密度	2195.2千克/立方米		

陶盆（T22③：3）线图

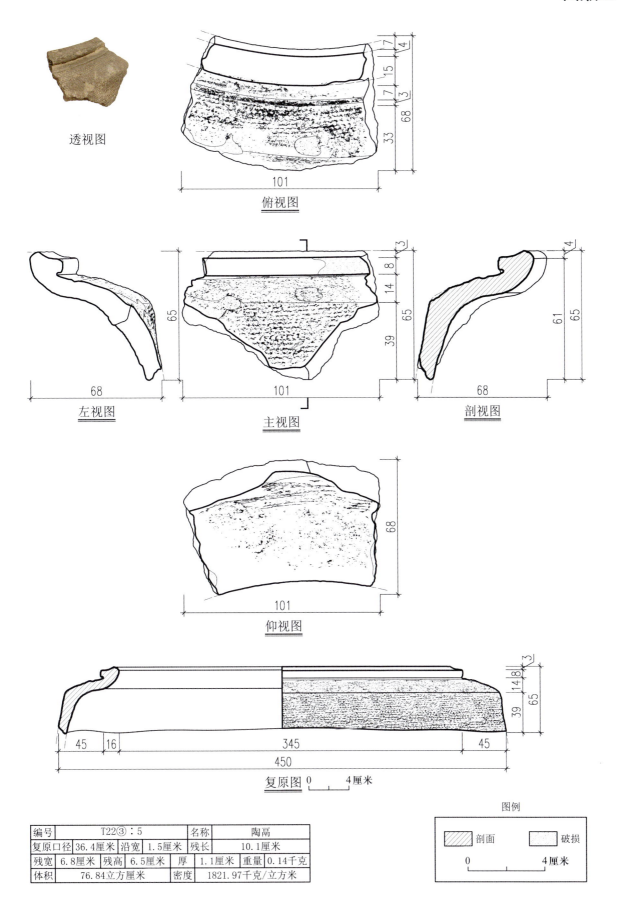

透视图

俯视图

左视图

主视图

剖视图

仰视图

复原图　0 ▭▭▭ 4厘米

编号	T22③：5		名称		陶鬲
复原口径	36.4厘米	沿宽	1.5厘米	残长	10.1厘米
残宽	6.8厘米	残高	6.5厘米	厚	1.1厘米	重量	0.14千克
体积	76.84立方厘米		密度		1821.97千克/立方米

图例

▨ 剖面　▧ 破损

0 ▭▭▭ 4厘米

陶鬲（T22③：5）线图

图版56

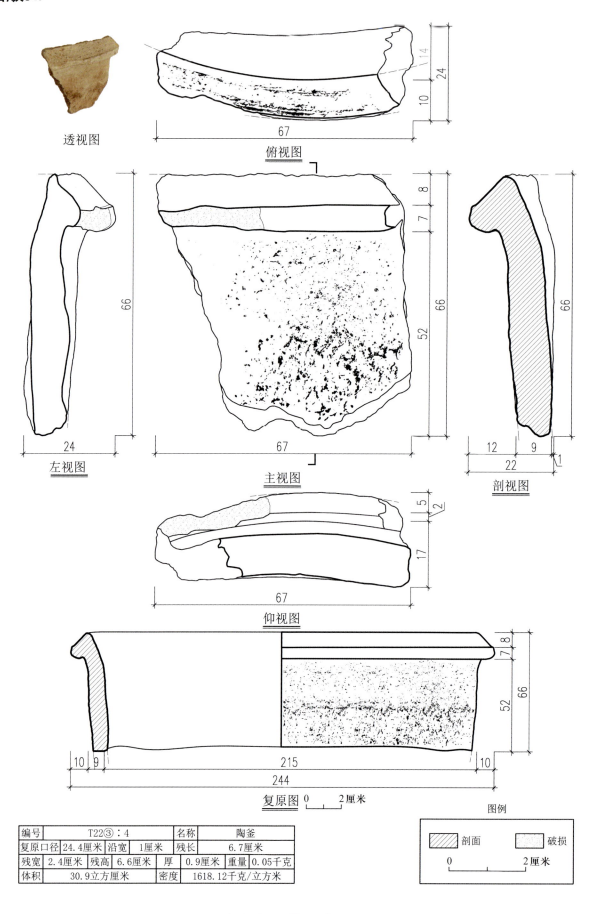

透视图

俯视图

左视图

主视图

剖视图

仰视图

复原图 0 2厘米

图例

剖面		破损

0　　　　2厘米

编号	T22③：4		名称	陶釜	
复原口径	24.4厘米	沿宽	1厘米	残长	6.7厘米
残宽	2.4厘米	残高	6.6厘米	厚	0.9厘米	重量	0.05千克
体积	30.9立方厘米		密度	1618.12千克/立方米	

陶釜（T22③：4）线图

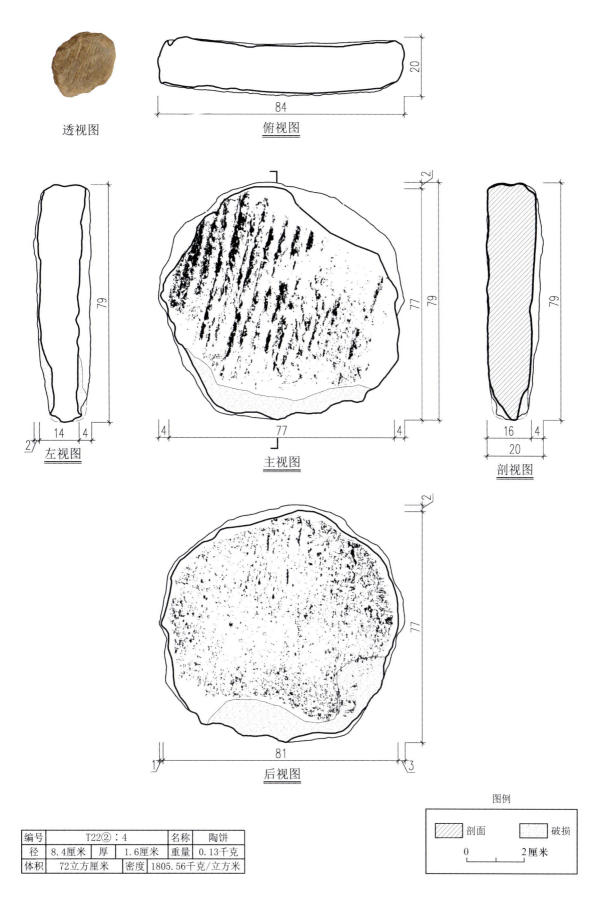

透视图

俯视图

左视图

主视图

剖视图

后视图

图例

	剖面		破损

0   2厘米

编号	T22②：4		名称	陶饼
径	8.4厘米	厚	1.6厘米	重量	0.13千克
体积	72立方厘米	密度	1805.56千克/立方米	

陶饼（T22②：4）线图

图版58

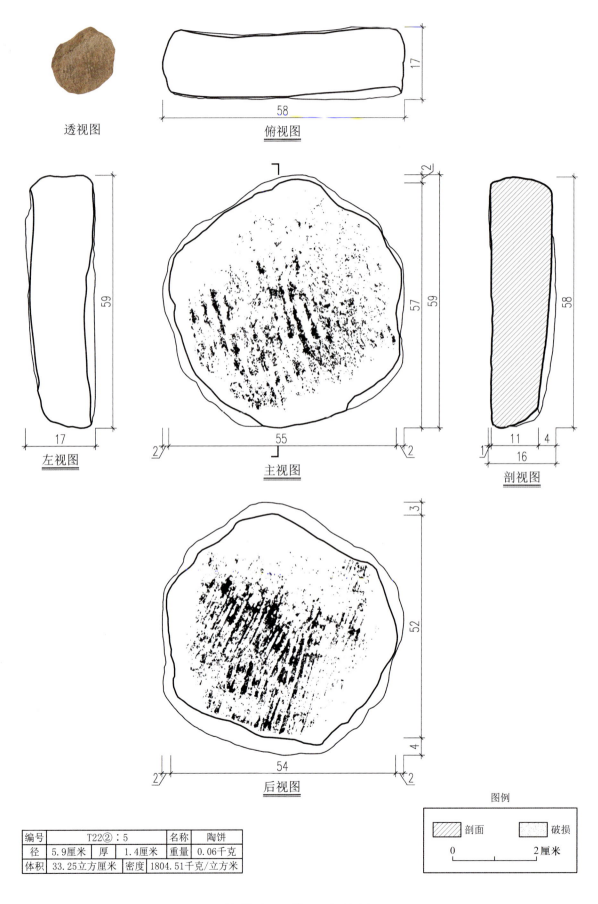

透视图

俯视图

左视图

主视图

剖视图

后视图

图例

| 剖面 | 破损 |

0   2厘米

编号	T22②：5		名称	陶饼
径	5.9厘米	厚 1.4厘米	重量	0.06千克
体积	33.25立方厘米	密度	1804.51千克/立方米	

陶饼（T22②：5）线图